LE DÉCALOGUE

PAR

D. SIGMUND MOWINCKEL

Professeur à l'Université d'Oslo

WIPF & STOCK · Eugene, Oregon

Wipf and Stock Publishers
199 W 8th Ave, Suite 3
Eugene, OR 97401

Le Décalogue
By Mowinckel, Sigmund

ISBN 13: 978-1-61097-919-1
Publication date 2/15/2012
Previously published by Librairie Félix Alcan, 1927

TABLE DES MATIÈRES

ABRÉVIATIONS

BFChrTh	= Beiträge zur Förderung der christlichen Theologie, publié par *Schlatter* et *Lütgert*, Bertelsmann, Gütersloh.
BHH	= Biblia Hebraica edidit *R. Kittel.*
BWAT	= Beiträge zur Wissenschaft vom Alten Testament, publiés par *R. Kittel.* Erste Folge chez J. C. Hinrichs, Leipzig. Neue Folge chez W. Kohlhammer, Berlin-Stuttgart-Leipzig.
BZATW	= Beihefte zur Zeitschrift für die alttestamentliche Wissenschaft, Töpelmann, Giessen.
[D]TT	= Teologish Tidskrift. G. E. C. Gads Forlag. Kjöbenhavn.
D	= « Protodeutéronome ».
Dt	= Le Deutéronome selon la rédaction ultérieure (les chapitres 1-26* et 28-30*).
Dtn	= le 5e livre de Moïse.
E	= l'œuvre élohistique.
FRLANT	= Forschungen zur Religion und Literatur des Alten und Neuen Testaments, publiés par *Bousset* (maintenant par *Bultmann*) et *Gunkel.* Vandenhœck-Ruprecht, Gœttingue.
Ges.-Bühl [16]	= Wilhelm Gesenius' Hebräisches und Aramäisches Handwörterbuch über das Alte Testament in Verbindung mit H. Zimmern, W. Max Müller und O. Weber bearbeitet von *Franz Bühl.* Leipzig. F. C. W. Vogel. 1915.
Gunkelfestschr.	= Ευχαριστηριον. Studien zur Religion und Literatur des A. und N. T., Herrmann Gunkel zum 60. Geburtstage . . . dargebracht. Publié par *H. Schmidt* [= FRLANT, Neue Folge, Nr. 19] 1923· Vandenhœck u. Ruprecht, Gœttingue.
J	= l'œuvre jahvistique.
Kautzsch	= Die Heilige Schrift des Alten Testaments, herausgegeben von *E. K.* J. C. B. Mohr, Tübingen. 3e édition 1910. 4e éd. 1923.
M (ou M^1)	= les mišpāṯīm Ex. XXI, 1-XXII, 16. M^2 = l'appendice de M dans Ex. XXII, 17-27.
MKHCAT	= Kurzer Handkommentar zum AT, publié par *K. Marti.* J. C. B. Mohr, Fribourg-Leipzig-Tubingue.
NHKAT	= Handkommentar zum AT, publié par *Nowack.* Vandenhœck u. Ruprecht, Gœttingue.
P	= l'œuvre sacerdotale (dans le Pentateuque et le livre de Josué)
NKZ	= Neue kirchliche Zeitschrift. Deichert, Leipzig.
PRE	= Protestantische Realencyklopädie, publiée par Hauck.
Ps. St. I-VI.	= *S. Mowinckel.* Psalmenstudien. I-VI, Videnshapsselshapets Skrifter. II. Hist.-Filos. Klasse. Kristiania (Oslo) 1921-1924.
R^D	= le rédacteur du D.
R^{Dt}	= le rédacteur du Dt.
R^E	= le (les) rédacteur(s) des E.
R^J	= l'auteur de J.

R^{JE}	= l'auteur de la réunion de J et de E.
R^{JEDt}	= le rédacteur deutéronomiste des livres Gen.-II Rois.
R^{JEDtP}	= le rédacteur sacerdotal (v. P) de l'œuvre de R^{JDt}.
RGG	= Religion in Geschichte und Gegenwart, publié par *Schiele*. Mohr, Tubingue.
SchrATAusw	= Die Schriften des Alten Testaments in Auswahl, neu übersetzt und für die Gegenwart erklärt. Par *Gunkel*, *Staerk*, *Volz*, *Gressmann*, *Schmidt* et *Haller*. Vandenhœck u. Ruprecht, Gœttingue. 1911 sqq, 2e éd. 1922 sqq.
SKAT	= Kommentar zum AT, publié par *E. Sellin*. Deichert. Leipzig-Erlangen.
ThStuKr	= Theologische Studien und Kritiken, publiés par *F. Kattenbusch* et *F. Loofs*. Perthes, Stuttgart-Gotha.
ZA	= Zeitschrift für Assyriologie und verwandte Gebiete. Autrefois chez B. Teubner, Strasbourg, maintenant chez VWV. Berlin-Leipzig.
VAB	= Vorderasiatische Bibliothek. Leipzig. Dr. C. Hinrichs.
VWV	= Verein wissenschaftlicher Verleger.
VDPV	= Zeitschrift des deutschen Palästinavereins.
ZATW	Zeitschrift für die alttestamentliche Wissenschaft, Töpelmann, Giessen.
ZDMG	= Zeitschrift der Deutschen Morgenländischen Gesellschaft. J. C. Hinrichs, Leipzig.

TRANSCRIPTIONS

א	=	ʼ	ל	=	*l*
בּ	=	*b*	מ	=	*m*
ב	=	*ḇ*	נ	=	*n*
גּ	=	*g*	ס	=	*s*
ג	=	*ḡ*	ע	=	c^{e}
דּ	=	*d*	פּ	=	*p*
ד	=	*ḏ*	פ	=	*f*
ה	=	*h*	צ	=	*ṣ*
ו	=	*w*	ק	=	*ḳ*
ז	=	*z*	ר	=	*r*
ח	=	*ḥ*	שׂ	=	*ś*
ט	=	*ṭ*	שׁ	=	*š*
י	=	*j*	תּ	=	*t*
כּ	=	*k*	ת	=	*ṯ*
כ	=	*ḵ*			

◌ָ = *ā*, *ḳāmäṣ ḥāṭūf* = *å*

◌ַ = *a*

◌ֶ = *ä*

◌ֵ , ◌ֵי = *ē ou e*

◌ִ , ◌ִי = *ī ou i*

◌ֹ , וֹ — = *ō ou o*

◌ֻ , וּ — = *ū ou u*

◌ְ = —*e*—

◌ֲ = —*a*—

◌ֳ = —*å*—

◌ֱ = —*ä*—

Voyelles produites par contraction :

â, ê, ô, etc.

BIBLIOGRAPHIE

Parmi les études plus récentes sur la question du Décalogue, nous mentionnons les suivantes:

Meisner, Der Dekalog, 1893; *Matthes*, Der Dekalog, ZATW 1904, p. 17 sqq.; *Meinhold*, Sabbat und Woche im AT [= FRLANT Nr. 5], 1905; *Meinhold*, Entstehung des Sabbats, ZATW 1909, p. 81 sqq.; *Meinhold*, Einführung in das AT [Collection Töpelmann], Giessen 1919, p. 184 sq.; *König*, Die neusten Verhandlungen über den Dekalog, NKZ 1906, p. 565 sqq.; *König*, Das Deuteronomium [= SKAT III], 1917, p. 91 sqq.; *Beer*, Mose und sein Werk, Töpelmann, Giessen, 1912; *Kittel*, Geschichte des Volkes Israel[3], I, Perthes, Gotha, 1916, p. 653 sqq.; *Gressmann*, Mose und seine Zeit [= FRLANT, N. F. Nr. 1], 1913, p. 475 sqq.; *Gressmann*, SchrATAusw II, 1[2], p. 237 sqq.; *Nowack* dans Festschrift für Baudissin [= Beiheft 33 de ZATW], 1917, p. 381 sqq. (avec une bibliographie plus complète); *H. Schmidt*, Mose und der Dekalog, dans Gunkelfestschr, I, p. 78 sqq.; *Bentzen* dans [Dansk] Teologisk Tidskrift 1924, p. 306 sqq.; *Bentzen*, Den israelitiske sabbats oprindelse og historie. J. H. Schultz, Köbenhavn 1923. — En outre les introductions à l'Ancien Testament de *Baudissin*, *Cornill*, *Driver*, *König*, *Kuenen*, *Sellin*, *Stave*, *Steuernagel* et d'autres; les exposés de la religion et de l'histoire d'Israël de *Wellhausen*, *Stade*, *Smend*, *Marti*, *König*, *Kittel*, *Hölscher*, *Buhl* et d'autres: enfin les commentaires de l'Exode et du Deutéronome de *Bäntsch*, *Holzinger*, *Steuernagel*, *Bertholet*, *König* et d'autres.

D'autres travaux utilisés ou cités moins fréquemment sont indiqués dans le corps du livre.

§ 1. — INTRODUCTION.

Le Décalogue que, depuis notre enfance, nous connaissons sous le nom des « dix commandements », est-il l'œuvre de Moïse ou non? Cette question constitue un des problèmes les plus importants pour l'étude de l'histoire politique et religieuse du peuple d'Israël. Il est traité, d'une façon plus ou moins détaillée, dans toutes les « Introductions à l'Ancien Testament » et dans tous les exposés de l'histoire et de la religion d'Israël. En outre, une série de monographies lui ont été spécialement consacrées, mais l'unanimité n'est pas encore faite, aujourd'hui moins que jamais. En effet, parmi les représentants de l'ancienne école critique, c'était une opinion courante de croire que le Décalogue n'est pas d'origine mosaïque. A l'heure actuelle par contre, il y a beaucoup de savants qui, tout en appliquant en principe la critique historique à la tradition de l'Ancien Testament, croient pourtant pouvoir maintenir l'authenticité du Décalogue[1]. Il ne sera donc pas inutile de soumettre la question à un nouvel examen. Mon travail consistera moins à apporter des éléments nouveaux pour la solution du problème qu'à mettre en évidence quelques points de vue généralement négligés, et qui peuvent contribuer, dans une certaine mesure, à l'éclaircissement du problème.

Je n'ai pas l'intention d'interpréter ici le contenu religieux et moral du Décalogue ou d'exposer son rôle historique, mais seulement d'aborder les recherches préliminaires nécessaires pour réaliser un tel but.

On peut envisager le problème sous deux points de vue principaux: celui de la critique littéraire et celui de la critique historique. Il est certainement important de retrouver la source écrite du Pentateuque dans laquelle le Décalogue a été transmis, car un tel travail nous permettra peut-être de constater jusqu'à quelle époque on peut faire remonter la tradition sur l'origine mosaïque: c'est là le travail de la recherche littéraire. —

[1] P. ex.: *Kittel, Sellin, Schmidt.*

D'autre part, il est évident qu'avec cela le problème ne sera pas encore résolu. Même si le Décalogue a été transmis dans le cadre d'une rédaction relativement récente, il est en principe possible qu'il date d'une époque ancienne. Examiner jusqu'à quel point c'est là vraiment le cas: tel est le but auquel devra répondre l'étude du contenu, c'est-à-dire la considération des raisons internes.

La question de date ainsi résolue, un 3e chapitre sera consacré à élucider les circonstances précises dans lesquelles le Décalague a pris naissance; ce chapitre devra « replacer le document dans la vie ».

CHAPITRE Ier.

LA QUESTION LITTÉRAIRE

§ 2. — *Le texte le plus ancien.*

a) On sait que le Décalogue a été transmis à la fois dans Ex. XX et dans Deut. V. Il résulte des nombreuses et importantes divergences concernant la forme et le contenu des deux textes qu'il ne saurait y avoir dépendance littéraire de l'un par rapport à l'autre[1]. Les auteurs (ou rédacteurs) de Ex. XX et de Deut. V ont connu le Décalogue chacun sous une forme différente. Selon l'avis unanime des critiques, aucune des deux relations ne contient le texte primitif. Les divergences concernent essentiellement les additions explicatives et justificatives qui, dans plusieurs cas, suivent les commandements proprement dits. En général, les critiques s'accordent aussi à affirmer que ces passages représentent, dans Ex. XX comme dans Deut. V, des développements ultérieurs de la forme primitive. Le Décalogue primitif n'était composé que de commandements et de défenses brefs et catégoriques sans explication ni justification.

Pratiquement il est aussi reconnu par tout le monde que la division en usage dans les Eglises romaine et luthérienne n'est pas exacte. Nos neuvième et dixième commandements n'en forment en réalité qu'un seul, à savoir le dixième. L'énumération: « ni la femme de ton prochain, ni son serviteur, ni sa servante, ni son bœuf, ni son âne, ni aucune chose qui appartienne à ton prochain », sert à préciser le sens du précepte simple et primitif dont elle n'est très probablement qu'un développement: « tu ne convoiteras point la maison de ton prochain ». Selon la conception israélite, font partie de la « maison »: femme, esclaves, enfants et bétail. Le deuxième commandement du Décalogue primitif se trouve dans les mots: « tu ne te feras point

[1] Des tableaux synoptiques de ces divergences se trouvent dans la plupart des commentaires. Nous renvoyons à l'examen minutieux que *Koenig* a donné de cette question dans son commentaire sur le Deutéronome, dans SKAT.

de «*päsäl*» etc., qui ont été supprimés dans les catéchismes romain et luthérien. — Il est donc probable[1] que, dans sa forme relativement primitive, le Décalogue était conçu ainsi:

1° Tu n'auras point d'autres dieux à côté de moi.
2° Tu ne te feras point d'image taillée.
3° Tu ne te serviras du nom de Yahvé, ton dieu, pour aucun mauvais usage.
4° Souviens-toi du jour du repos pour le sanctifier.
5° Honore ton père et ta mère.
6° Tu ne tueras point.
7° Tu ne commettras point d'adultère (à l'égard d'un homme).
8° Tu ne déroberas point.
9° Tu ne te présenteras pas en faux témoin contre un homme de ton peuple.
10° Tu ne convoiteras point la maison de l'homme de ton peuple.

b) Ainsi la plupart des critiques[2] tombent d'accord sur cette réduction du texte actuel qui fournit probablement le texte primitif. Mais tout récemment, *H. Schmidt* a essayé de suivre une autre voie. Pour des raisons de style, il veut éliminer le 4e et le 5e commandements. En revanche, il conserve parmi les propositions qui, dans le texte massorétique, suivent le 2e commandement, celles qui commencent par *lō*. De la sorte, il obtient les commandements suivants comme première moitié du Décalogue:

1° Tu ne te feras point d'autres dieux, etc.
2° Tu ne te feras point d'image de Dieu.
3° Tu ne te prosterneras point devant elles (devant les images).
4° Tu ne les vénéreras point.
5° Tu ne te serviras point du nom de Yahvé, ton dieu, etc.

De cette façon, *Schmidt* veut obtenir — et il semble regarder cette considération de style comme l'argument essentiel en faveur de sa manière de voir — d'une part un Décalogue qui se compose exclusivement de commandements négatifs construits

---

[1] Il va sans dire qu'on ne saurait arriver ici à une certitude absolue. L'amplification des différents commandements peut avoir commencé de très bonne heure, et il n'est pas impossible que certaines interprétations et justifications aient fait partie du texte dès le début (p. ex. celles qui suivent le commandement sur les devoirs envers les parents). Mais tout cela étant incertain, il vaut mieux ne pas en tenir compte et restreindre la recherche à l'origine des commandements eux-mêmes.

[2] V. la bibliographie chez *Schmidt* dans l'article cité de la Gunkelfestschr. I, p. 78, n. 1. Je crois pouvoir faire abstraction de reconstructions tout à fait fantaisistes et insuffisamment prouvées telles que celle de *Walles* dans «Det israelitiska folkets uppkomst och äldsta historia» (Schultz, Upsala 1904), p. 111 sq.

d'une façon analogue, d'autre part un Décalogue qui se divise en deux moitiés de grandeur exactement égale, correspondantes aux deux tables (de cinq commandements chacune) [1]. Pour ce qui est du premier point, il faut remarquer que l'argument concernant l'harmonie du style ne vaut pas en face des objections que soulève la reconstruction de *Schmidt*. Ni son 3e ni son 4e commandement ne sont vraiment indépendants. Ils ne contiennent rien d'autre en plus de ce qui est déjà impliqué dans le 1er et dans le 2e, et l'on ne peut les considérer que comme des explications de ce 2e commandement, comme la tradition le fait effectivement. — Quant au deuxième point, il faut objecter que la répartition égale dans les deux tables n'a pas d'importance et qu'on ne saurait l'invoquer comme argument. En effet, nous le montrerons plus loin (p. 44-49, comp. p. 28), le motif des deux tables, tel qu'il est contenu dans les développements relativement les plus anciens de la tradition sur le Sinaï, n'est pas en rapport avec le Décalogue, mais avec les circonstances de l'alliance qui étaient autrefois rapportées par J et E. En réalité, ce sont seulement les deutéronomistes et P qui ont relié le Décalogue au motif des deux tables. Au reste, le motif des deux tables, nous le montrerons également plus loin, est secondaire dans la tradition sinaïtique. En tout cas, le Décalogue ne contient rien qui nous permette d'admettre que son auteur a voulu lui donner une division bilatérale ou qu'il faisait des réflexions sur une distinction entre les devoirs à l'égard de Yahvé et ceux à l'égard du prochain. Tous les commandements du Décalogue ont, selon l'idée de son auteur, un cachet religieux; tous expriment ce que nous devons à Dieu. La division traditionnelle en deux moitiés remonte au motif des deux tables qui cependant est primitivement étranger au Décalogue.

Les arguments de fond que *Schmidt* allègue en faveur d'une suppression du commandement sur le sabbat et de celui sur l'honneur dû aux parents, ne sont pas plus décisifs. Pour contester le caractère primitif du premier, il relève le fait frappant que le sabbat y figure comme l'unique jour de fête expressément imposé, tandis qu'aucune des trois fêtes principales contenues dans Ex. XXXIV et XXIII ou dans Dtn. XVI n'est mentionnée; même en supposant, dit-il, que le sabbat soit très vieux, il n'a sûrement jamais été le seul jour de fête dans les premiers temps de l'histoire du peuple. Cette dernière remarque est exacte, mais l'argument qui en est tiré suppose ce qui doit seulement être prouvé, à savoir que le Décalogue appartient à l'époque la plus

[1] *Walles*, lui aussi, supprime les 2 commandements. A la place de celui du sabbat, il en invente un nouveau: « tu n'opprimeras point ».

ancienne d'Israël; car la soi-disant tradition à ce sujet ne saurait être considérée comme une présomption en faveur de la haute antiquité du Décalogue (v. § 10). La mention d'une seule fête dans notre document constitue précisément un problème historique qui demande une explication, et l'on peut le résoudre sans avoir recours à une suppression, en prenant cependant comme point de départ une date toute différente de celle de *Schmidt.* — Pour justifier la suppression du commandement sur les devoirs à l'égard des parents, *Schmidt* fait valoir qu'il serait naturel de « faire commencer la deuxième table, à savoir les devoirs à l'égard des hommes, par la défense du meurtre ». Mais cette assertion est basée sur un jugement tout à fait subjectif. En effet, les devoirs à l'égard des parents formeraient un commencement tout aussi « naturel ». En outre, cet argument est tiré du motif des deux tables qui ne doit pas entrer en considération ici. Il n'est pas non plus exact que l'interlocuteur auquel la « 2e partie » s'adresse en employant le « tu », soit le père de famille, donc l'adulte, de sorte que la mention des devoirs à l'égard des parents étonnerait au commencement de l'énumération. La vieille question des exégètes, à savoir si par « tu » la loi vise l'individu ou le peuple, est mal posée; elle est basée sur une connaissance insuffisante de la façon de penser et de s'exprimer chez les anciens Israélites. Jamais un Israélite n'a fait une pareille distinction dans son esprit. Celui auquel les lois s'adressent est tout simplement le partenaire de l'alliance de Yahvé, c'est-à-dire « Israël » tel qu'il est représenté d'une façon concrète, soit par la collectivité, soit par des individus particuliers. Les commandements visent tantôt les conditions de vie de l'homme adulte ou indépendant, tantôt celles du mineur; mais Israël est l'unité qui embrasse toutes ces catégories. C'est Israël qui est mis en cause dans les personnes auxquelles les différents préceptes s'adressent. C'est le groupe social dans son ensemble en tant que partenaire de l'alliance, qui doit veiller à ce que le commandement soit observé et à ce que personne ne fasse « ce qui ne se fait pas en Israël », et il est sans importance que le transgresseur soit tel membre du peuple ou tel autre, que ce soit telle partie d'Israël ou telle autre.

Rappelons aussi que *Schmidt* a défendu au sujet du texte primitif du 10e commandement une opinion différente de la manière de voir traditionnelle. Il considère comme primitifs non pas les mots: « tu ne convoiteras point la maison de ton prochain », mais le dernier membre de la longue énumération: « aucune chose qui appartienne à ton prochain » (*kål ᵃšär lᵉrēᶜaḵā*) ; les deux premiers membres : « la femme de ton prochain, son serviteur, sa servante, son bœuf et son âne» et: «tu ne convoiteras point la maison de ton prochain» seraient de simples gloses. Comme argument, *Schmidt* remarque que le terme de «maison» ne peut guère désigner autre chose que le bâtiment et qu'il ne saurait être le mot collectif pour «propriété»; un détail tel que la mention de la maison aurait d'abord assez mal figuré, à côté de «la généralisation grandiose» des autres commandements[1]. Mais cette objection est assez mal établie. Il est certainement hors de doute que, par exemple dans Esth. VIII, 1, le terme de «maison» embrasse tout ce que la maison renferme. Etant donnée la prédilection des Hébreux pour le langage concret, il est peu probable que les mots abstraits «tout ce qui appartient à ton prochain» soient plus primitifs que le terme concret de «maison». En réalité, cette expression est une formule finale tout à fait caractéristique comme résumé d'énumérations étendues, et l'on ne peut guère admettre qu'elle se soit trouvée isolée à cet endroit. — —

c) Selon toute probabilité, la liste des commandements de Yahvé que nous avons rétablie plus haut, a été précédée, dès le début, d'une introduction contenant aussi la mention du nom de la divinité. Dans les deux textes actuels du Décalogue, nous lisons cette introduction : «*Je suis Yahvé, ton dieu, qui t'ai fait sortir du pays d'Egypte, de la maison de servitude*». *Schmidt* est d'avis que cela ne peut avoir été l'introduction primitive[2]. Nous aurions ici une formule en style deutéronomique. Cette observation, exacte en elle-même, ne saurait être invoquée comme argument contre le caractère primitif de l'introduction, à moins qu'on n'admette dès l'abord ce qui devrait être démontré, à savoir que le Décalogue est beaucoup plus ancien que D ou Dt.

D'ailleurs l'argumentation de *Schmidt* repose ici sur une appréciation inexacte du vocabulaire deutéronomique. Le caractère deutéronomique d'une expression ne prouve pas nécessairement qu'elle est d'origine très récente. Il peut prouver seulement que cette expression faisait partie du langage cultuel; car D est issu du personnel du temple hiérosolymite. Et cela est vrai aussi pour les tournures contenues dans la formule d'introduction du Décalogue. D'abord il est à peu près certain que les mots «de la maison de servitude» sont une explication ultérieure, chère aux deutéronomistes ; il resterait donc : «je suis Yahvé, ton Dieu, qui t'ai fait sortir du pays d'Egypte». Voilà, en effet, une formule essentiellement cultuelle (liturgique)[2]. Dans un autre ordre

---

[1] V. ouvrage cité, p. 91 sq.

[2] V. ouvrage cité, p. 90 sq.

d'idées[1], nous avons eu l'occasion de montrer que le Décalogue, aussi bien que ses modèles plus anciens contenus dans J et dans E (v. plus loin) est, au point de vue du style et de l'histoire des religions, en rapport avec certaines formules cultuelles, et avec le fait qu'on promulgait des abrégés des principaux préceptes de Yahvé à l'occasion de certains actes cultuels et surtout au moment des fêtes. Dans le chapitre III, §§ 22, 23, nous reviendrons sur cette question. Nous la mentionnons ici en passant, sans anticiper sur la relation d'origine entre le Décalogue et l'enseignement cultuel des commandements divins. Nous trouvons les traces d'une coutume cultuelle de ce genre dans les Psaumes XV et XXIV[2]. L'idée s'impose d'elle-même qu'étant donné le caractère du culte israélite, un tel exposé a été en rapport, dans ce culte, avec la conception de l'épiphanie de la divinité; c'est dire qu'il doit être replacé dans le cadre historique de la fête cultuelle célébrant l'épiphanie du Dieu, à savoir de la fête du nouvel an[3]. Et nous trouvons précisément dans les passages faisant allusion à cette fête la formule: « Je suis Yahvé, ton dieu, qui t'ai fait sortir du pays d'Egypte ». Nous avons étudié, à ce propos, psaume LXXXI, 11; le psaume parallèle (XCV) célèbre la fête de l'intronisation, ce qui prouve que le psaume du nouvel an (LXXXI) a fait partie du même texte[4]; en outre, il faut rappeler le psaume L, 7 où le deuxième hémistiche, manquant dans le texte actuel, doit certainement être reconstruit ainsi: « Qui t'ai fait sortir du pays d'Egypte ». Ce psaume est, lui aussi, au point de vue du style et du contenu, en rapport avec les conceptions et les coutumes ayant trait à la fête de l'intronisation et du nouvel an[5]. Il présuppose comme cadre cultuel et mythologique le retour de Yahvé qui vient régner sur son peuple et sur la terre. Yahvé se révèle pour renouveler son alliance avec Israël; c'est ainsi que s'explique la communication de son nom, de même que la mention de la délivrance du pays d'Egypte et enfin, ce qui est l'essentiel, la promulgation de ses préceptes et des conditions auxquelles l'alliance est renouvelée. En effet, dans le psaume LXXXI (XCV) et dans le psaume L la formule « je suis Yahvé etc. » est liée à une recommandation des commandements divins. D et Dt ont subi l'influence de cet usage du style cultuel, et ce n'est pas le contraire qui est vrai,

---

[1] Ps. St. V p. 107-112.

[2] V. à ce propos Ps. St. II.

[3] Ce sera là son « Sitz im Leben ».

[4] Ps. St. II, p. 152 sqq.

[5] Ps. St. II, p. 73 sqq., 156; Ps. St. III, p. 41 sqq.

à savoir que ce style aurait subi l'influence de D ou de Dt. Le rapport entre notre formule d'introduction et la promulgation des commandements divins étant donc ainsi attesté comme provenant d'une situation cultuelle et liturgique déterminée, nous n'avons dès lors aucune raison pour nier le caractère primitif de la formule d'introduction du Décalogue. C'était manifestement une convention de style que de relier cette formule à des sommaires des commandements divins. La conclusion que nous en avons tirée est indépendante de la question de savoir si le Décalogue est primitif ou s'il est une imitation suivant le modèle d'autres résumés qui ont servi au culte.

Ces considérations renversent l'hypothèse de *Schmidt*, qui croit trouver l'introduction primitive dans Ex. XX, 5^{b}-6 : « Je suis Yahvé, ton Dieu, qui punis l'iniquité des pères sur les enfants, voire même sur leurs petits-enfants et sur les enfants des petits-enfants, lorsqu'il s'agit de ceux qui me haïssent, et qui fais miséricorde jusqu'à mille (générations), lorsqu'il s'agit de ceux qui m'aiment et qui gardent mes commandements. » Le *ki* au commencement prouve déjà que ces mots font partie des développements et des amplifications secondaires du Décalogue primitif. Il n'y a donc aucune raison pour supprimer, avec *Schmidt*[1], les tournures « deutéronomiques » contenues dans ces adjonctions *(^{a}lōhêḵā, l$^{e)}$ōh^{a}ḇai ûl^{e}šōm^{e}rê miṣwōṯai, l^{e}sōn$^{e)}$ai)*. Un tel procédé serait justifié seulement si, d'une part, il était vrai que nous avons ici l'introduction primitive et si, d'autre part, il était prouvé que cette introduction remonte à une haute antiquité excluant toute influence du style deutéronomique. — Pour montrer que Ex. XX, 5^{b} est antérieur à l'époque du Deutéronome et que ce passage est très ancien, *Schmidt* fait valoir que l'idée d'une punition des péchés des pères sur les enfants et les petits-enfants serait en contradiction avec le commandement de Dt. XXIV, 16. En effet, ce dernier texte dit expressément que les parents n'auront pas à subir la peine de mort pour les péchés de leurs enfants, ni les enfants pour les péchés de leurs parents ; « chacun devra subir la peine de mort pour son propre péché ». Pour infirmer cet argument, il faut rappeler d'abord que D et l'œuvre des deutéronomistes ne forment pas un bloc ni un système d'idées exempt de contradictions. D'autres passages contenus dans D insistent énergiquement sur la solidarité des membres de la famille et de la cité lorsqu'il s'agit d'un crime religieux (Dtn. XIII, 13 et suiv.). Du fait que D a adopté une règle moderne du droit

---

[1] Ouvr. cité, p. 86 sq.

criminel, on ne peut pas encore conclure que les auteurs de D aient éliminé d'une façon conséquente l'idée de solidarité dans le domaine essentiellement religieux. En effet, la menace contenue dans Ex. XX, 5^b s'adresse au transgresseur du commandement religieux fondamental, c'est-à-dire à celui qui se livre à des cultes étrangers ou au culte des images. D'autre part, le fait que l'idée exprimée dans Ex. XX, 5^b est en elle-même antérieure à des conceptions représentées par certaines couches de D, ne prouve naturellement pas que ce texte renferme la formule d'introduction primitive du Décalogue. Enfin, même si les versets en question étaient l'introduction primitive du Décalogue, *Schmidt* n'atteindrait tout de même pas son but, qui consiste à trouver une formule remontant à l'âge mosaïque. L'idée exprimée dans ces versets n'est justement pas ancienne ni « primitive ». Elle marque, au contraire, un compromis très prononcé entre la conception sociale des premiers temps et la conception individualiste qui triomphera plus tard. A l'époque du vieux peuple d'Israël, on n'aurait jamais admis cette concession que la punition frapperait le criminel seulement jusqu'à la quatrième génération. Selon la vieille conception, le « pécheur » est exterminé avec toute sa génération, sans laisser de traces, soit tout à coup, en une seule fois, de telle sorte que « son nom soit exterminé dans une seule génération » (Ps. CIX, 13), soit peu à peu et plus tard, mais dans tous les cas radicalement et complètement, de sorte qu'il ne reste plus aucune trace de lui ni de sa postérité sur la terre[1]. C'est donc une très grande concession que l'auteur d'Ex. XX, 5^b a faite aux tendances nouvelles telles qu'elles se manifestent dans Dt. XXIV, 16, puisqu'il se contente d'une punition qui frappera le transgresseur seulement jusqu'à la quatrième génération. Nous verrons plus loin, p. 26, § 9^b et § 19, que la base de la formule contenue dans Ex. XX, 5^b-6 est assez ancienne. Mais il n'y a aucune raison pour en éliminer les éléments deutéronomiques et pour les considérer comme secondaires par rapport à la fixation et à l'emploi de la formule que fournit le Décalogue. Si, d'autre part, la partie principale de la formule des v. 5^b-6 était identique à l'introduction primitive du Décalogue, on ne verrait pas pour quelle raison elle aurait été remplacée par l'introduction actuelle que nous lisons dans le v. 2. Même si un rédacteur avait voulu ajouter le v. 2 qui, dans ce cas, serait secondaire, il n'aurait eu aucun motif pour séparer une formule d'introduction telle que

---

[1] Comp. Jos. VII, 24 sqq, ; II Sam. XXI, 1 sqq. ; I Rois IX, 26 et les discours des amis de Job.

les versets 5^{b}-6 du commencement du morceau et d'en faire une justification du 2e commandement; il eût été beaucoup plus simple de placer le v. 2 devant l'ancienne introduction, sans déranger l'ordre.

Nous persistons donc à affirmer que les v. 5^{b}-6 sont des développements secondaires du Décalogue.

§ 3. *La tradition sur le Décalogue selon Dtn. V.*

Selon l'avis unanime des critiques, des deux passages qui attestent l'origine mosaïque du Décalogue et qui en font comme une révélation de Yahvé au Sinaï par l'entremise de Moïse, Ex. XX est le plus ancien. Nous examinerons plus tard ce qu'il faut penser d'une telle opinion; pour le moment, nous voulons considérer le texte du Décalogue dans Dtn. V.

a) Tous les savants s'accordent à faire une distinction entre le Deutéronome actuel (« Dt »), c'est-à-dire les chapitres I-XXX du 5e livre de Moïse (« Dtn. »), d'une part et le recueil de lois (« D ») qui, très probablement, a été promulgué sous le roi Josias, d'autre part[1]. D appartient certainement à la dernière période de l'époque préexilique; en tous cas, il ne lui est pas antérieur. Aux époques exilique et postexilique, il a été remanié et amplifié, surtout par des adjonctions explicatives et parénétiques qui sont l'œuvre de l'école des scribes deutéronomiques (« Dt »). Notre 5e livre de Moïse canonique est né de la réunion de Dt avec J et E. Le Décalogue se trouve dans les discours parénétiques et historiques de l'introduction. En ce qui concerne leur rapport littéraire avec le D primitif, l'accord n'est pas encore établi jusqu'à présent. Parmi les critiques les plus modernes du Dtn., *Hempel*[2] et *Hœlscher* considèrent le fond des morceaux parénétiques contenus dans les chap. VI-XI comme l'introduction primitive. Quant aux autres morceaux des chap. I-XI, *Hempel*, se rangeant à l'avis de *Wellhausen*[3], y voit des frag-

---

[1] Je n'ai pas besoin d'insister ici sur ce problème posé à nouveau par les travaux de *Höelscher* (Gunkelfestschr. I), p. 158 sqq.; ZATW 1922, p. 161 sqq. de *Oestreicher* (Das deuteronomische Grundgesetz. Beiträge zur Förderung chr. Theologie 27, 1, Gütersloh 1923); de *Horst* (ZDMG, NF 2, 1923, p. 220 sqq.); et de *Staerk* (BFChTh 29, 2, 1924). Comp. aussi *Gressmann* dans ZATW 1924, p. 313 sqq.

[2] Die Schichten des Dtn. Leipzig. R. Voigtländer. 1914.

[3] Die Composition des Hexateuchs². Berlin. G. Reimer. 1889. La même opinion a été défendue aussi par *Marti*, v. *Kautzsch*, Die hl. Schrift des A. T. (3e et 4e éd.). Mohr. Tübingen. 1910 et 1923.

ments de différentes éditions particulières de D, datant des époques préexilique et exilique; *Hoelscher*, par contre, les considère comme des développements et des gloses ajoutées une à une après coup. *Steuernagel*, qui défendait autrefois[1] la théorie des deux sources, s'est rattaché maintenant[2] à l'hypothèse des éditions particulières, d'accord sur ce point avec *Hempel*, avec la différence cependant que, selon lui, aucun des discours d'introduction n'est primitif (telle est aussi l'idée de *Wellhausen*, de *Marti* et d'autres). Cette hypothèse des éditions particulières est fort sujette à caution. Elle n'explique pas comment plusieurs introductions tellement différentes ont pu se former. D'autre part, on ne peut guère admettre que la loi ait jamais été rédigée sans introduction aucune. Car, en tous cas, D a été considéré comme loi de réforme, quelle qu'en soit l'intention principale. Que la tendance fondamentale soit la centralisation du culte autour d'un seul sanctuaire[3], ou sa purification de tout élément cananéen et assyrien et la réunion de tous les cultes dans les sanctuaires légitimes de Yahvé[4], toujours est-il que D veut introduire une loi nouvelle et qu'il veut la faire passer pour très ancienne. Dès lors le livre doit avoir eu dès l'abord une introduction destinée à montrer l'antiquité des éléments nouveaux que la loi apportait.

Je crois que, dans les grandes lignes, *Hoelscher* a donné une solution exacte du problème littéraire que pose le Dt, bien qu'elle renferme quelques exagérations. Pourtant je m'écarte de lui sur certains points, et je crois qu'on peut emprunter quelques éléments de plus à l'explication de *Hempel*. J'approuve l'affirmation de *Hoelscher* selon laquelle l'hypothèse des éditions particulières complique inutilement le problème, sans atteindre son but. Mais *Hoelscher*, de son côté, attribue une trop grande place à de prétendues adjonctions, des interpolations et des interpolations faites à l'intérieur d'autres interpolations, additions faites, pour ainsi dire, au hasard. On devient facilement méfiant à l'égard d'un tel « embarras de richesse », comme, par exemple, à l'égard de l'étude littéraire de *Marti* sur le livre d'Habakkuk. L'« hypothèse de l'amplification » émise par *Hoelscher* ne rend pas entièrement justice à la dualité réelle que renferment les

---

[1] Dans la première éd. du commentaire sur le Deutéronome dans NHKAT.

[2] Dans la 2e éd. du même ouvrage, 1923.

[3] Telle est l'opinion de presque tous les critiques modernes depuis *De Wette*.

[4] Les principaux représentants de cette manière de voir sont *Oestreicher* et *Staerk*.

chap. I-XI et XII. Car il s'agit bien d'une dualité dans les chap. I-XI, et non point, comme le prétendent *Steuernagel*, *Hempel* et d'autres, d'une pluralité de textes parallèles. Des cinq ou six introductions particulières de *Hempel*, la plupart ne sont pas du tout des introductions indépendantes, mais seulement des développements plus ou moins uniformes de D qui appartiennent à la « couche » Dt. De véritables introductions, il n'y en a que deux : l'introduction historique dans les chap. I-IV, 8 (qui coïncide, pour l'essentiel, avec Pl^a, de *Hempel*), et l'introduction, historique elle aussi, que forme la partie principale des chap. IV, 45-V, 31 (3) et dont les morceaux historiques des chap. IX-XI forment peut-être la suite (elle coïncide, pour l'essentiel, avec Pl^c, de *Hempel*). Je crois donc que *Hoelscher* et *Hempel* (d'une façon analogue aussi *Puukko*) [1] se trompent, lorsqu'ils désignent comme introduction primitive du « proto-deutéronome » les parties soi-disant parénétiques des chap. VI-XI que *Hempel* a mises à part sous le signe Sg^a. Ce n'est pas que je conteste que ces morceaux fassent partie du D primitif, au contraire, j'approuve, sous ce rapport, tous les points essentiels de l'analyse de *Hempel* et de *Hoelscher*. Cependant, je ne saurais partager l'impression selon laquelle ces parties seraient une introduction. Cette opinion, chère à la plupart des critiques, est basée sur l'illusion que produisent, dans le texte actuel, la combinaison de ces morceaux avec les introductions historiques et avec les interpolations parénétiques, ensuite le caractère, en partie parénétique, de ces morceaux eux-mêmes et enfin la suscription nouvelle dans le chap. XII, 1. En réalité, ces passages des chap. VI-XI désignés par Sg^a contiennent des *lois*, à savoir les lois fondamentales que suppose toute la législation visant la centralisation et la réforme ; elles ont pour objet l'amour et la vénération du seul Yahvé, l'extermination des Cananéens avec tous leurs dieux, leurs autels et leurs cultes et la suppression de toute concurrence au yahvisme. La centralisation est dans D la conséquence formelle et logique de la monolâtrie (ou monothéisme pratique). Dès lors, ce précepte divin fondamental doit aussi avoir été imposé expressément par le législateur, d'autant plus qu'à l'époque de D, il n'était nullement évident, mais au contraire sérieusement menacé par le syncrétisme assyrien. C'est ce précepte qui constitue effectivement le contenu des morceaux désignés par Sg^a dans les chap. VI-XI. Il ne faut pas être étonné ni se laisser amener à de fausses conclusions littéraires du fait que le style prend ici une

[1] Das Deuteronomium (B W A T. Cahier 5). 1910.

allure particulièrement pathétique et fortement parénétique. Ce phénomène s'explique par l'importance de la question traitée et se trouve aussi à d'autres endroits de D (chap. XIII, XVIII et ailleurs). Un tel style provient, sans doute, de l'enseignement oral des commandements fondamentaux dans le culte. Cette explication a été donnée aussi par *Hempel* et, avant lui, par *Klostermann.*

Si ce n'est pas une introduction, mais l'enseignement des premiers commandements fondamentaux qui commence au chapitre VI, le problème de l'introduction primitive se pose à nouveau. Je persiste à supposer qu'elle est donnée par les chapitres I-IV, 8, et voilà le premier point où je me sépare sensiblement de *Hoelscher.* Il paraît que c'était vraiment une convention universellement reçue que de faire précéder les recueils de lois d'une introduction historique dans laquelle le législateur énumérait ses œuvres antérieures et présentait la loi actuelle comme la dernière et la plus grande de toutes. C'est le cas, par exemple, pour le code d'Hammourabi. L'introduction fournie par les chap. I-IV, 8 du Deutéronome cadre admirablement avec la situation présupposée par R^D: la loi est le testament de Moïse, son bienfait le plus sublime, qu'il accomplit après avoir conduit, grâce à l'aide de Dieu, pendant quarante ans, le peuple à sa destination; il sera d'autant plus important d'observer la loi divine qu'elle a été promulguée à cette heure décisive. C'est ainsi que R^d veut légitimer ses innovations et les incorporer aux vieilles traditions légales. *Hempel* a effectivement rappelé la parenté de style entre Pl^a et Sg^a[1]. Je n'attache pas d'importance au fait que l'introduction emploie la deuxième personne du pluriel, tandis que les lois se servent, la plupart du temps, de la deuxième personne du singulier : ce n'est là qu'une différence apparente. L'emploi du pluriel était à l'époque de R^D la règle vis-à-vis d'une collectivité ; par contre, le rédacteur a emprunté, pour les lois, l'emploi du singulier au style traditionnel de la tôra[2].

Le deuxième point sur lequel je m'écarte de *Hoelscher* concerne les passages parallèles contenus dans les chap. I-XI et dans le chap. XII. Je ne saurais considérer comme exacte l'explication que *Hoelscher* donne des doublets du chap. XII et selon laquelle il y aurait là uniquement des lois dérogatoires. En réa-

---

[1] Die Schichten des Dtn., p. 262, n. 5.

[2] Dans Z A 32, p. 23 sqq., *J. Sperber* a prouvé que le changement de personne a vraiment été une convention de style dans les littératures sémitiques. Dès lors il paraît hasardé de vouloir faire de ce changement le « schibbolet » de la critique littéraire.

lité, il s'agit de variantes et de parallèles d'un même commandement. Dès lors, il n'est guère possible de nier qu'à un moment donné, D a existé dans plusieurs éditions dont le texte pouvait varier beaucoup, et que quelques variantes de ces éditions divergentes ont été recueillies dans Dt. C'est là probablement le fond de vérité que renferme l'hypothèse des éditions particulières, construite d'une façon un peu malheureuse par *Wellhausen*. Alors, il est possible que dans les chap. XI-XXVI, certaines lois qui sont secondaires au point de vue littéraire, proviennent d'une pareille édition divergente. En ce cas, il n'est pas non plus exclu que la deuxième introduction, celle que donnent les chap. IV, 45-V, 31 (3), appartienne elle aussi à une de ces éditions. Un rédacteur aurait alors eu l'idée de remplacer l'introduction primitive (I-IV, 8) par cette introduction secondaire pour obtenir ainsi un rapport plus direct avec la législation du Sinaï et pour pouvoir présenter les lois « moabites » comme étant effectivement identiques aux lois « sinaïtiques ». Il est *possible* que la suite de cette deuxième introduction se trouve dans les chap. IX, 9b, 10a, 12, 15-19; X, 11, 16 et suiv.; XI, 2-5, 7-9, 16-19a$^{\alpha}$, 21-28, 31 sq. suivis peut-être autrefois de XII, 1-7a (c'est là aussi, dans les grandes lignes, l'opinion de *Hempel*). Il est possible encore que quelques-uns des développements du chap. XXVIII proviennent également de cette édition différente, de même, comme conclusion, le passage du chap. XXX, 15-20.

Quant à l'âge de D, il est certain que le livre était inconnu avant Josias. Même si Ezéchias a centralisé le culte — ce qui me paraît fort peu probable —, en tous cas rien n'indique qu'il l'ait fait sur la base de D. Le livre peut exprimer des tendances de réforme plus anciennes (poursuivies par Ezéchias et même par les rois antérieurs). Il ne s'appuie jamais sur J, ce livre de légendes lui paraissant sans doute trop démodé, mais uniquement sur E. — —

b) *C'est donc dans l'introduction secondaire (« D b ») contenue dans les chap. V, 1 et suiv., que nous trouvons le Décalogue : chap. V, 6-21.* L'âge de cette péricope ne peut pas être déterminé avec certitude ; nous pouvons seulement affirmer qu'elle est *plus récente que E et D*, qu'elle date, par conséquent, *au plus tôt, de la dernière période préexilique*. *Hoelscher* admet que le Décalogue est une partie primitive de cette introduction. C'est possible[1]. Mais l'opinion de *Steuernagel* et de *Hempel* me paraît plus probable. Dans une étude pénétrante, ils ont réussi, à mon avis, à

[1] En ce cas, *lēmōr* du v. 5 est certainement une adjonction ultérieure (*Hoelscher*).

montrer que le Décalogue est ici une interpolation ultérieure, qu'il interrompt la suite, qui au point de vue de la forme et du contenu, relie le v. 23 au v. 4 et qu'il introduit dans les idées de D b une conception tout à fait étrangère. Selon D b, Yahvé a parlé, en Horeb, à tout le peuple face à face, tandis que, selon les v. 5-22, Moïse se trouve comme médiateur entre Dieu et son peuple. Selon D b, Yahvé a annoncé d'abord son arrivée par quelques paroles qui ne sont pas rapportées, ensuite, pour ne pas avoir besoin d'entendre lui-même la voix dangereuse de Dieu, le peuple a prié Moïse de recevoir les commandements (v. 23 et suiv.). Ici la communication des commandements n'est donc pas au début. Le fait que, selon le texte actuel, le peuple a déjà entendu tout le Décalogue se trouve dans une contradiction absolue avec le sens et la présupposition des versets mentionnés. Selon D b, les commandements donnés en Horeb sont précisément les lois qui seront communiquées seulement dans ce qui suivra. L'interpolateur, par contre, se figure que, dès le commencement, le Décalogue a été promulgué en Horeb et que la législation proprement dite doit être considérée seulement comme une interprétation qu'on en a donnée après coup, idée qui ne se trouve pas dans D (v. p. 17 sq.).

On ne peut pas dire avec certitude, si le Décalogue a déjà été interpolé dans l'introduction D b ou seulement dans le Dt amplifié. En tout cas, la « tradition » contenue dans Dtn. V ne nous permet pas de remonter au delà de la dernière période préexilique. Il en est également ainsi dans le cas où les versets 5-22 formeraient une partie primitive de D b (*Hœlscher*, v. plus haut). Si vraiment le Décalogue est une adjonction secondaire, c'est *peut-être* la place qu'il occupe dans Ex. XX qui a donné lieu à l'interpolation [1]. Mais alors, après l'incorporation du Dt dans l'œuvre de JE, cette interpolation aurait été, au fond, inutile. Par conséquent, l'adjonction faite dans Dtn. V serait, en ce cas, antérieure à R JE Dt. Quoi qu'il en soit, la divergence des textes prouve que Ex. XX n'est plus la source directe de Dtn. V [2], et le contraire est beaucoup plus probable, à savoir que, dans Ex. XX, le Décalogue a été introduit sur le modèle de Dtn. V (v. plus loin, § 8*c*). — —

c) *Hempel* a essayé de prouver qu'avant l'insertion de notre Décalogue, D b (son « Pl c ») aurait renfermé, à un autre endroit (après le chapitre VI, 1), un décalogue analogue [3]). C'est

[1] Telle est aussi l'idée de *Hempel*, ouvr. cité p. 265.
[2] *Hempel*, p. 161.
[3] Ouvrage cité, p. 156-161, 264.

là une simple conjecture pour laquelle ces considérations subtiles ne fournissent pas l'ombre d'une preuve. Au fond, cette conjecture est basée sur la supposition non démontrée que le Décalogue contenu dans Ex. XX ferait partie de la tradition la plus ancienne de E et que, par conséquent, il doit avoir été emprunté par Pl^c qui dépend de E. D'ailleurs, le passage du chapitre VI, 1 ne fait pas partie de D^b (Pl^c), mais c'est l'introduction au chapitre VI, 4; par conséquent il appartient au D proprement dit (aux parties désignées par *Hempel* de $Pl^a + Sg^a$). L'hypothèse selon laquelle Pl^a, c'est-à-dire, à notre avis, l'introduction au D proprement dit, aurait renfermé autrefois un décalogue[1], est encore plus vague et plus dénuée de fondement.

Kœnig[2] et d'autres critiques ont essayé de prouver, ou plutôt ils ont avancé l'affirmation, que D doit être considéré, pour ainsi dire, comme un commentaire du Décalogue: c'est une explication aussi vaine que les efforts de la sagacité de *Hempel*. En premier lieu, je ne trouve pas que D soit aussi rempli d'allusions au Décalogue, qu'on a quelquefois voulu le prétendre. Toutes les réminiscences de ce genre doivent tout au plus être expliquées comme les échos des différents principes sociaux fondamentaux fixés dans le Décalogue, et elles ne prouvent rien pour l'existence du Décalogue dans son ensemble[3]. En second lieu, la mention répétée des deux tables[4] ne prouve pas non plus que, dans la pensée des différents auteurs de ces passages, le Décalogue était identique avec la loi des deux tables. En dehors de V, 22 qui, nous l'avons montré, ne fait pas partie de D et peut-être pas non plus de D^b, il n'y a pas un seul passage qui nous permette de considérer, avec quelque certitude, le Décalogue comme le contenu des deux tables du D ou du Dt. La plupart des passages cités à l'appui d'une pareille thèse, sont l'œuvre de la rédaction ultérieure, en partie seulement de R^{JEDt} (IV, 13; IX, $9^{a\beta}$; X, 1-5); il est possible que, dans ces passages, il s'agisse du Décalogue; quant aux chap. IX, $9^{a\alpha}$, 11, V, 22 et IX, 17, qui appartiennent aux sources antérieures, j'incline à attribuer les deux premiers textes au D proprement dit, les derniers à l'introduction secondaire D^b. Il faut convenir que *Steuernagel*[5] n'a pas réussi à démontrer d'une façon sûre

[1] Ouvrage cité, p. 263, n. 1.

[2] Das Deuteronomium. S K A T.

[3] Dt. XXVII, 14 sqq. qui est sûrement dans un rapport quelconque avec le Décalogue, ne fait partie ni de D ni de Dt, mais provient ou bien de E ou bien d'un R^{dt} ultérieur.

[4] IV, 13; V, 22; IX, 9, 11, 17; X, 1-5.

[5] Th. St. u. Kr. 1899, p. 334.

que R^D aurait identifié la loi des deux tables avec D; en effet, beaucoup de ses arguments me paraissent inadmissibles. Toujours est-il que, d'autre part, il faut rappeler catégoriquement qu'on ne peut ni prouver que selon R^d la loi des deux tables aurait consisté précisément en un décalogue, ni préciser *quel décalogue* a été considéré comme la loi des deux tables. Toutefois, il me paraît très probable que *Steuernagel* a raison et que, selon R^D, ce sont précisément les lois deutéronomiques rédigées par lui qui sont les lois des deux tables. Nous avons dit plus haut qu'il n'est pas impossible que, dès le début, le Décalogue de Dtn. V ait fait partie de D^b. Si cela est exact, il est inifiniment probable que la loi des deux tables de R^{Dt} et de D^b (mais non pas de R^D) doit être identifiée avec le Décalogue. *Mais dans aucun cas, la « tradition » de D^b ou de Dt sur le Décalogue considéré comme base de l'alliance mosaïque ne nous ramène au-delà de la dernière période préexilique, peut-être seulement jusqu'à la première période exilique ou post-exilique.*

§ 4. *L'opinion courante sur Ex. XX.*

Selon l'opinion prédominante, Ex. XX fait remonter la tradition sur le Décalogue considérablement plus haut que Dtn. V. Car la plupart des critiques voient dans Ex. XX les conditions de l'alliance imposées à Israël selon E. Nous allons examiner cette conception. Une opinion différente a été défendue seulement par *Steuernagel* [1], *Meinhold* [2] et *Baentsch* [3] qui croient que, primitivement, Ex. XX, 1-17 n'aurait pas fait partie de l'exposé de E. En réalité, la question se pose ainsi : Où faut-il chercher les *conditions primitives de l'alliance selon E ?*

D'après l'ordre actuel, elles sont dans Ex. XX, 1-XXIII, 19. Dans ce grand ensemble de lois, le passage du chap. XX, 1-17 forme le Décalogue, tandis que les chap. XX, 23 (ou XXI, 1)-XXIII, 19 renferment le « livre » dit « de l'alliance ».

Tous les critiques s'accordent à reconnaître que cet ensemble n'est pas homogène, mais composé de morceaux différents. Souvent on fait commencer le « livre de l'alliance » au chap. XXI, 1 ; on incline à considérer XX, 23-26 comme des développements secondaires. Il n'est pas probable qu'en même temps le Décalogue et le « livre de l'alliance » aient représenté les con-

---

[1] Einleitung in das A. T. Tübingen. J. C. B. Mohr. 1912.
[2] Einführung in d. A. T. (Collection Toepelmann I). Giessen, 1919, p. 188 sqq.
[3] Commentaire sur l'Exode dans N H K A T.

ditions primitives de l'alliance chez E ; effectivement, les critiques de toute nuance sont d'avis que primitivement ce dernier n'aurait pas occupé la place qu'il occupe actuellement dans E. L'hypothèse de *Kuenen*[1] selon laquelle le « livre de l'alliance » se serait trouvé primitivement dans l'œuvre de E, là où nous lisons maintenant (chez R^{JEDt}) le Deutéronome (v. plus loin), a trouvé beaucoup de partisans parmi les critiques modernes.

Pour déterminer les conditions primitives de l'alliance chez E, il est très important de mettre préalablement en évidence les conditions de l'alliance contenues dans l'œuvre de J. Car J et E sont, dans les grandes lignes, parallèles l'un à l'autre. Voilà pourquoi il est, a priori, probable qu'ils s'accordent aussi au sujet des commandements de l'alliance.

§ 5. *Les conditions de l'alliance d'après le Yahviste.*

a) Depuis *Wellhausen*[2], il y a un résultat acquis par la critique et qui n'aurait jamais dû être mis en doute : à savoir que Ex. XXXIV qui, dans la rédaction actuelle, apparaît comme une répétition de l'alliance de Ex. XIX-XXIV, est, en réalité, un parallèle avec celle-ci et représente l'exposé que J donne de cet événement. Au lieu de combiner les deux récits parallèles, le rédacteur s'est figuré que l'alliance, immédiatement après avoir été proclamée, a été rompue par la fabrication du veau d'or et que de la sorte un renouvellement est devenu nécessaire. Voilà pourquoi il a rapporté d'abord l'alliance selon E, ensuite l'épisode du veau d'or selon les deux sources[3] et, en dernier lieu, Ex. XXXIV, le récit de l'alliance de J expliqué comme un renouvellement de l'alliance racontée aux chap. XIX-XXIV ; il a souligné cette interprétation par quelques gloses. *Nous avons donc les conditions de l'alliance donnée par J dans Ex. XXXIV, 14-26.* Ce passage présente comme base de l'alliance un petit « catéchisme » composé de treize commandements brefs, d'ordre essentiellement cultuel et rituel :

1° Tu ne te prosterneras point devant un autre dieu, etc., v. 14[4].

---

[1] Historisch-kritische Einleitung in das A. T. Edition allemande par Th. *Weber*. Leipzig, Schultze. 1887-94. I, 1, p. 248 sqq.

[2] Comp. d. Hexateuchs[3], p. 85 sqq.

[3] Voir l'essai de distinguer les 2 sources chez *Gressmann*, Schr. A. T. Ausw., qui, dans les grandes lignes, me paraît réussi.

[4] Les v. 15-16 sont une glose à tendance deutéronomique, mais sûrement antérieurs au Deutéronome lui-même, du v. 14 dont ils tirent les conséquences pratiques.

2° Tu ne te feras point d'image (de Dieu) en fonte, v. 17.
3° Tu observeras la fête des massot, etc., v. 18.
4° Tout premier-né m'appartient, etc., v. 19-20a.
5° Tu ne viendras point les mains vides contempler ma face, v. 20b.
6° Tu pourras travailler pendant six jours ; le septième jour tu te « reposeras » (ou bien : tu t'abstiendras (de travail))[1], au temps du labourage tu te « reposeras » (alors), (ou bien : tu t'abstiendras (de travail)), v. 21.
7° Tu célébreras la fête des semaines (au temps de) l'engrangement des prémices du blé, v. 22a.
8° Et la fête de la récolte à la fin de l'année, v. 22b.
9° Trois fois par an, (tous) tes mâles viendront contempler la face du seigneur Yahvé, v. 23-24.
10° Tu n'offriras point avec du pain levé le sang des offrandes (de bêtes) immolées en mon honneur, v. 25a.
11° Tu ne garderas point la graisse offerte lors de mes fêtes[2] pendant la nuit jusqu'au lendemain matin, v. 25b.
12° Tu apporteras à la maison de Yahvé, ton dieu, la meilleure part des premiers fruits de la terre, v. 26a.
13° Tu ne feras point cuire un chevreau dans le lait de sa mère, v. 26b. — —

b) Dès l'abord, on peut considérer comme certain que le *chiffre 13 n'est pas primitif*. A l'origine, il y avait, ou bien 12, ou bien 10 commandements. En faveur du chiffre 10, on ne peut pas directement faire valoir le contenu du v. 28 ; car il est possible, en principe, que les mots *ʿašärät hadd^ebārīm* soient une glose rédactionnelle faite sous l'influence d'Ex. XX ; l'ordre grammatical des mots semble le prouver. Pour obtenir le chiffre 12, plusieurs critiques[3] veulent considérer le commandement « Tu ne te présenteras pas les mains vides devant la face de Dieu (v. 20b) » comme une explication de notre 4e commandement. Mais c'est là une argumentation fort sujette à caution, déjà pour la simple raison que notre 5e commandement ne se rattache pas, dans Ex. XXIII, 15, au commandement sur les pre-

---

[1] Il serait possible de considérer le verbe comme dénominatif et de le traduire par conséquent par „sabbater". Mais cette interprétation ne paraît guère exacte. V. § 14.

[2] C'est ainsi qu'il faut lire selon Ex. XXIII, 18. Le texte massorétique donne la leçon suivante: „ma fête du Päsaḥ". Mais le Päsaḥ n'est pas un *ḥāg*. Cette leçon s'explique par une fausse interprétation du passage selon Ex. XII, 10. En réalité, le commandement s'étend aux sacrifices de toutes les fêtes.

[3] P. ex. *Gressmann* dans Schr. A. T. Ausw. II, 1[2], p. 233.

miers-nés, mais à celui sur la fête des massot. En réalité, tout porte à croire que le commandement dont il s'agit ne veut pas être entendu comme une règle à observer lors d'une seule des visites prescrites du sanctuaire (visant par exemple l'offrande des premiers-nés ou des massot), mais qu'il représente un principe général pour la fréquentation du culte. C'est-à-dire que, dans cet ensemble, il doit être considéré comme un commandement indépendant. La manière dont il est formulé nous montre que le législateur a en vue en général toutes les visites que l'on doit faire au lieu de culte, avant tout la célébration des trois fêtes annuelles qui sont énumérées et que tous sont tenus d'observer.

D'autres critiques[1] veulent supprimer notre 6e commandement, c'est-à-dire celui sur le sabbat. Il est hors de doute que, dans le texte actuel, il occupe une place surprenante au milieu des commandements concernant par excellence les fêtes cultuelles (le 3e, le 7e et le 8e). Mais la forme particulière et tout à fait unique que le commandement sur le sabbat revêt ici, ne permet pas de supposer que nous avons ici une formation secondaire. Si vraiment ce commandement n'était pas absolument primitif, nous ne sommes, dans tous les cas, pas en présence d'une des adjonctions tardives de R^{JE} ou de ses successeurs ; la forme du commandement est indépendante à la fois d'Ex. XXIII, 12 et du commandement correspondant du Décalogue d'Ex. XX, 9 sqq.; nous aurions donc affaire, en ce cas, à une glose dans le texte de J (ou du document utilisé par lui) ; car dans sa forme actuelle, le commandement est sûrement antérieur à l'exil, ce qui ressort des précisions qui y sont ajoutées ; les intérêts les plus pressants de l'exil n'avaient trait ni à la moisson ni en général à l'agriculture. Puisque le commandement se trouve aussi, nous le verrons, chez E à un endroit correspondant (Ex. XXIII, 12) et que, d'autre part, les deux passages sont indépendants l'un de l'autre, un commandement sur le sabbat doit avoir fait partie déjà du document commun utilisé par J et E. Cette considération parle absolument en faveur de son caractère primitif. Nous montrerons tout à l'heure que la place surprenante qu'il occupe peut s'expliquer d'une autre manière. — En ce qui concerne l'interpré-

---

[1] Par ex. *Wellhausen*, Comp. d. Hex.[2], p. 332. — L'objection de *Kittel* (Gesch. d. Volkes Israel[2]. I, p. 493, n. 1), selon laquelle la place surprenante que ce commandement occupe s'expliquerait par le fait que le sabbat doit être observé aussi au temps du labourage et de la moisson, n'est pas convaincante. Car les commandements par lesquels il est encadré, ne parlent pas du *temps* du labourage et de la moisson, mais de deux *fêtes* de la moisson. D'ailleurs, l'interprétation du commandement donnée par *Kittel* est inexacte. V. plus loin, p. 22 et § 14.

tation de ce passage, remarquons dès maintenant que la conception traditionnelle selon laquelle le v. 21b serait une recommandation spéciale ne paraît guère exacte ; l'interprétation courante : « (même) au temps du labourage et de la moisson tu te reposeras (ou bien : tu t'abstiendras (de travail)) » supposerait certainement un *gam* comme particule d'introduction. La proposition veut être entendue comme une précision chronologique : le renoncement au travail du sabbat concerne les époques du labourage et de la moisson qui sont les périodes de travail par excellence chez les paysans palestiniens [1]; il convient de rappeler ici les mots de la parabole : « après avoir jeté de la semence en terre, l'homme dort et il se lève, nuit et jour, pendant que la semence germe et croît sans qu'il sache comment » (Mc. IV, 26 et suiv.). Les temps du labourage et de la moisson sont, en général, les époques qui ont une importance décisive pour les conditions fondamentales de la vie et qui exigent des pratiques rituelles particulières. Nous sommes encore loin ici de la conception plus sévère qui triomphera plus tard et selon laquelle le sabbat exclut tout travail pendant l'année tout entière.

On serait tenté d'éliminer notre 9e commandement, c'est-à-dire le précepte général concernant l'observation des trois fêtes, comme un résumé secondaire des 3e, 7e et 8e commandements. Mais cette suppression ne fait pas disparaître l'incohérence étrange de l'ordre actuel (v. plus loin), incohérence qui provient, sans doute, du fait que le nombre primitif des commandements a été porté plus tard à 13.

Toute autre suppression étant arbitraire et impossible à démontrer, il faudra chercher la solution dans la direction qu'ont suivie, entre autres, *Holzinger* [2] et *Steuernagel* [3], à savoir dans une réduction des 13 commandements à 10. Il est en effet très frappant que les 3 commandements sur les fêtes ne se trouvent pas l'un à côté de l'autre ; il est aussi incontestable que, ou bien notre 9e commandement est un résumé des 3e, 7e et 8e, ou bien que ceux-ci sont des spécifications de celui-là [4]. Si nous considérons les trois commandements sur les fêtes particulières comme

[1] C'est l'explication donnée par *Meinhold* dans „Sabbat und Woche im A. T.“ et dans Z A T W. 1909, p. 81 sqq.

[2] Kommentar zu Exodus dans M K H C A T.

[3] Einleitung in d. A. T.

[4] L'explication selon laquelle les trois visites annuelles du sanctuaire, dans le 9e commandement, ne se rapporteraient pas aux trois fêtes annuelles (*Eissfeldt* dans „Erstlinge u. Zehnten im A. T.“ [B W A T. Cahier 22] 1917) est tout à fait invraisemblable.

des précisions (exactes au point de vue du contenu) ajoutées plus tard au commandement général sur la participation au culte (le 9e) [1], nous obtenons précisément le chiffre cherché de 10, et le désordre du texte actuel disparaît. Il est vrai que, même après cette réduction, la suite logique des commandements laisse encore à désirer, si l'on se place au point de vue de nos exigences modernes d'une disposition logique des matières ; mais les anciens Hébreux n'ont pas connu de telles exigences. En jugeant les anciens documents orientaux d'après ce critère, nous n'en trouverions pas un seul qui soit composé sur un plan rigoureusement systématique [2]. Si l'on suppose que les commandements sur les fêtes particulières ont été ajoutés après coup, on peut aussi expliquer d'une façon satisfaisante la place qu'ils occupent maintenant. Le commandement sur les massot a été placé avant le commandement sur les premiers-nés, parce que la fête des massot coïncidait, au point de vue chronologique, et probablement aussi dans l'esprit de la majorité du peuple, avec l'ancien Päsaḥ, et c'est précisément à l'époque du Päsaḥ qu'on faisait l'offrande des premiers-nés. Les deux autres commandements sur les fêtes particulières ont été placés avant le commandement général sur les fêtes (le 9e), qui pouvait passer pour un résumé.

Voici donc quel a pu être le plan du recueil primitif :

a) défenses religieuses fondamentales dirigées contre l'adoration des dieux étrangers et contre la fabrication d'images cultuelles en fonte (Nos 1 et 2) ;

b) loi sur les offrandes qui doivent être présentées devant Yahvé : les premiers-nés (No 4) et une offrande lors de chaque visite du sanctuaire (No 5) ;

c) lois sur le sabbat et les fêtes annuelles (Nos 6 et 9) ;

d) des préceptes cultuels particuliers (Nos 10, 11, 12, 13) ; dans le 12e commandement, l'accent se trouve alors sur *rēšīṯ ;* les premières offrandes doivent consister dans la meilleure part, qui coïncidait probablement avec les prémices.

---

[1] *Bertholet,* dans l'art. Dekalog de la R. G. G. a aussi indiqué cette explication.

[2] Voilà pourquoi les efforts de *Cornill* pour établir un ordre systématique (Festschrift f. Wellhausen [B Z A T W 27], 1914, p. 109 sqq.) sont inutiles ; ils aboutissent d'ailleurs à des suppressions tout à fait dénuées de fondement (du 3e, 5e, 6e et 9e commandements).

Si l'élimination que nous venons de faire est exacte, il reste que l'adjonction des commandements sur les fêtes particulières doit être, en tout cas, très ancienne. Ils se trouvent, comme nous le montrerons, aussi dans E, sous une forme indépendante de J. Par conséquent, ils ont fait partie du type commun duquel dépendent les conditions de l'alliance à la fois chez J et chez E. Le nom que porte ici la fête de l'automne prouve que les additions sont de beaucoup antérieures, non seulement à D, mais aussi au calendrier babylonien de l'époque plus récente ; chez D, (Dt. XVI, 13), la fête porte le nom usité plus tard de *ḥag hassukkōṯ,* tandis qu'elle s'appelle ici *ḥag hā'āsīf* (de même chez E, Ex. XXIII, 16). Dans ces deux passages, le commencement de l'année est placé en automne, contrairement au calendrier (babylonien), qui compte l'année à partir du printemps. Nous ne commettons pas de faute chronologique ni d'anachronisme en considérant ces commandements comme des parties intégrantes de J [1].

c) Il est manifeste que le Décalogue que nous venons d'examiner n'a pas été inventé par J pour le récit de l'alliance au Sinaï, mais qu'il a d'abord existé indépendamment et qu'il a été *emprunté* par J, ou par le document utilisé par lui. S'il en est ainsi, il paraît bien que, primitivement, ce Décalogue avait aussi une *formule d'introduction,* de même que le Décalogue d'Ex. XX. Cette introduction doit se trouver dans les v. 6aβ, b-7. Mais l'ordre primitif de J., au commencement du chap. XXXIV, a été embrouillé au point qu'on a peine à apercevoir la vraie relation des différents versets. *Gressmann* a bien reconnu que

[1] Peut-être y a-t-il aussi une autre possibilité, plus radicale, il est vrai, pour réduire à 10 le chiffre 13 qui n'est sûrement pas primitif. Elle consiste dans la suppression des Nos 4, 5 et 6 (commandements sur les premiers-nés, sur l'obligation des offrandes lors des visites du sanctuaire et sur l'observation du sabbat). Il n'y aurait, au fond, que des raisons de plan pour préférer cette réduction à celle que nous avons recommandée plus haut. La disposition deviendrait encore plus claire que dans la solution donnée plus haut: a) commandements fondamentaux (Nos 1 et 2); b) commandements sur les fêtes (Nos 3, 7, 8, 9); c) commandements particuliers concernant le culte (Nos 10, 11, 12, 13). — Cependant la haute antiquité de la coutume concernant les premiers-nés et la forme archaïque du commandement sur le sabbat, en même temps que le fait que No 9 deviendrait alors un simple résumé des Nos 3, 7 et 8: toutes ces observations rendent cette solution invraisemblable. En tout cas, même dans cette hypothèse, ce serait à une époque très ancienne que le chiffre de 10 aurait été porté à 13. Car le commandement sur les premiers-nés, aussi bien que celui sur le sabbat, sont, sous leur forme actuelle, indépendants au point de vue littéraire, des parallèles contenus dans Ex. XXII, 28-29a ; XXIII, 12 (v. plus loin p. 40, n. 1). Si nous faisons provisoirement abstraction de Ex. XX, 8, que nous aurons encore à examiner de plus près, le commandement sur le sabbat n'a nulle part une forme aussi archaïque que dans Ex. XXXIV.

le récit de la révélation de l'alliance a été combiné ici avec des morceaux d'une variante, appartenant elle aussi à J, des légendes et des motifs légendaires qu'il réunit sous le titre de « la face de Yahvé »[1]. Cependant, *Gressmann* compte dans ce morceau qui interrompt l'ordre primitif de J, l'ensemble des v. 5b-9. Cela ne saurait être exact ; car d'une part le décalogue resterait, en ce cas, dépourvu de formule d'introduction, et d'autre part les paroles contenues dans les v. 5a, 6b-7 seraient décidément déplacées dans la bouche de Moïse ; il est aussi évident que possible que ces versets représentent une « formule d'épiphanie » ; par ces mots, le dieu qui se révèle se présente et dévoile son nom, son essence et son action. *Gressmann* a senti cela et, pour cette raison, il considère ces mots comme une glose rédactionnelle des v. 5b; 6a; 8-9a. Mais d'où proviendrait cette glose et pour quelle raison aurait-elle été introduite à cette place ? Serait-ce pour augmenter encore l'incohérence du texte ? Il me semble que « Homère a dormi » ici. En réalité, nous avons dans ces mots l'introduction du décalogue de J. Font donc partie du motif « la face de Yahvé » (qui se trouve en rapport avec l'histoire du veau d'or) : les v. 5b; 6a, α; 8-9.

Primitivement, c'est-à-dire lorsque le Décalogue de J existait encore isolément, l'introduction v. 6aβ, b-7 était très probablement rattachée directement aux v. 14 et suivants. Les v. 10-13 qui, à présent, l'en séparent forment le morceau de liaison ajouté par RJ pour placer le Décalogue dans l'ensemble de la péricope du Sinaï. Sous sa forme actuelle, ce morceau a été amplifié par des adjonctions à tendance deutéronomique. Les mots v. 6a *wajjiqrā Jahwä* appartiennent également à RJ ; car il va sans dire que c'est Yahvé qui parle et que le premier *Yahvé* doit être considéré, malgré le texte massorétique, comme le sujet de *wajjiqrā*.

S'il en est ainsi, il est hors de doute que le début de la formule d'introduction a été mutilé au moment où les v. 5b; 6a, α et 8-9 ont été insérés dans le texte et qu'on en a fait une parole de Moïse. A en juger d'après l'intention fondamentale de ces mots et d'après la formule analogue contenue dans Ex. XX, 2, il paraît bien que le commencement était primitivement *ānōkī jhwh ēl rāḥūm,* etc. Par le même travail rédactionnel, la formule a été d'autre part amplifiée et surchargée. Les mots *nōsē ʿāwōn wāfäšaʿ weḥaṭṭāʾā* (« qui pardonne l'iniquité, le péché et la transgression ») sont, au fond, une interprétation superflue de *nōṣēr ḥäsäd,* et pour cette raison ils sont probablement secondaires ;

---

[1] Mose und seine Zeit, p. 218 sqq.; Schr. A. T. Ausw.[2] I, 2, p. 68 sqq.

de même les mots « qui ne laisse pas tout à fait impuni » *(w^e naqqē lō j^e naqqā)* doivent être supprimés comme une transition secondaire au passage suivant, transition qui est devenue nécessaire par l'amplification du texte précédent ; enfin les mots *w^e ʿal b^e nê bānīm* sont une glose vide de sens et anticipant ce qui suit, à savoir *ʿal šill^e šīm ;* le premier *bānīm* signifie déjà « descendants ». Après toutes ces éliminations, il reste le texte suivant : « *Je suis Yahvé, dieu miséricordieux et compatissant, lent à la colère et riche en bonté et en fidélité, qui témoigne sa bonté à des milliers, mais qui punit le péché des pères sur les enfants jusqu'à la troisième et à la quatrième générations.* »

Cette formule d'introduction se compose, à son tour, de deux formules qui, à l'origine, étaient probablement indépendantes. La dénomination : « (Yahvé) dieu miséricordieux et compatissant, lent à la colère et riche en bonté et en fidélité » est attestée par plusieurs passages (Nombres XIV, 18 ; Joel II, 13 ; Jon. IV, 2 ; Ps. LXXXVI, 15 ; CIII, 8 ; Neh. IX, 17). Il n'est pas douteux que c'est là primitivement une formule d'invocation ou d'hommage cultuel. La seconde formule : « (Yahvé, dieu) qui témoigne sa bonté à des milliers » etc. se rencontre seulement dans l'interpolation du Décalogue Ex. XX, 5b sq. ; Dt. V 9b sq., où elle a été ajoutée probablement d'après notre passage (v. § 9). On peut affirmer avec certitude que nous sommes ici en présence d'une formule fixe, et très probablement aussi d'une formule d'adoration cultuelle. Nous examinerons plus loin de plus près le complexus d'idées cultuelles auquel elle appartient[1].

d) Ainsi, la base de l'alliance, dans l'œuvre de J, est le « Décalogue » du chap. XXXIV, 14 et suiv. Il est vrai que *Kittel*[2] cherche à prouver que ce décalogue ne représente pas les conditions proprement dites de l'alliance d'après J, mais que ce document aurait aussi primitivement contenu le Décalogue d'Ex. XX (outre le « livre de l'alliance », v. plus loin). Ce serait R^JE qui aurait supprimé ce morceau dans sa composition. Cependant *Kittel* donne fort peu d'arguments valables pour justifier cette manière de voir, mais seulement des indications a priori, dont la plupart sont très peu convaincantes[3]. *Kittel* veut faire, dans Ex. XXXIV, une distinction entre les « 10 paroles » inscrites sur les tables (v. 28), c'est-à-dire, selon lui, celles qui sont transmises

---

[1] V. § 19.
[2] Gesch. d. Volkes Israel I³, p. 492 sqq.
[3] Ouvrage cité, p. 494, n. 1.

dans Ex. XX, d'une part, et les conditions proprement dites de l'alliance inscrites dans un livre, d'autre part; ces dernières sont prétendues avoir été écrites par Moïse (v. 4; 27), les « 10 paroles » par Yahvé lui-même (« il ») (v. 28). C'est là une explication forcée. Quel serait, au fond, le but des « paroles », si elles n'avaient pas la prétention de présenter la base de l'alliance ? Supposé que Ex. XXXIV ne soit vraiment qu'une répétition et un renouvellement de l'alliance conclue dans les chap. XIX-XXIV, pour quelle raison R^{JE} aurait-il répété et donné comme base de l'alliance renouvelée la partie moins importante, à savoir un simple résumé du « livre de l'alliance » — car c'est ainsi que *Kittel* conçoit Ex. XXXIV, 14 et suiv. —, et pour quelle raison, par contre, aurait-il omis l'essentiel, à savoir les « 10 paroles » — selon *Kittel* Ex. XX, 1 et suiv. ? *Kittel* répondra peut-être: parce qu'il les a déjà rapportées une fois. Cependant, il en est de même pour chap. XXXIV, 14 et suiv., qui se trouvent déjà Ex. XXIII. Y a-t-il, à l'intérieur du code de lois d'une communauté fondée sur une alliance une partie plus importante que la base même de cette alliance ? Ou bien les « 10 paroles » n'auraient-elles été, selon R^{JE}, qu'une sorte d'exercice de rhétorique avant les paroles d'alliance proprement dites ? Enfin il faut demander: si vraiment *Kittel* a le droit de distinguer entre les « 10 paroles » et les « conditions de l'alliance », d'où sait-il que les prétendues « 10 paroles » rapportées autrefois par J sont identiques à celles d'Ex. XX, 1 et suiv. ? Cette théorie de *Kittel* ne tient pas; elle est basée uniquement sur le désir de trouver un témoignage littéraire aussi ancien que possible pour Ex. XX, 1 et suiv., et du moment où l'on n'en trouve point, on postule qu'il en aurait une fois existé un. C'est fort simple, mais ce n'est pas convaincant. Les témoignages invoqués n'ont pas de valeur. L'explication exégétique que *Kittel* propose est en contradiction avec les textes; le sujet du chap. XXXIV, 28 est Moïse, tout comme celui du v. 27 ; le v. 1^b est manifestement une addition harmonisante de R^{JE}, destinée à transformer l'alliance de J en un renouvellement de l'alliance ; l'expression « les 10 paroles » du v. 28^b est ou bien une glose (de R^{JEDtP}) qui remonte à Ex. XX, 1 et suiv., ou bien elle vise précisément les 10 commandements primitifs d'Ex. XXXIV, 14 et suiv. Il n'y a pas trace, chez J, du Décalogue d'Ex. XX, 1 et suiv. et du grand recueil de lois des chap. XXI-XXII, abstraction faite de quelques parallèles contenus dans le Décalogue d'Ex. XXXIV, sur lesquels nous reviendrons plus tard. Par contre, *Kittel* a raison de dire que le Décalogue de J n'a pas été, dès le début, considéré comme une formation analogue à Ex. XX, 1 et suiv., mais ce fait doit être interprété dans un autre sens que *Kittel* ne l'a fait ; car Ex. XX, 1 et suiv. n'est pas, nous le verrons, le parallèle élohistique primitif d'Ex. XXXIV, 14 et suiv.

Sellin[1] a suivi une voie un peu différente pour se débarrasser du décalogue d'Ex. XXXIV. En partant du fait considéré comme établi que l'épisode du veau d'or appartient à E et qu'à l'occasion de cet épisode les tables ont été brisées, il prétend que déjà E parlait d'un renouvellement de l'alliance avec des tables nouvelles et que chap. XXXIV, 1; 4a, c; 28, au lieu d'être une altération provenant de RJE, feraient effectivement partie de E. L'œuvre de J n'aurait donc pas renfermé le motif des tables, mais seulement quelques « paroles d'alliance écrites » ; le décalogue d'Ex. XXXIV, 14 et suiv. ne serait qu'un résumé d'un ensemble plus étendu. Nous objectons que même si E a raconté que les tables ont été détruites, il ne s'ensuit pas nécessairement qu'il ait raconté que de nouvelles tables ont été fabriquées. En réalité, l'explication exacte du motif de la destruction des tables a été donnée par *Gressmann:* par cette tradition, les hommes d'une époque plus récente se seraient expliqué le fait étonnant que ni à Jérusalem ni ailleurs il n'existait des tables de la loi mosaïque. Dans les légendes empruntées et utilisées par J et par E, les tables ne furent pas renouvelées après la destruction ; le point caractéristique des légendes en question est précisément dans le fait que les tables écrites de la main divine sont irrémédiablement perdues ; Israël n'a pas eu à se réjouir de leur possession plus longtemps que le héros Gilgames quand il trouva l'herbe de vie. Le rétablissement des tables a été inventé par RJE, qui avait deux récits sur leur fabrication, à savoir E et J, et qui a voulu les harmoniser. L'interprétation que *Wellhausen* a donnée d'Ex. XXXIV est exacte : RJE a attribué ici un nouveau sens au récit de J et il l'a remanié en conséquence ; le v. 28 appartient à J tout comme le v. 27 dont il forme la suite immédiate ; la glose rédactionnelle n'apparaît tout au plus que dans les mots « les 10 paroles » (v. plus haut). L'opinion selon laquelle J aurait rapporté primitivement d'autres paroles, outre le décalogue d'Ex. XXXIV, 14 et suiv., est une hypothèse tout à fait gratuite. Il me paraît qu'ici c'est le désir qui a engendré l'idée. On a voulu que le Décalogue et M (à peu près identique avec le « livre de l'alliance ») proviennent d'une même source pour

[1] Zur Einleitung i. d. A. T. (Quelle & Meyer, Leipzig 1912), p. 23 sqq.

en faire les bases de l'alliance suivant la tradition la plus ancienne[1].

L'opinion défendue par *Kittel*, *Sellin*, *H. Schmidt* et d'autres est dès lors, elle aussi, dénuée de fondement. On nous assure que les paroles de l'alliance de J contenues dans chap. XXXIV, 14 et suiv. ne seraient qu'un résumé (provenant de RJE) d'un recueil plus détaillé, à savoir du prétendu « livre de l'alliance » qu'on croit retrouver dans les chap. XXI, 1-XXIII, 19. Premièrement, ce « livre de l'alliance » n'est pas du tout, nous le montrerons dans le paragraphe suivant, un « livre », et à plus forte raison pas un « livre de l'alliance » ; ce n'est rien d'autre qu'un travail de mosaïque issu d'un *activité rédactionnelle entreprise à l'intérieur de l'œuvre de l'élohiste ;* il n'est donc que le résultat du remaniement rédactionnel de E et par conséquent, il ne peut pas avoir fait partie de l'œuvre plus ancienne de J. En second lieu, il faut remarquer : si vraiment ce recueil était déjà dans J, comment le rédacteur RJE aurait-il pu avoir l'étrange idée d'illustrer le renouvellement de l'alliance par la proclamation de commandements détachés d'un recueil n'ayant rien de commun avec la base proprement dite de l'alliance — cette base, selon les critiques mentionnés, étant le Décalogue d'Ex. XX, 1-17 ? Et pourquoi donc RJE aurait-il emprunté au soi-disant « livre de l'alliance » de J, plus étendu, seulement les commandements cultuels et rituels d'Ex. XXXIV, 14 et suiv. ? Pourquoi ne trouve-t-on plus trace ici des lois civiles du recueil des « *mišpāṭīm* » contenus dans les chap. XXI, 1-XXII, 16 ? Pourquoi a-t-il résumé précisément des lois qui, selon l'avis des auteurs plus récents — et par conséquent sans doute aussi de RJE — étaient le moins caractéristiques pour l'alliance conclue au Sinaï ? Nous arrivons à la conclusion que l'*hypothèse du « livre de l'alliance » plus étendu et d'un second décalogue — identique avec Ex. XX, 1-17 — contenus dans l'œuvre de J est, de tous les essais d'harmonisation des critiques modernes, le plus dénué de fondement.*

D'ailleurs, le décalogue de J contenu dans chap. XXXIV

---

[1] Malgré la critique de *Sellin*, *Goethe* a, par conséquent, fait une découverte exacte, lorsqu'Il a affirmé que selon le récit le plus ancien (J) c'étaient les paroles de chap. XXXIV, 14 et suiv, qui formaient le contenu des tables. L'hypothèse de *Sellin* selon laquelle J n'aurait pas contenu le motif des tables est tout à fait inacceptable; le motif des tables est beaucoup plus ancien que le motif du livre (v. *Gressmann*). — Sur l'exposé donné plus haut des paroles de l'alliance chez J, v. *Wellhausen*, Compt, d. Hex.[3], p. 331; *Baentsch* dans N H K A T I, 2, p. XLVII; *Steuernagel*, Der jehovistische Bericht über den Bundesschluss auf Sinaï, dans Th. St. Kr. 72, p. 319-350; *Steuernagel*, Einleitung i. d. A. T.

est lui-même en contradiction absolue avec cette hypothèse. Nous sommes ici en présence d'un recueil de lois religieuses et cultuelles qui actuellement se compose de treize commandements, mais qui, à l'origine, ne contenait que 10 commandements. Ce chiffre était, ainsi que le chiffre 12, consacré pour de pareils documents[1]. Il ne peut donc plus être question de considérer un tel recueil comme un fragment tiré d'une collection plus étendue et obtenu par des mutilations fortuites ou par un travail rédactionnel superficiel. On objecte que le manque de suite de son contenu semblerait indiquer qu'il ne s'agirait pas là d'une œuvre originale[2]. Mais nous avons déjà remarqué qu'il ne faut pas chercher dans un document de l'antiquité hébraïque un plan systématique à la manière moderne. D'ailleurs, si nous considérons les trois commandements concernant les fêtes particulières comme surajoutés à une époque récente, l'objection tombe[3]. Si la base de l'alliance chez J doit être cherchée dans une collection qui, dès l'abord, a revêtu la forme d'une loi de 10 commandements, cette considération renverse l'hypothése ultérieure dans laquelle *Sellin* s'est réfugié, à savoir que « le souvenir des paroles de Moïse ne se serait pas conservé aussi pur ni aussi vivant en Judée qu'à Sichem »... et que pour cette raison « certain clergé judéen aurait tiré des deux codes[4] les éléments ayant trait au culte et qu'après les avoir transformés en morceaux particuliers et indépendants, il les aurait transmis comme paroles de l'alliance du Sinaï ». Cette hypothèse est déjà contredite par le simple fait que les chap. XXXIV, 14 et suiv. ne renferment nullement tout ce qui, « dans les deux codes », a trait au culte (v. XX, 25 et suiv. ; XXII, 28a; XXIII, 10 et suiv.).

§ 6. *Analyse littéraire de Ex. XX-XXIII.*

a) Il s'agit maintenant de trouver les conditions primitives de l'alliance d'après E à l'intérieur du *grand ensemble incohérent de lois contenu dans Ex. XX-XXIII*. Le style et le contenu montrent bien que cet ensemble ne forme pas une unité primitive. Le Décalogue du chap. XX, 1-17 occupe une place à part. Il est suivi d'un court morceau narratif du chap. XX, 18-22 se terminant par une formule qui doit servir d'introduction aux

---

[1] Ex. XX, 1-17; Dt. V, 6-21; Ps. XV, 2-5.

[2] P. ex. *Sellin*, Zur Einleitung ins A. T., p. 24.

[3] V. plus haut, p. 23 sq.

[4] C'est-à-dire: du Décalogue du chap. XX, 1-17 et du „livre de l'alliance" (qui n'a jamais existé!), chap. XX, 23 (XXI, 1)-XXIII, 19.

commandements cultuels et religieux du chap. XX, 23-26. Ces commandements sont écrits dans le style sacerdotal de la *tôrā* caractérisé par les mots catégoriques : tu dois ou tu ne dois pas faire telle ou telle chose. Cependant, au chap. XXI, 1, intervient une nouvelle formule d'introduction suivie d'un recueil assez étendu de lois exclusivement civiles sans aucune empreinte religieuse particulière et écrit dans un style tout à fait différent de celui des commandements du chap. XX, 23-26 ; nous sommes ici en présence du véritable style des *mišpāṭīm,* que nous retrouvons aussi dans les lois babyloniennes : si (supposé que) — *kī* ou *im* — un homme fait telle ou telle chose, on doit procéder envers lui de telle ou telle manière. La suscription dans le chap. XXI, 1 désigne, en effet, ces lois avec le terme de *mišpāṭīm* à la différence des *tôrōṯ* et des *dᵉḇārīm.* A partir du chap. XXII, 17, nous retrouvons le style de la *tôrā,* et à cet endroit, le contenu change aussi par rapport à celui des *mišpāṭīm* qui précèdent ; ce qui suit représente une collection très variée de commandements religieux, cultuels et moraux, qui, en partie, ont trait à la juridiction et à la législation juridique : chap. XXII, 17-27 des commandements juridiques et moraux, chap. XXII, 28-30 des commandements cultuels, chap. XXIII, 1-9 des commandements juridiques et moraux, chap. XXIII, 10-19 des commandements cultuels et rituels. *Il est clair que cette disposition défectueuse et ce mélange de styles différents proviennent d'une combinaison de matériaux variés et transmis, à l'origine, isolément. La désignation de cet ensemble de documents primitifs ou secondaires sous le nom de « livre de l'alliance », qui est généralement en usage, induit en erreur, et elle est fausse au point de vue de la critique littéraire.* Le terme est emprunté à Ex. XXIV, 7 (E), où il désigne les commandements qui formaient les conditions de l'alliance dans l'œuvre de E ; mais celles-ci n'étaient pas identiques avec le recueil des lois civiles et des commandements religieux et moraux contenu dans Ex. XX-XXIII. En réalité, un « livre de l'alliance » digne de ce nom n'a jamais existé ; l'ensemble que nous appelons ainsi n'est qu'une compilation formée peu à peu à l'intérieur du cadre de E. C'est ce que nous allons montrer[1].

On ne saurait tirer aucune conclusion du terme de *sefär* dans chap. XXIV, 7 en ce qui concerne l'étendue des conditions de l'alliance chez E. Le mot désigne tout document écrit sur une

[1] Le terme de «livre de l'alliance» comme appellation usitée par la critique littéraire et l'histoire de la littérature devrait dès lors être relégué dans le domaine des inventions dénuées de fondement.

matière souple (parchemin ou papyrus), que ce document soit long ou bref ; par exemple, il peut aussi bien s'appliquer à une lettre qu'à un véritable livre (v. *Gesenius-Buhl*[16], s. v.).

Il est clair que les commandements destinés à former la base d'une alliance religieuse entre Yahvé et Israël devaient précisément se rapporter à la relation mutuelle entre Dieu et le peuple. Selon la tradition de l'Ancien Testament[1], l'alliance conclue au Sinaï était d'ordre essentiellement religieux et non pas politique. Sa base ne saurait donc avoir consisté dans des lois concernant la juridiction civile de la société, telles que les *mišpāṭīm* contenus dans chap. XXI, 1 et suiv., mais dans des commandements réglant les rapports avec Yahvé. Cette considération a priori est confirmée par le décalogue de l'alliance dans l'œuvre de J, chap. XXXIV, 14 et suiv. ; ce sont des lois cultuelles et religieuses et non pas civiles que nous y lisons. Il en est de même pour le Décalogue de R^{Dt} ou D^b. (Dt. V, 6 et suiv.). Voilà pourquoi il est hors de doute que c'est le cas aussi pour E.

Et justement, on peut remarquer que les lois civiles contenues dans Ex. XX-XXIII sont encadrées par des commandements religieux d'ordre cultuel. Outre le Décalogue de XX, 1-17 qui a pour contenu une morale essentiellement religieuse, XX, 23 commence par des commandements cultuels et la conclusion XXIII, 10-19 a le même caractère ; c'est le cas aussi pour la plus grande partie du fragment Ex. XXII, 17-XXIII, 9. Mais au chap. XXI, 1, commence brusquement et sans qu'on en voie le motif une série de *mišpaṭim* civiles pourvue d'un nouveau titre. Il paraît donc qu'à cet endroit un recueil « primitif » de commandements religieux cultuels a été coupé en deux par la collection des *mišpāṭīm*, qui commence avec le chap. XXI, 1. Nous ne saurions appliquer à cette collection le terme de « livre de l'alliance » (v. plus haut), mais, selon son contenu, nous proposons de la désigner par le terme de « recueil de *mišpāṭīm* » et par le signe « M ». Il est clair que, primitivement, M n'a rien eu de commun avec l'alliance ; sous ce rapport, l'hypothèse d'un déplacement de M émise par *Kuenen* (v. plus loin) part d'un point de vue exact.

La question qui se pose maintenant est celle de savoir à quel endroit M finit et à quel endroit le recueil de lois religieuses

---

[1] C'est à elle qu'il faut nous en tenir, lorsqu'il s'agit de trouver les conditions de l'alliance chez E. Le fait que l'alliance du Sinaï a peut-être été, en même temps une alliance conclue entre plusieurs tribus dans un but politique, ne nous intéresse pas ici.

cultuelles recommence. D'après le style et le contenu, on peut juger que les *mišpāṭīm* proprement dits se terminent avec XXII, 16. En se basant sur cette différence de style, *Kuenen* [1], *Baentsch* [2], *Cornill* [3] et d'autres ont distingué entre les *mišpāṭīm* primitifs du « livre de l'alliance » (= M) et les *d^eḇārīm* du Horeb. D'après leur style et leur contenu, les commandements de XXII, 17-XXIII, 19 sont plutôt ce que les Israélites appelaient *d^eḇārīm* ou *tôrōṯ* que des *mišpāṭīm.* Quelques-uns d'entre eux, cependant, ressemblent davantage à des ordonnances civiles qu'à des commandements religieux d'ordre cultuel, en ce sens qu'ils donnent des règles morales et des préceptes particuliers concernant, en première ligne, le maintien de l'organisation juridique de la société; ils ont pour but d'assurer, avant tout, la justice sociale et une juridiction régulière. Ces commandements doivent donc être examinés à part. Ils peuvent être considérés ou bien comme des développements ultérieurs de M, ou bien comme des additions faites aux *d^eḇārīm* religieux, ou bien comme les deux à la fois. La troisième hypothèse est la plus probable. Les commandements cultuels de XXII, 28-29 sont placés entre deux groupes de commandements moraux d'ordre juridique : XXII, 17-27 et XXIII, 1-9 ; puisque XXII, 20 sq. est parallèle à XXIII, 9, il est naturel de supposer que chacun de ces groupes ont une origine différente, autrement dit que XXII, 17-27 est un appendice ajouté à M (M [2]) et XXIII, 1-9 une interpolation faite à l'intérieur des *d^eḇārīm.*

Il reste à examiner les commandements essentiellement religieux et cultuels contenus dans XX, 23-26 ; XXII, 28-29 [v. 30 est sans doute une adjonction postérieure faite dans l'esprit du code de sainteté] et XXIII, 10-19. L'ordre des versets XX, 23-XXIII, 19 nous montre déjà qu'il ne faut pas expliquer le rapport littéraire, comme le font la plupart des critiques, en admettant que les *d^eḇārīm* seraient des développements ultérieurs de M ; au contraire, comme nous l'avons déjà dit, *M (= XXI, 1-XXII, 16), avec l'appendice XXII, 17-27, a été intercalé dans le recueil des d^eḇārīm déjà existants.* Cette hypothèse est confirmée par le fait que nous possédons effectivement une rédaction des *d^eḇārīm* dans laquelle M manque, à savoir précisément le décalogue de J contenu dans XXXIV, 14 sqq. Si M. était le noyau autour duquel les autres commandements se seraient réu-

[1] Einleitung I, 1, p, 48; comp. p. 233.
[2] Das Bundesbuch, Halle 1892; Exoduskommentar dans N H K A T.
[3] Einleitung in das A. T.[7].

nis, pourquoi n'aurait-on pas recherché alors un titre commun ? Pourquoi aurait-on conservé la formule d'introduction embarrassante de XXI, 1 qui se trouve quelques lignes après le commencement du recueil des commandements de XX, 23 sqq. ?

Il s'ensuit que les *commandements religieux d'ordre cultuel contenus dans XX, 23-26 ; XXII, 28-29 (30) ; XXIII, 10-19, amplifié très probablement déjà par XXIII, 1-9, ont fait partie du livre de E avant que M y fût intercalé.* Nous verrons plus loin qu'il y a encore d'autres arguments en faveur de cette manière de voir[1]. *Kittel* a donc tort de prétendre[2], en se basant sur son analyse plus que douteuse d'Ex. XXXIV, que le Décalogue de J serait un « parallèle abrégé » d'Ex. XXI-XXIII ; tout au contraire, Ex. XXI-XXIII est un parallèle fortement amplifié de XXXIV, 14 sqq. — —

b) La plupart des critiques admettent que M aurait formé une partie intégrante du livre de E, soit qu'il ait été incorporé par l'auteur primitif de l'œuvre élohistique (E^1), soit qu'il ait appartenu à une couche plus récente (E^2 ou E^3). Mais *Steuernagel* me semble avoir raison lorsqu'il fait valoir que M ne peut pas s'être déjà trouvé dans E, et en tous cas pas à sa place actuelle, lorsque E fut réuni avec J ; M a été incorporé soit par R^{JE} lui-même, soit probablement par un rédacteur ultérieur travaillant à la façon de R^{JE}. Si R^{JE} avait trouvé M à sa place actuelle, il n'est guère probable qu'il ait pu considérer les conditions de l'alliance de J contenue dans XXXIV, 14 sqq. comme une répétition de celles de E, comme il l'a fait effectivement. Mais le fait que M n'a pas fait partie de la péricope du Sinaï de E n'exclut pas qu'il se soit trouvé à cette époque à un autre endroit du livre de E[3]. Cette hypothèse a été émise par *Kuenen*, et elle a trouvé de nombreux partisans. *Kuenen* admet que M (il est vrai qu'il entend par là tout le complexus de XXI-XXIII) se serait trouvé primitivement à l'endroit où R^{JEDt} a placé le Dt. Mais il n'a pas indiqué d'argument décisif pour confirmer cette

---

[1] C'est là aussi l'explication donnée entre autres par *Baentsch* et *Steuernagel*. *B.* parle expressément des *d^{e}ḇārīm* du Horeb de E ; mais comme *Kuenen*, il croit que M a fait partie déjà primitivement de E, mais qu'il s'est trouvé à un autre endroit („à un endroit ultérieur qu'on ne peut plus déterminer avec certitude"). Il est peut-être intéressant de mentionner qu'indépendamment de ces critiques, je suis arrivé à la même conception du problème posé par la critique littéraire.

[2] Ouvr. cité, p. 493.

[3] Il paraît être admis généralement et avec raison que c'est seulement E, non pas J, qui a pu transmettre M. J peut être considéré comme un livre de légendes beaucoup plus que E qui trahit de fortes préoccupations théologiques et des préoccupations juridiques d'ordre religieux.

hypothèse ; son argumentation repose sur la supposition erronée d'après laquelle Ex. XXI-XXIII formerait ou aurait formé une unité. *Holzinger*[1], *Procksch*[2] et *Staerk*[3] pensent qu'à un moment donné, M aurait eu sa place à l'intérieur de E, entre Jos. XXIV, 25 et 26. Cette hypothèse, elle aussi, est possible seulement lorsqu'on considère Ex. XXI-XXIII comme un tout; en outre, il faudrait supposer que XX, 1 sqq. représentent les conditions primitives de l'alliance de E; étant donné que les conditions de l'alliance de E doivent être cherchées, comme nous le montrerons plus loin, dans le complexus XXI-XXIII, ce qui reste, à savoir les lois civiles de M, ne convient absolument pas à la situation présupposée dans Jos. XXIV. *Sellin*[4] suppose que le « livre de l'alliance », auquel il attribue lui aussi les chap. XXI-XXIII en entier, se serait trouvé, à un moment donné, avant le morceau prétendu « élohistique de Dt. XXVII, 2a, bα et 8. 5-7a » et qu'il en aurait disparu au moment de l'incorporation de Dt. XII-XXVI. Dans le récit de Dt. XXVII, 2a et suiv., il est question d'un sanctuaire avec des pierres dressées à Gilgal, près de Sichem, et les paroles de la loi devaient être inscrites sur ces pierres. La loi dont il est question ici ne pouvant, dit *Sellin*, être identifiée avec D, ne serait autre que le « livre de l'alliance ». J'ai montré dans un précédent ouvrage[5] que la distinction des sources que *Sellin* croit pouvoir établir a propos de Dt. XXVII, 1 sqq. n'est guère exacte; il paraît bien que, primitivement, la source E ne parlait ici que d'un autel dressé sur le Garizim ; R^{JE} a combiné ce morceau avec un récit de J sur l'érection de douze pierres commémoratives à Gilgal, près du Jourdain ; $R^{JE\,Dt}$ y a vu une ordonnance de Yahvé concernant des pierres qui devaient être érigées et sur lesquelles la loi (= Dt) devait être inscrite. La concordance que *Sellin* trouve entre le nom du « livre de l'alliance », d'une part, qui, d'après lui, devait être gravé sur les pierres du sanctuaire près de Sichem et, d'autre part, du « Bá'al de l'alliance » vénéré à Sichem, n'a donc aucune importance, d'autant moins que le véritable M n'a jamais existé sous le nom de « livre de l'alliance » ; ce n'est là qu'une invention de théologiens modernes.

Pourtant, une considération juste me semble être à la base des hypothèses de *Kuenen* et de *Sellin*. Le fait qu'une loi telle que D,

---

[1] Einleitung in den Hexateuch. M K H C A T.
[2] Das nordhebräische Sagenbuch. Die Elohimsquelle. Leipzig. Hinrichs. 1906, p. 164 sq.
[3] Das Deuteronomium, p. 106 sqq.
[4] Einleitung i. d. A. T.[3]. Quelle u. Meyer. Leipzig 1920, p. 28.
[5] Ps. St. V, p. 97, sqq.

qui est de date relativement récente, est présentée comme la loi que Moïse avait donnée aux Israélites, quelque temps avant sa mort, sur les champs de Moab, fait penser tout naturellement que la tradition plus ancienne représentée par J ou par E ou par J E doit, elle aussi, avoir parlé d'un semblable testament de Moïse et que ce testament avait eu un caractère législatif ; il est même probable qu'il a embrassé une partie très considérable de la tradition juridique qu'on fait remonter à Moïse. S'il n'en était pas ainsi, on ne comprendrait guère pourquoi D a pu passer pour être, lui aussi, la loi du Sinaï promulguée en Moab. En faveur de l'hypothèse de *Sellin*, en particulier, il y a le fait que la base du morceau deutéronomique Dt. XXVII, 1-8 est formée par un fragment de JE, où il est question de préceptes et d'ordres donnés par Moïse quelque temps avant sa mort. Il est possible qu'à cet endroit, JE et déjà E ont aussi parlé de lois, et il est dès lors fort naturel de les mettre en rapport avec M ; seulement, il ne s'agit pas du « livre de l'alliance » tout entier, mais du recueil des *mišpāṭīm* que nous avons désigné par M. On pourrait alors admettre que E, outre la notice sur l'autel du Garizim, qui, en réalité, n'a aucun rapport avec les pierres se trouvant à Gilgal, près de Jéricho, aurait aussi contenu ici une ordonnance de Moïse concernant douze(?) pierres commémoratives. Ce serait la raison pour laquelle la notice de E aurait été combinée avec les douze pierres de J ; une couche secondaire aurait inséré M dans l'œuvre de E (E^2) à cet endroit, comme le testament législatif de Moïse. C'est ainsi que Moïse aurait ordonné de graver cette loi sur les douze pierres qu'on devait ériger après le passage du Jourdain. Mais tout cela n'est que de pure supposition. Il est aussi possible que M a été ajouté comme le testament de Moïse à un autre endroit de E. Par contre, la tentative faite par *Sellin* et *Kittel* (v. plus haut, p. 29 sq.) pour prouver que M se serait aussi trouvé dans l'œuvre de J, doit être considérée comme non avenue.

§ 7. *Les conditions de l'alliance d'après l'Elohiste.*

a) S'il est fort probable et même certain que les *dᵉḇārīm* religieux d'ordre cultuel qui se trouvent à l'intérieur du complexus Ex. XX, 23-XXIII, 19 ont déjà fait partie de E, il n'en résulte pas encore directement qu'ils sont un morceau *primitif* de E ; ils pourraient encore appartenir à une couche secondaire. La question se pose alors de savoir si ce sont ces *dᵉḇārīm* ou le Décalogue d'Ex. XX, 1-17 qui ont formé la base primitive de l'alliance de E. Il y a des raisons décisives nous laissant supposer que les *conditions de l'alliance de E ne consistaient pas dans le Décalogue, mais dans les commandements religieux d'ordre cultuel d'Ex. XX, 23-26; XXII, 28-29 (30); XXIII, 10-19* (incl. XXIII, 1-9, v. plus haut p. 33 et suiv.).

b) Le premier argument c'est l'analogie par rapport à J. Steuernagel (Einleitung) et *Meinhold (Einführung)*, ont montré qu'on devait s'appuyer sur cette analogie pour découvrir dans la compilation embrouillée de XX, 1-XXIII, 19 la base de l'alliance selon E. Mais la plupart des critiques ont négligé, à tort, ce point de vue. On admet bien que XXIII, 10-19 présente de nombreux parallèles par rapport au décalogue de J, mais on n'a pas toujours tiré la conclusion que cette constatation comporte. C'est que le plus souvent on a construit la critique de XXI-XXIII sur une base fausse. Tantôt on a considéré, avec *Kittel*, le décalogue de J comme les pauvres restes d'un morceau primitif de J qui aurait correspondu au « livre de l'alliance » (M) de E[1]; tantôt on a cru que XXIII, 10-19 aurait été fortement développé par RJE ou un rédacteur ultérieur, à l'aide du décalogue de J (Ex. XXXIV) et l'on a cherché à expliquer ainsi la ressemblance des deux morceaux. D'autre part, on voulait, à tout prix, voir dans Ex. XX, 1 à 17 le pendant élohiste du décalogue de XXXIV, 14 et suiv. C'était un dogme de croire que XX, 1-17 formait la base de l'alliance chez E. On prétendait que les parallèles de XXXIV, 14-26 beaucoup plus nombreux, qui se trouvent dans XXIII, 10-19, reposeraient seulement sur un remaniement rédactionnel de ce morceau. En réalité, *les parallèles de XXXIV, 14 sqq. se trouvent non seulement dans XXIII, 10-19, mais aussi dans XX, 23-26 ; XXII, 28-29 ; XXIII, 10-19. Tous ces morceaux, sous leur forme actuelle, sont des parallèles de XXXIV, 14 sqq, et le fond en est identique avec les 13 (primitivement 10) commandements de J.*

Les commandements religieux d'ordre cultuel contenus dans Ex. XX-XXIII sont (abstraction faite du Décalogue XX, 1-17 et de M[1-2]) les suivants :

1° *Vous ne devez pas vous faire [d'autres dieux] à côté de moi*[2]. XX, 23a [= N°1 dans J].

---

[1] P. e. *Sellin*, Einl.[3], p. 30 sq.

[2] Les mots mis entre parenthèses manquent dans le texte massorétique, mais primitivement ils faisaient partie du texte, v. B H K et les commentaires. Le pluriel employé ici et dans l'adresse du No 2 est, sans doute, secondaire et s'explique par une assimalition faite aux v. 18-22.

2° *Vous ne devez pas vous faire des dieux en or ou en argent.* XX, 23b [= N° 2 dans J].

3° Tu dois m'élever des autels de terre et y offrir tes holocaustes et tes sacrifices, etc., XX, 24, avec plus de détails et de précisions dans v. 25-26.

4° Tu ne dois pas retenir tout le produit [de ton aire] ni le superflu [de ton pressoir]. XXII, 28a. Le commandement vise probablement la dîme du « blé, du moût et de l'huile »[1].

5° *Tu dois me donner les premiers-nés d'entre tes fils, de même le premier-né de tes bœufs et de ton petit bétail, etc.* XXII, 28b-29 (= N° 4 dans J)[2].

6° Pendant six ans, tu peux ensemencer ton champ, en récolter les produits, dans la septième année, tu dois faire *šᵉmiṭṭā* etc. XXIII, 10-11.

7° *Pendant six jours, tu peux faire ton travail, au septième jour tu dois « sabbatiser »*, etc. XXIII, 12 (= N° 6 dans J).

8° ‹ Tu ›[3] ne doit pas prononcer le nom d'autres dieux (ou: d'aucun autre dieu) ; un tel nom ne doit pas être entendu sortant de ta bouche. XXIII, 13b[4].

9° *Trois fois par an, tu dois célébrer la fête devant moi.* XXIII, 14 (= N° 9 dans J).

10° *Tu dois célébrer la fête des massot*, etc. XXIII, 15a (= N° 3 dans J).

11° *Tu ne dois pas venir, les mains vides, pour contempler ma face.* XXIII, 15b (= N° 5 dans J).

12° *Tu dois célébrer la fête de la moisson*, etc. XXIII, 16a (= N° 7 dans J).

13° *Et la fête de l'automne à la fin de l'année.* XXIII, 16b[5] (= N° 8 dans J).

14° *Tu ne dois pas offrir le sang de ma victime avec des pains levés.* XXIII, 18a (= N° 10 dans J).

15° *La graisse de mes victimes destinée à la fête ne doit pas être gardée pendant la nuit jusqu'au lendemain matin.* XXIII, 18b (= N° 11 dans J).

---

[1] V. *Eissfeldt*, Erstlinge und Zehnten im A. T. (= B W A T. 22). 1917, p. 31 sqq.

[2] Le v. 30 est certainement une glose rédactionnelle faite d'après Dtn. XIV, 21; Lév. XI, 40; XVII, 15; XXII, 8; à remarquer le pluriel employé dans l'adresse.

[3] Lire: *tazkīr wᵉlō* B H K.

[4] Le v. 13 a est, comme l'emploi du pluriel dans l'adresse et le contenu général le prouvent, une glose rédactionnelle; *wᵉ* devant *šēm* a le sens de «mais avant tout».

[5] V. 17 est un doublet rédactionnel du v. 14, ajouté d'après XXXIV, 23. A remarquer *pᵉʿāmīm* au lieu de *rᵉgālīm* v. 14.

16° *Tu dois apporter la meilleure part des prémices de ta terre à la maison de Yahvé, ton dieu.* XXIII, 19a [1] (= N° 12 dans J).

17° *Tu ne dois pas faire cuire un chevreau dans le lait de sa mère.* XXIII, 19b (= N° 13 dans J).

Si nous ajoutons le morceau XXIII, 1-9 (v. § 6a, p. 33) qui, très probablement, a été interpolé plus tard parmi les conditions de l'alliance, nous obtenons un recueil de 24 commandements [2] :

18° Tu ne dois pas répandre de faux bruits. XXIII, 1a.

19° Tu ne dois pas faire cause commune avec le criminel, et tu ne dois pas être un témoin faisant violence (à la vérité). XXXIII, 1 b.

20° Tu ne dois pas te tourner du côté du puissant et rendre un faux témoignage devant le tribunal. XXIII, 2 [3].

21° Tu ne dois pas favoriser < un grand > [4] dans son procès. XXIII, 3.

22° Tu ne dois pas faire fléchir le droit de ton pauvre dans le procès. XXIII, 6.

23° Tu dois t'abstenir de toute parole mensongère, et tu ne dois pas tuer un innocent et un juste, etc. XXIII, 7.

24° Tu ne dois pas te laisser corrompre, car, etc. XXIII, 8.

Il est aisé de voir que, dans le fond, c'est le même recueil de commandements que celui qui se trouve dans les conditions de l'alliance de J. Nous avons souligné les commandements où le parallélisme est évident. Les treize commandements de J s'y trouvent. L'hypothèse selon laquelle nous aurions affaire ici à d'importants développements rédactionnels faits d'après J [5] me semble fort peu probable, parce que le texte n'est presque nulle part entièrement identique à celui de J.

E a-t-il connu ce décalogue sous sa forme primitive ou déjà développée ? Je considère la seconde possibilité comme la plus exacte. D'abord, nous constatons que le modèle de E a dû

---

[1] Ici on parle des offrandes des prémices et non pas de la dîme, comme dans XXII, 28.

[2] Les v. 4-5 interrompent l'ordre entre v. 3 et v. 6, et ils sont, par conséquent, une addition encore plus récente; les paroles reposent sur Dtn. XXII, 1-4 *(Baentsch)*. Le v. 9 est un doublet secondaire de XXII, 20. L'adjonction semble avoir pris consciemment comme modèles des dodécalogues connus: $24 = 2 \times 12$, donc un dodécalogue double. La prolixité inutile de XXIII, 1-9 et la division de la même idée en plusieurs commandements (Nos 19-22) prouve que l'interpolateur a voulu obtenir un chiffre déterminé.

[3] Le texte du v. 2 est corrompu et existe en 2 variantes. Le texte primitif était probablement a peu près tel que nous l'avons reconstruit plus haut.

[4] Lire *gādōl*.

[5] Ainsi p. ex. *Baentsch* dans N H K A T.

contenir déjà les trois commandements particuliers concernant les fêtes ; la forme [1] et l'ordre différents [2] de ces commandements prouvent qu'ils n'ont pas été ajoutés par un rédacteur qui se serait inspiré de J. Il en est de même pour les commandements concernant les premiers-nés et le sabbat, commandements qu'on a voulu considérer comme des développements ultérieurs du Décalogue de J [3]. D'autre part, la défense de vénérer d'autres dieux est mentionnée deux fois : XX, 23a et XXIII, 13b (le simple fait de prononcer le nom d'un autre dieu, par exemple en prêtant serment, implique déjà l'alliance avec ce dieu et sa vénération). Enfin tout ce morceau est groupé suivant un plan relativement clair, si nous faisons abstraction de XXIII, 1-9 :

1. les commandements religieux concernant la monolâtrie, le culte sans images de fonte et autels taillés, N°s 1-3 ;

2. les offrandes à Yahvé avec l'« abondance » et le « superflu », N° 4, les premiers-nés, N° 5, et ce qui pousse tout seul dans la septième année [4], N° 6; par association d'idées, le commandement sur le sabbat, N° 7, a été rattaché ici à celui sur la *š ͤ miṭṭāi*

---

[1] Le commandement sur les massot présente un texte presque identique dans les 2 rédactions. Il n'en est pas de même pour les deux commandements concernant les autres fêtes: XXIII, 16 a *w ͤ ḥag haqqāṣīr bikkūrê ma'ᵃ sākā ᵃšār tizra' baššādā* vis-à-vis de XXXIV, 22 a *w ͤ ḥag šābū'ōl la'ᵃšā l ͤ kā* (*G*: *lī*) *bikkūrê q ͤ ṣīr ḥiṭṭîm*, en outre XXIII, 16 b *w ͤ ḥag hā'āsīf b ͤ ṣēt haššānā b ͤ 'åsp ͤ kā āt ma'ᵃ śākā min haššādā* vis-à-vis de XXXIV, 22 b *w ͤ ḥag hā'āsif t ͤ qūfat haššānā.* Rappeler aussi XXIII, 14 *šālōš r ͤ gālīm tāḥōg lī baššānā* vis-à-vis de XXXIV, 23 *šalōš p ͤ 'āmīm baššānā jir'ā kål-z ͤ kūr ͤ kā āt-p ͤ nê hā'ādōn jahwā ālōhê jiśrā'ēl*, enfin le texte différent dans XX, 23 a et XXXIV, 14 a, dans XX, 23 b et XXXIV, 17, dans XXII, 28 b-29 (*kål-b ͤ kōr*) et XXXIV, 19-20 a (*kål-pāṭār rāḥām*). Une dépendance littéraire directe est donc impossible.

[2] Dans E, le commandement sur les massot se trouve entre le commandement général concernant la fête et la défense de se présenter, les mains vides, dans J par contre entre la défense des images et le commandement sur les premiers-nés; les deux autres commandements concernant la fête se trouvent dans E entre la défense de se présenter, les mains vides, et le commandement sur le sang des victimes, dans J par contre entre le commandement sur le sabbat et le commandement général concernant la fête. Les commandements de J se retrouvent dans E dans l'ordre suivant: N°s 1, 2, 4, 6, 9, 3, 5, 7, 8, 10, 11, 12, 13.

[3] V. plus haut p. 20 sqq.

[4] Dans la rédaction élohistique, le commandement concernant ce qui pousse dans la 7e année, a été considéré comme une ordonnance de bienfaisance en faveur « des pauvres du peuple » et des « animaux des champs » ; mais cette explication rationaliste est certainement secondaire. A une époque plus ancienne, la *š ͤ miṭā* a, sans doute, été conçue comme un « sacrifice » devant être offert aux puissances supérieures, comme une offrande aux « maîtres du champ » (comp. Job XXXI, 39 et l'explication qui a été donnée par *Johs. Pedersen* [Israel, Pio København. 1920, p. 375] et par moi-même Psalmen = St. II, p. 95, de ce passage maltraité par les

3. les fêtes annuelles, Nos 9-13, et comme introduction solennelle de ces commandements, celui de ne pas mentionner (à cette occasion) le nom d'autres dieux, N° 8 ;

4. les commandements particuliers concernant le culte des fêtes, Nos 14-17.

Ce plan semble avoir été suivi avec intention ; si le morceau était une interpolation faite d'après Ex. XXXIV, 14 sqq., l'ordre aurait certainement été altéré. Par contre, XXIII, 1-9 est probablement, comme nous l'avons vu, une adjonction faite par RE et ne faisait pas partie de la source utilisée par E ; XXIII, 17 est une glose de RJE. Les commandements de E qui se trouvent dans XX, 23-XXIII, 19 (nous faisons abstraction ici de M^{1-2}) et les préceptes donnant les conditions de l'alliance de J sont donc indépendants les uns des autres, au point de vue littéraire. Ce sont deux rédactions différentes d'une source commune, à savoir d'une loi composée primitivement de dix (treize) commandements.

Nous avons, dans le cadre du récit de E sur l'alliance, un recueil de 17 (ou 24) commandements qui provient d'une rédaction, un peu différente au point de vue de la forme et du contenu, de 13 (primitivement 10) commandements, formant dans J les conditions de l'alliance[1]. La conclusion naturelle, c'est que

---

exégètes). Cela ressort de l'analogie qui se trouve dans Lév. XIX, 23-25 et de l'emploi du terme de *ḥillēl*; ce mot signifie: «entrer en jouissance d'un vignoble» etc., «faire usage pour la première fois de ces fruits» (Dtn. XX, 6; XXVIII, 30); mais le sens primitif est «profaner», faire passer une chose d'un usage «sacré» à un usage «profane» ; le terme prouve qu'à un moment donné, ce qui pousse dans un jardin etc. avant que l'homme y soit entré, était considéré comme devant échoir à des puissances supérieures, comme une offrande aux démons de la fécondité (primitivement, c'est comme le siège de la fécondité sacrée de la «bénédiction» elle-même). Plus tard, ce sacrifice a été interprété comme une offrande à Yahvé; le dernier stade de l'évolution est représenté par l'explication rationaliste qui se trouve dans Lév. XIX, 10. C'est d'après cette analogie qu'il faut expliquer aussi la *šᵉmiṭṭā*. — Les 7 ans d'Ex. XXIII, 10 sq. sont, sans doute, calculés pour chaque champ en particulier à partir du moment où il a été mis en culture; une année de sabbat générale n'est pas visée ici.

[1] Pendant longtemps, on a eu conscience du fait qu'il devrait y avoir ici un recueil de 10 membres, comme primitivement dans J. Au moment où l'insertion de XXIII, 17 a été faite d'après J (v. p. 38, n. 5) un R JE (c'est-à-dire probablement un rédacteur remaniant E d'après J) a interpolé la nouvelle formule d'introduction qui se trouve dans XXIII, 13 a (v. p. 38, n. 4); par là il a détaché les derniers 10 commandements du recueil de E et a considéré les v. XXIII, 13 b à 19, comme un groupe à part devant être observé avant tout. Le commandement XXIII, 13 b qui correspond, au point de vue du contenu, à XX, 23 a et à XXXIV, 14 s'imposait comme le commencement naturel de ce groupe. Peut-être est-ce précisément le désir d'obtenir ici le chiffre 10 qui a occasionné l'interpolation

ces commandements ont été considérés aussi dans E comme les conditions de l'alliance, comme lois divines sur lesquelles elle repose ; le terme de *sefär habb^erīt*, dans Ex. XXIV, 7, se rapporte donc à ce recueil[1]. —

c) On pourrait objecter que E a pu rapporter, dans le cadre du récit de l'alliance, deux groupes de commandements, à savoir le Décalogue XX, 1-17 inscrit sur des tables et le décalogue amplifié de J inscrit sur un « livre ». Ce serait là un argument analogue à celui par lequel *Kittel* a essayé de placer dans J le Décalogue XX, 1-17 (v. plus haut, p. 26 sqq.). A cette objection, il faut répondre d'abord que, même s'il en était ainsi, les commandements contenus dans XX, 23-26, etc. formeraient pourtant, dans l'ordre actuel, la vraie base de l'alliance, et qu'étant les plus rapprochés, ce seraient ces commandements auxquels doit se rapporter le terme de « livre de l'alliance » Ex. XXIV, 7 ; dès lors, on ne voit pas quelle serait la raison d'être du Décalogue de XX, 1-17. D'après les paroles prononcées par le peuple XX, 18 sqq., il doit être comme une sorte de discours d'introduction. En second lieu, il faut remarquer que dans la péricope du Sinaï, telle qu'elle se trouve actuellement dans E, c'est-à-dire composée de plusieurs couches de tradition, il est question, en même temps, de deux tables et d'un livre (v. plus loin, p. 44 sqq.). Cependant, nous n'avons pas affaire ici, comme *Gressmann* l'a bien reconnu, à deux grandeurs coordonnées qui auraient été incorporées par un élohiste travaillant d'après un plan déterminé, mais à deux développements du même motif primitivement parallèles, et dans les deux il était question de la proclamation d'une seule et même loi servant de fondement à l'alliance. L'auteur (ou le rédacteur) élohistique a probablement trouvé les deux développements dans la source primitive, et il a certainement pensé qu'il s'agissait seulement d'une double inscription des *mêmes* commandements faite une fois sur des tables, une autre fois sur un *sefär*. S'il avait eu en vue deux recueils différents, il aurait dû s'exprimer plus clairement dans XXIV, 7. Le terme de *sefär* qui y est employé se rapporte au groupement de tous les commandements de Yahvé rapportés par E dans ce qui précède ; et par conséquent à XX, 1-17, si l'on admet que ce texte fait partie de E. Chez E, l'inscription sur les tables vient seule-

---

de XXIII, 17. Un rédacteur, pour se conformer à la tradition du groupement en dodécalogue, a porté le chiffre 17 à 24 ($= 2 \times 12$); v. plus haut p. 39.

[1] Avant moi *Staerk*, Das Deuteronomium, p. 44 est arrivé à un résultat analogue. Il considère XXII, 27 sq.; XXIII, 10 sqq. comme le décalogue primitif de E.

ment après le sacrifice qui opère l'alliance (Ex. XXXII), et rien ne laisse supposer qu'il n'y ait eu dans ces tables autre chose que dans le « livre » sur la base duquel l'alliance avait été conclue. E ne sait rien d'une double communication des lois.

§ 8. *Le Décalogue Ex. XX, 1-17, une interpolation faite ultérieurement dans l'œuvre de E.*

(Analyse d'Ex. XIX-XX ; XXIV ; XXXI ; XXXIV).

Nous examinerons ici le second argument (voir p. 37), qui prouve que la base de l'alliance, chez E, n'est pas formée par le Décalogue XX, 1-17 : du point de vue de la critique littéraire, il peut être prouvé que ce Décalogue est une interpolation faite dans le récit de E concernant le Sinaï. Cette thèse a été présentée, avec juste raison à notre sens, par *Baentsch, Steuernagel* et *Meinhold.*

a) Quant à la distinction des sources faite dans Ex. XIX-XX ; XXIV ; XXXI, 12-18 ; XXXIV, 1-28 (le récit du veau d'or XXXII-XXXIIII n'entre pas directement en considération ici), l'essai le plus convaincant a été tenté par *Gressmann*[1] ; il résulte des nombreuses incohérences, des répétitions et des contradictions que, dans les péricopes actuelles, il faut dintinguer plusieurs sources. Comme toujours, c'est P qui est le plus facile à reconnaître ; selon l'avis presque unanime des critiques, XIX, 1-2a ; XXIV, 15b-18a ; XXXI, 12-18 font partie de P.

Pour délimiter la part qui revient à J et à E, un point de départ est fourni par le fait que J emploie les termes de « Sinaï » et de « Yahvé », tandis que E écrit « la montagne » et le plus souvent « Elohim ». *Gressmann* rapporte XIX, 3b-8 à la communication du livre de l'alliance (d'après lui = M + quelques versets), et il y voit un parallèle yahvistique de XXIV, 3-8 et le place, par conséquent, en ce qui concerne le contenu, après le chap. XXXIV; cependant il est évident que nous sommes ici en présence d'une

---

[1] Mose und seine Zeit. 1913. p. 180 sq.; Schr. A. T. Ausw. I, 2², p. 56 sqq. L'analyse de G. est dominée par la présupposition erronée selon laquelle E parlerait de deux sortes de «paroles» : des conditions de l'alliance et du «livre de l'alliance». C'est pourquoi elle distingue deux récits dans la péricope, l'une : «la révélation de Yahvé au Sinaï», l'autre «introduction du livre de l'alliance». C'est là couper ce qui, en réalité, est uni d'une façon cohérente. Les péricopes du Sinaï forment, dans J et E, une unité *en ce sens* qu'elles traitent un même sujet, à savoir *l'alliance*. Par là, nous ne voulons naturellement pas nier qu'à l'intérieur du récit de l'alliance plusieurs motifs ont été fondus, tels que le motif du repas de l'alliance, celui des tables, celui du livre etc. Mais les récits ne veulent rapporter qu'une seule proclamation de la loi.

formule d'introduction mise en tête de la communication des conditions proprement dites de l'alliance; des termes *d*ᵉ*ḇārīm* et *siwwā* v. 7, il ne faut pas conclure nécessairement à une communication de *commandements* qui précéderait; en réalité, toute parole de Yahvé est un «ordre»; dans v. 7, l'auteur vise les paroles prononcées dans v. 3b-6. L'emploi du terme de «Yahvé» et la forme rythmée des paroles v. 3b-6 (l'observation a été faite par *Ehrlich*), n'indiquent pas nécessairement J comme auteur. Les versets se trouvent à l'intérieur du récit de E, et ils montrent une tendance et un esprit élohistiques; mais ils sont une adjonction secondaire à E. A part cette divergence, je souscris, pour l'essentiel, à la distinction faite par *Gressmann*. Font par conséquent partie de J: XIX, 18, 20-22, 25[1]; XXXIV, 1a jusqu'à *ᵃḇānīm* incl., 2-4 (— *ḵarīšōnīm*), 5-28 (— *ʿᵃśärät hadd*ᵉ*-ḇārīm*). Il est vraisemblable que la conclusion ait été formée par la couche de tradition plus ancienne XIX, 13 b; XXIV, 1a, 9-11 incorporée actuellement dans E, ou par un morceau analogue. Ont fait partie de E: XIX, 2b, 3a, [3b-8], 9a, 10, 11a, 12, 13a, [13b J ?], 14-17, 19; XX, 18-22a; XXIV, [1a J ?], 3-8; [9-11 J ?], 12-15a, 18b. Le verset XIX, 9b est un doublet rédactionnel de 7b; XIX, 11b est une glose explicative du v. 11a; XXXIV, 1b et *hārīšōnīm* v. 1a sont des gloses à tendance harmonistique de RJE, de même *ʿᵃśärät hadd*ᵉ*ḇārīm* XXXIV, 28 (v. plus haut, p. 27). Nous faisons abstraction, pour le moment, du Décalogue XX, 1-17.

Le récit de l'élohiste présente les traces de plusieurs couches de tradition qui ont été réunies ensemble. Mais précisément dans les chap. XIX-XX, il est, dans les grandes lignes, relativement cohérent, au point de vue littéraire et actuellement il forme une unité; mais dans XIX, 13b, transparaît encore un morceau appartenant à une tradition plus ancienne et qui s'explique par XXIV, 1a, 9-11. Dans le chap. XXIV, nous apercevons effectivement trois couches de tradition[2]. Nous avons vu que la couche

---

[1] Ce morceau appartient probablement, comme *Gressmann* l'admet, à une couche secondaire de J (ce qui ne veut pas dire qu'il soit lui-même secondaire aussi au point de vue littéraire. Il faut bien distinguer entre la critique des sources et la critique des motifs). V. 23-24 appartiennent a R⁷ᴱ.

[2] Mon explication est un peu autre et plus simple que celle de *Gressmann*. A part XXIV, 3-8 qu'il intitule «introduction du livre de l'alliance», il distingue une forme principale et 4 variantes du «récit de la révélation» (Schr. A. T. Ausw. I 2², p. 57 sq.). Mais ces variantes de *Gressmann* ne sont pas toujours de véritables variantes; quelques-unes d'entre elles ne parlent que des préparatifs de ce qui est essentiel, à savoir de la théophanie ou de la communication de certaines «paroles» (Déc.) qui furent prononcées; d'autres ne parlent que de l'alliance; ainsi sa «4ᵉ variante» n'est pas une variante de la «forme principale», mais, au point

(la « variante ») la plus ancienne se trouve dans XIX, 13b ; XXIV, 1a, 9-11. Ici il n'était pas question d'une promulgation orale ou écrite de certains commandements, mais seulement d'une alliance sanctionnée par un repas pris en commun sur la montagne et à laquelle ont pris part Yahvé et les chefs d'Israël (Moïse, Aaron, Nadab et Abihu) : le fait de monter sur la montagne et de contempler le dieu d'Israël, raconté avec une naïve couleur mythologique, n'est pas considéré ici comme un privilège si extraordinaire qu'un Moïse seul en serait jugé digne. Il n'est pas dit expressément quelles ont été les conditions de l'alliance ni en quoi l'alliance a consisté ; car pour les narrateurs de cette époque, il ne pouvait y avoir de doute là-dessus; il s'agissait naturellement d'une alliance conclue entre le dieu national et le peuple : c'était tout dire[1]. — La deuxième couche de tradition se trouve, à l'état fragmentaire, dans XXIV, 12-15a, 18b. Là encore il ne paraît pas avoir été question d'une promulgation orale et publique de la loi. Moïse et Josué, le serviteur du sanctuaire, montent sur la montagne, tandis que Aaron et Hur restent avec le peuple ; Moïse séjourne 40 jours sur la montagne, et il reçoit de la part de Dieu les deux tables de pierre où sont inscrites les conditions de l'alliance. En fait, nous ignorons quel était le contenu de ces tables ; la conclusion du récit manque. La suite de cette couche de tradition se trouve dans le récit de E sur le veau d'or, récit où Moïse et Josué sont représentés comme étant ensemble sur la montagne. — La troisième couche de tradition est au chap. XXIV, 3 (— *wᵉät-kål-hammišpāṭîm* qui provient de l'interpolateur de M, v. § 5), 4-8[2]. L'introduction de ces versets est formée par les morceaux élohistiques des chap. XIX-XX.

b) C'est là la version la plus récente et élohistique proprement dite. Elle raconte ainsi les événements : Les Israélites se rendent au Horeb, la montagne sacrée. Yahvé fait savoir à Moïse qu'il va descendre sur la montagne dans une nuée et qu'il lui parlera, tandis que le peuple écoutera. Cependant, le peuple doit d'abord se sanctifier et se tenir prêt pour le troisième jour ; la montagne sera entourée d'une haie pour qu'aucun être vivant ne puisse la toucher ; car elle sera sanctifiée par la présence de

de vue du contenu, sa continuation secondaire. Il en est de même de XXIV, 3-8 qui n'introduit pas un récit nouveau (v. p. 47). Il me semble que G. a été ici un peu trop perspicace.

[1] Il est d'ailleurs vraisemblable que cette version archaïque provienne de J, comme *Kittel* l'admet (Gesch. d. V. Isr, I[3], p. 495, n. 1).

[2] Dans XXIV, 1b-2, nous trouverons l'essai fait par l'auteur de E (ou de R JE) pour mettre en accord les différentes couches de tradition.

Yahvé. Moïse obéit à cet ordre, et, le troisième jour, un terrible bruit de tonnerre éclate tout à coup. Un épais brouillard et une fumée s'étendent sur la montagne, des éclairs traversent l'air et le son du cor retentit au milieu de la fumée. Moïse mène le peuple à la rencontre de Dieu ; ils se placent au pied de la montagne, pendant que le son du cor redouble de force. Ainsi Moïse parle avec Dieu, ou plutôt il l'appelle pour savoir s'il est déjà descendu sur la montagne et s'il siège maintenant sur la nuée, et Dieu lui répond au milieu du tumulte, XIX, 19. On ne dit pas ce que Dieu a répondu. Car il ne pouvait y avoir de doute là-dessus ; la réponse annonçait que Dieu était vraiment présent et qu'il allait communiquer ses paroles.

Si l'on fait abstraction du morceau de J (et de R^{JE}) contenu dans XIX, 20-25, le verset XIX, 19 est immédiatement suivi du Décalogue : « Alors Dieu annonça tous ces *d*e*bārīm* : Je suis Yahvé, ton Dieu », etc., XX, 1 sqq. Mais ce n'est pas le Décalogue qui forme la suite primitive et logique de XIX, 19; celle-ci se trouve dans XX, 18 :

« 18 Lorsque tout le peuple entendit les coups de tonnerre et qu'il vit les éclairs, lorsqu'il entendit le son du cor et qu'il vit la montagne fumante, il eut peur, il frissonna et se tint à distance; 19 ils dirent à Moïse: Parle-nous plutôt toi-même, mais que Dieu ne nous parle pas, de peur que nous ne mourions. 20 Mais Moïse dit au peuple : N'ayez point de peur. Car c'est pour vous mettre à l'épreuve que Dieu est venu et pour que vous le craigniez toujours et que vous ne péchiez plus (comp. XIX, 9). 21 Ainsi le peuple resta au loin, pendant que Moïse entrait dans l'obscurité de la nuée où se trouvait Dieu. 22a Alors Yahvé dit à Moïse: Parle ainsi aux enfants d'Israël[1]: 23 Vous ne vous ferez point d'autres dieux à côté de moi », etc.

Il ressort clairement des paroles pleines d'angoisse que le peuple prononce dans XX, 19 qu'une communication des paroles de l'alliance n'a pas encore eu lieu ; dès la première réponse que Yahvé fait à l'appel de Moïse XIX, 19, le peuple est consterné d'épouvante et n'ose pas écouter ce que Dieu va dire, mais il prie Moïse d'aller dans la nuée obscure et d'écouter les conditions de l'alliance pour les communiquer ensuite. Si le peuple connaissait déjà ces conditions sous la forme du Décalogue XX, 1-17, tout le dialogue XX, 18-20 serait dénué de sens. Ce morceau indique que les conditions de l'Alliance de E doivent être cherchées dans les lois qui suivent. On les trouve effectivement à

---

[1] Quant à v. 22 b, v. plus loin, p. 48 sq.

l'intérieur de la compilation qui commence par XX, 23 et qui, renferme les paroles de l'alliance de E réunies avec les *mišpāṭīm* de M ; sous leur forme actuelle, elles ne peuvent avoir occupé une autre place à l'intérieur de E. La description de XX, 18 continue celle de XIX, 19. Le v. XX, 18 forme la suite immédiate et primitive de XIX, 19. A l'intérieur du récit ainsi rétabli, il n'y a pas d'incohérence ni de contradiction ; tout se tient d'une façon organique et logique.

Mais cette cohérence est détruite, dans le texte massorétique, par le fragment yahvistique XIX, 20-25 et par le Décalogue XX, 1-17 [1]. Il faut d'abord éliminer ces parties secondaires, ainsi que M, et alors nous avons les conditions de l'alliance de E dans les morceaux XX, 23-26; XXII, 28-29; [XXIII, 1-9]; XXIII, 10-19. C'est dire qu'elles sont exactement parallèles à celles de J. A ces conditions les promesses, les exhortations et les avertissements de XXIII, 20-33 se sont rattachées ; la conclusion a été formée par le récit sur l'alliance contenu au chap. XXIV ; la véritable suite de la partie principale du livre E se trouve, comme nous l'avons dit, dans XXIV, 3-8. Cette couche de tradition ne connaît pas le motif des tables de la loi ; Moïse écrit lui-même les paroles sur un « livre ». C'est manifestement la tradition la plus récente. L'évolution de la tradition depuis la tora orale jusqu'aux tables de pierre, puis jusqu'au livre de loi, correspond à l'évolution de la civilisation d'Israël [2]. D'autre part, l'idée que Yahvé aurait lui-même inscrit la loi sur des tables de pierres suppose une conception de la divinité qui devait paraître beaucoup trop anthropomorphique aux narrateurs postérieurs. Pour cette raison, ils ont laissé tomber le motif des tables, et ils l'ont remplacé par celui du « livre ». Cependant la plupart de ces narrateurs n'ont pas voulu renoncer complètement au motif des tables, d'autant plus qu'il était assez étroitement lié à l'histoire du veau d'or. Sans doute la tradition orale avait-elle déjà réuni le motif des tables avec celui du livre et avec les restes du motif le plus ancien, à savoir de celui du repas de l'alliance ; et c'est ainsi que la version actuelle de E s'est formée ; mais le contenu des tables et celui du livre ont été considérés comme identiques, comme nous l'avons montré plus haut (p. 42 sqq.). Dans l'évolution de la tradition, le tout dernier stade tel qu'il est représenté par la réunion de J et de E, se rapproche, en un certain sens, de la tradition primitive; Dieu parle de nouveau de vive voix et il

---

[1] Comp. *Steuernagel*, Einleitung.

[2] *Gressmann*, Schr. A. T. Ausw. I 2², p. 60 sqq.

annoncé la tora; mais le motif à perdu maintenant ce qui faisait d'abord son charme, et la naïveté primitive caractéristique du mythe a dû céder à des tendances plus spiritualistes. — —

c) Mais à ce moment, le Décalogue avait déjà été interpolé dans le texte. La question se pose de savoir *à quelle époque* cette interpolation a eu lieu. Le Décalogue a-t-il été inséré dans E, dans J E ou même seulement dans J E Dt ? Pour pouvoir répondre à cette question, il nous faut comparer la rédaction qui se trouve dans l'Exode avec celle du Deutéronome. Cette comparaison a si souvent été faite et d'une façon si approfondie, que nous pouvons être bref. Tandis que les interpolations (secondaires) des différents commandements portent, selon l'avis unanime des critiques, dans la rédaction de Deut. V, 6 à 21 nettement l'empreinte de la langue et de la manière de penser deutéronomistiques, le même rapport ne se trouve pas entre la rédaction de l'Exode et les tendances caractéristiques de E. Par contre, cette rédaction dénote une parenté manifeste avec P. A ce point de vue, les motifs indiqués pour justifier le commandement sur le sabbat sont tout à fait caractéristiques. La façon dont Dtn. V, 13-15 motive ce commandement, rappelant que les serviteurs et les servantes ont besoin de repos, est tout à fait dans l'esprit du Deutéronome ; la même explication est donnée dans le E primitif d'Ex. XXIII, 12. Dans Ex. XX, 11, par contre, il s'agit de motifs tout différents : « Tu ne dois faire aucun travail, ni toi, ni ton fils, ni ta fille, ni ton serviteur, ni ta servante, ni ton bétail, ni l'étranger qui se tient sous tes portes. Car en six jours Yahvé a créé le ciel et la terre, la mer et tout ce qu'elle renferme ; mais le septième jour, il se reposa ; voilà pourquoi Yahvé bénit le sabbat et le sanctifia. » Ce verset ne renferme pas seulement les répétitions et les pléonasmes, mais aussi toute l'argumentation théologique et les idées, voire même les expressions particulières chères à P (comp. Gen. II, 3). Voilà ce qu'on a constaté depuis longtemps. *Steuernagel*[1] et *Meinhold*[2] en ont tiré la conclusion convaincante que, *selon toute probabilité, le Décalogue d'Ex. XX contient les conditions de l'alliance de P ;* mais le morceau aurait été placé ici par R J E Dt P, dans le cadre de E. Il ressort des passages Ex. XXV, 16,21 ; XXXI, 18 ; XXXIV, 29 qui, généralement, sont attribués à P, que P a renfermé les « 10 paroles » considérées comme la loi fondamentale du Sinaï. La notice du v. XX, 22b, que nous avons omis avec

---

[1] Einleitung, p. 154.

[2] Einführung i. d. A. T., p. 189.

intention dans notre citation de XX, 18-23, v. p. 46, est le lien créé par le rédacteur entre le Décalogue, anticipation de la loi proprement dite et le groupe des lois qui suivent, dont la base est formée par les conditions primitives de l'alliance de E[1]. — —

d) Le fait que le Décalogue actuel provienne de P n'exclut pas *d'une façon absolue* qu'*une autre rédaction du Décalogue* ait été interpolée antérieurement dans E, et au même endroit. Nous avons mentionné plus haut (§ 3c) l'hypothèse de *Hempel* d'après laquelle l'insertion du Décalogue dans Dtn. V aurait été faite d'après le modèle de l'ordre secondaire qui se trouve actuellement dans E. Si cette hypothèse était exacte, il faudrait probablement en conclure qu'un Décalogue se serait déjà trouvé dans Ex. XX avant l'insertion du Décalogue actuel. Ce Décalogue, qui serait de toutes façons secondaire et interpolé, aurait été supprimé ensuite en faveur du Décalogue de P ; il aurait été remplacé par celui-ci ou remanié d'après lui. — Mais cette explication complique inutilement les choses, et elle est peu vraisemblable. Le Décalogue d'Ex. XX étant effectivement le Décalogue de P, il est beaucoup plus naturel d'admettre que $R^{J\,E\,Dt\,P}$ a placé ici le Décalogue d'après le modèle de Dtn. V et que c'est, par conséquent, D^b (Dtn. V) à qui revient l'idée exprimée dans la péricope actuelle du Sinaï, d'après laquelle Yahvé aurait communiqué d'abord le Décalogue à tout le peuple face à face, ensuite les autres lois à Moïse seul. — —

Nous arrivons donc à la conclusion que le Décalogue d'Ex. XX provient de P et qu'il n'a été interpolé dans le cadre de E que par $R^{J\,E\,Dt\,P}$. Cette insertion a eu lieu seulement à l'époque postérieure à l'exil, mais sans doute antérieurement à Néhémie. Il est possible, bien que peu probable, que déjà auparavant un Décalogue analogue ait été interpolé dans E au même endroit d'après le modèle de Dtn. V, ou même qu'il ait été inter-

---

[1] Ce résultat de la critique littéraire se rencontre dans les premières lignes avec la conception de *Baentsch*. Lui aussi cherche les paroles de l'alliance de E principalement dans XXIII, 10-19 ; de même *Steuernagel*. *Baentsch* considère en même temps le Décalogue et M comme des additions faites à l'intérieur de E. *Steuernagel* attribue l'interpolation de M à R^{JE} et, avec *Meinhold*, celle du Décalogue à $R^{JE\,Dt\,P}$. — Après coup, je constate que *Eerdmans* (Alttestam. Studien II, Tœpelmann, Giessen 1908, pp. 77-98, 146) considère également Ex. XX, 22-26 : XXIII, 14-19 comme la base de l'alliance de E (donc à peu près comme nous venons de le faire), cependant il est d'avis que, dans E, il était question en même temps de «paroles» écrites par Moïse et de tables de pierre contenant des inscriptions faites par Yahvé ; ces dernières auraient renfermé, XXI, 1-XXIII, 3 (c'est à peu près notre M). Le Décalogue aurait été emprunté au Deutéronome où il forme le contenu des tables.

polé déjà avant Db (Dtn. V) et qu'il ait été remplacé plus tard par le Décalogue de P. Dans ce dernier cas, qui est d'ailleurs improbable, le témoignage fourni par Ex. XX pourrait être encore antérieur à l'exil.

Ainsi l'analyse littéraire aboutit à ce résultat que la prétendue « tradition » sur l'origine mosaïque du Décalogue peut être ramenée, au point de vue littéraire, tout au plus à la période préexilique la plus récente, mais plus probablement seulement à la première époque postexilique.

§ 9. *Examen des prétendus témoignages littéraires en faveur de l'antiquité du Décalogue d'Ex. XX.*

a) Un examen des témoignages littéraires du Décalogue qu'on a cru trouver dans des écrits préexiliques un peu plus anciens ne change pas grand'chose à ce résultat provisoire.

Il faut naturellement distinguer ici nettement entre le Décalogue comme tel, c'est-à-dire le recueil de commandements clairement délimité et fixé, et les commandements particuliers ou les principes moraux, juridiques et religieux qu'ils expriment. A quelque époque que le Décalogue appartienne, que ce soit à l'époque mosaïque ou à la période plus récente des temps préexiliques, il est hors de doute que la plupart des commandements particuliers qu'il renferme ont toujours été observés en Israël comme des principes normatifs de la vie. Nous ne connaissons aucune époque, dans l'histoire de la civilisation d'Israël, où l'on n'ait pas considéré comme un péché et comme un crime de tuer le prochain, de commettre adultère, de voler le bien du prochain, de prononcer des paroles mensongères contre lui, de maudire les parents, d'abuser du nom de la divinité pour un charme malfaisant. Même si notre examen littéraire aboutit au résultat que le Décalogue est de date récente, on peut cependant avoir fixé déjà dès l'époque ancienne une règle telle que le *lō tin'af, lō tiqṭōl,* etc. Mais cela ne prouve rien pour l'existence ou la non-existence du Décalogue, en tant que recueil organisé de préceptes divins.

D'une façon générale, on peut dire de tous les passages dans lesquels on a cru trouver un témoignage littéraire pour l'existence du Décalogue[1], qu'ils attestent bien l'existence de certains des commandements moraux et religieux « codifiés » dans le Déca-

[1] p. l. *Sellin*, Mose und seine Bedeutung für die isr.-jüd. Relig.-Geschichte. Deichert, Leipzig 1922 p. 31-54 et 68-76 passim; *H. Schmidt*, ouvr.-cité p. 100 sqq.

logue, mais non celle du Décalogue lui-même. Examinons les passages que *Schmidt* considère comme particulièrement convaincants.

b) D'après cet auteur, l'allusion la plus ancienne au Décalogue serait dans Ex. XXXIV, 4 b-7, 14, 17. L'interprétation de *Schmidt* se rattache ici aux essais les plus modernes qui ont été faits pour expliquer le décalogue de J comme étant dérivé du Décalogue d'Ex. XX, ce qui présupposerait un processus tout à fait extraordinaire. Il croit trouver une preuve de la dépendance du décalogue de J à l'égard de notre Décalogue dans la façon singulière dont R J aurait inséré dans Ex. XXXIV, en les disséquant en deux parties, les prétendues paroles d'introduction de notre Décalogue (« Je suis Yahvé, dieu jaloux », etc., v. § 2 c). Cependant il n'est pas exact qu'il y ait ici rapport de dépendance. Nous avons déjà montré (§ 2 c) que Ex. XX, 5 b-6 ne peut pas avoir été l'introduction primitive du Décalogue ; ces versets doivent plutôt être considérés comme une explication récente et de tendance deutéronomique. Ils proviennent probablement d'une combinaison de XXXIV, 14 b (qui est une interprétation ne faisant très probablement pas non plus partie du texte primitif du décalogue de J) avec un morceau de la formule d'introduction (v. § 5 c) du décalogue de J XXXIV, 7. Il faut tenir compte du fait que les paroles contenues dans XX, 5 b-6 « qui punit les péchés des pères... et *qui fait miséricorde* » ne conviennent au fond pas du tout comme qualificatif du terme précédent ēl qannā; la qin'ā de Yahvé se rapporte dans l'Ancien Testament presque exclusivement à la destruction de ses ennemis [1] ; par conséquent, elle ne peut pas s'appliquer, à proprement parler, à la deuxième partie de la déclaration (verset 6) qui concerne le pardon. Ex. XX, 5b-6 n'était donc pas primitivement une suite de la proposition: « Je suis Yahvé, *dieu jaloux* » ; elle est bien plus à sa place dans XXXIV, 7. Il est vrai que dans ce dernier texte la formule est déjà amplifiée et qu'elle se compose elle-même de deux formules (cultuelles) primitivement indépendantes (v. § 5c) ; mais, par rapport à XX, 5b6, elle est la plus primitive pour la raison que nous avons indiquée et parce qu'elle est indispensable comme formule d'introduction primitive du décalogue de J XXXIV, 14 sqq. Par conséquent, la parenté des deux formules XX, 5 b-6 et XXXIV, 6 b-7 ne peut pas attester

---

[1] C'est aussi le cas pour Es. IX, 6. La promesse présuppose la domination assyrienne à laquelle le rejeton de la maison de David doit mettre fin, acte par lequel il doit jeter la base du « droit » et de la « justice ».

l'existence du Décalogue ; car, d'une part, les deux formules ont été fixées d'après le type de formules cultuelles courantes, la première même comme une addition ultérieure du Décalogue, et, d'autre part, XX, 5b-6 est secondaire par rapport à XXXIV, 6b-7.

c) Un autre passage que *Schmidt* et *Sellin*[1] allèguent comme un témoignage littéraire du Décalogue, Osée IV, 2, n'est plus convaincant. Osée parle ici de péchés qui auraient causé la ruine du pays, et il énumère les commandements sociaux fondamentaux dont la transgression, d'après la conception israélite, devait rendre impossible la vie sociale (et la vie tout court) : « il n'y a ni fidélité, ni sentiment de communion (ḥäsäḏ), ni connaissance de Dieu dans le pays, on maudit et on « simule »[2], on tue, on vole, on commet adultère, on fait violence, et le crime s'ajoute au crime ». Il n'y a ici aucune allusion au Décalogue ; les commandements relatifs au sabbat et aux parents manquent, et, comme nous l'avons vu plus haut (v. § 2), on ne peut pas avoir recours à l'argument de *Schmidt*, selon lequel ces commandements auraient aussi manqué dans le Décalogue primitif. *Sellin* croit encore découvrir une analogie avec le Décalogue dans le fait que Osée parlerait d'abord des péchés à l'égard de Dieu, ensuite des offenses et crimes contre les hommes ; mais le terme de ḥäsäḏ, qui se trouve avant «connaissance de Dieu», désigne les sentiments fraternels qui relient entre eux les membres de la tribu et les contractants de l'alliance, et ᵃmäṯ s'applique probablement aussi aux relations avec les hommes. — Jér. VII, 9 ne prouve pas plus que le passage d'Osée: « voler, tuer, commettre adultère, prêter de faux serments, sacrifier à Baal et courir après d'autres dieux » ; si le prophète avait visé ici un recueil de

---

[1] Das Zwölfprophetenbuch [SKAT] 1922.

[2] La traduction courante « on prête un faux serment » (« on jure et ment »; hendiadyoin) est inexacte. Le radical ālā ne signifie pas « jurer » tout court, mais « prononcer une malédiction portant malheur » que ce soit d'une façon légitime pour écarter, au nom de la société, l'ennemi extérieur ou le malfaiteur qui se trouve dans le peuple, ou que ce soit d'une façon illégitime pour faire du mal par des pratiques magiques à un ennemi privé; le substantif correspondant désigne le malheur produit par l'acte ou la parole de malédiction qui personnifie la puissance malfaisante. V. *Jos. Pedersen*, Der Eid bei den Semiten p. 82 sq. et l'appendice. Le radical khš, verb et substantif, peut avoir la même signification, v. Ps. St. I p. 57 sq. Mais il est incertain, si le mot est ici synonyme de ālā, à peu près = « user de charme » (comp. Ps .LIX, 13), ou s'il a une signification indépendante, soit celle de « simuler », soit celle de « mentir » ; le terme de « mentir » implique d'ailleurs, en hébreu, la signification de l'acte qui produit le malheur, et souvent il désigne, d'une façon générale, l'activité du magicien ou du pécheur. Com. Ps. St. I p. 39-58.

commandements de Yahvé tel que le Décalogue, connu et adopté par tous, et qu'il eût voulu dire que Juda avait transgressé tous les articles de cette loi, il aurait dû s'exprimer autrement ; il aurait dû énumérer tous les commandements.

d) Dans son étude « Zur Einleitung in das Alte Testament » (p. 23, note 1), *Sellin* avait aussi cité Os. VI, 5 à l'appui de sa démonstration, mais, dans son commentaire, il a renoncé à cet argument, et cela avec raison, puisque toute la preuve que doit fournir ce passage repose sur une conjecture textuelle. Mais dans son « Mose » (p. 33 sqq.), il est revenu à sa théorie qu'il présente sous une forme un peu différente et sur une échelle plus vaste. Il croit trouver dans une série de passages d'Osée (IV, 4-6; XII, 11; VIII, 12; XIV, 3) des témoignages attestant que Osée aurait connu un document mosaïque « gravé sur des tables de pierre » et contenant la « tora de Yahvé », et dans lequel il n'aurait été question que de fidélité et d'amour, mais non pas de sacrifices. Cependant, là encore, la « preuve » est basée partout sur des textes que l'auteur a corrigés lui-même, sur des conjectures et des interprétations très subjectives. Dans VI, 5, *Sellin* lit, avec *Alt*, hôrêṯîm au lieu de h^{a}ragtîm [1], et il prétend que ḥāsaḇ signifie « graver sur des pierres », étant donné que ḥōsēḇ désigne le sculpteur — déduction qui n'est pas si évidente — et il traduit: « Pour cette raison (c'est-à-dire, d'après son interprétation : parce que je cherche une bonne issue pour toi; v. 4a) je l'ai gravé par les prophètes, je les ai ⟨ instruits ⟩ par les paroles de ma bouche et ⟨ ma ⟩ loi est apparue claire ⟨ comme ⟩ la lumière (mišpāṭî k^{e}ôr): c'est à l'amour que je prends plaisir et non pas aux sacrifices, à la connaissance de Dieu, non aux holocaustes ». Ainsi il croit trouver ici une allusion évidente à la révélation du Décalogue donnée au Sinaï ; il supprime la difficulté que présente l'emploi du pluriel « les prophètes » en supposant qu'il aurait existé une tradition parlant de plusieurs prophètes comme révélateurs du Décalogue au Sinaï. Non seulement l'interprétation du v. 4 a est fort invraisemblable, car on ne peut y voir qu'une expression de la résignation ; non seulement la conjecture et l'interprétation de ḥāsaḇ au v. 5 sont très incertaines ; mais, d'après l'explication la plus naturelle, le « mišpāṭ apparaissant comme la lumière » ne doit pas être considéré comme une loi claire et compréhensible au point de vue de l'intelligence, mais conformément à l'usage

---

[1] Sellin propose encore higgaḏtî, et sans doute on pourrait aller loin avec cette méthode. « Mieux vaut être mort que dans l'embarras », dit un proverbe norvégien.

courant de la langue hébraïque (comp. Deutéro-Esaïe), comme la « justification » (restitution, salut) apparaissant semblable à la lumière du jour ; en outre, ce stiche isolé, v. 5 b, est en réalité le parallèle du v. 3 a, isolé lui aussi, et stiche qui n'a aucun rapport avec la strophe 4, 5 a, 6[1]. La parole 0 a, 6 se rapporte aux prophètes tels que Amos, Osée lui-même, et à d'autres par l'intermédiaire desquels Yahvé a frappé un peuple impie, dépourvu d'amour et de connaissance de Dieu ; elle ne se rapporte donc pas aux temps de Moïse.

De XII, 11, *Sellin* tire, en plaçant le v. 7 après le v. 11, le sens suivant : par de nombreuses visions et paroles prophétiques, Yahvé aurait ordonné et « par la main des prophètes il aurait écrit » (ᵃḏammä « littéralement copier », c'est-à-dire inscrire [! !]) que Jacob devait 〈 habiter dans ses tentes 〉 paisiblement, qu'il devait observer l'amour et le droit et qu'il devait constamment se confier en Dieu. Mais ce déplacement du v. 7 est insuffisamment légitimé ; d'autre part, tout le chapitre est surchargé par des gloses ; et enfin, la tentative de trouver ici une allusion à Moïse et au Décalogue se heurte là aussi aux difficultés que soulève : 1° l'emploi du pluriel « les prophètes » et « de nombreuses visions », et 2° l'interprétation plus qu'incertaine de ᵃḏammä. Prendre de telles interprétations comme base, c'est construire sur le sable. Que devient, dans l'interprétation de *Sellin*, la menace à laquelle il faut nécessairement s'attendre après les v. 9 et 10a ?[2]. Là encore, l'explication la plus naturelle est de voir dans les prophètes des hommes tels que Amos et Osée; il n'y a aucune trace, dans le chapitre, du Décalogue ni d'une « inscription ».

Dans VIII, 12, *Sellin* propose de lire rabbōṯ tōrōṯ et de traduire : « bien que j'aie inscrit pour lui en grandes lettres mes torot, elles ont été traitées comme une chose incompréhensible ». Il voit ici une allusion aux grandes lettres dans lesquelles le Décalogue aurait été inscrit sur les tables, mais dont ni J ni E ne savent rien. Il fait valoir que la leçon généralement admise des LXX (raḇ) et l'interprétation traditionnelle « une foule de com-

---

[1] Alors il faut dire: mišpāṭēnū (c'est le peuple qui parle) kᵉ'ôr; le suffixe de môṣā'ô (v. 3 α β) se rapporte alors à mišpāṭ.

[2] Voici comment il faut se représenter la composition de ce chapitre ; v. 5-7 sont des gloses de 3, 4, 8 (4 et 8 forment ensemble une strophe), 13-14 des gloses (en prose) de 4-7; v. 12 et 15 des paroles indépendantes (authentiques); la partie principale du chap. se compose de XII, 3, 4, 8, 9, 10 a ; XIII, 4 b XII, 11 α β. (a α est un doublet), b, 10 b ; voici le sens de la dernière strophe (11 a β, b, 10 b): j'ai si souvent averti par des visions et des paroles prophétiques, maintenant, pour punition, Efraim doit retourner au désert (« habiter dans des tentes »).

mandements », ou « tant de commandements » seraient dénuées de sens ; car « une foule de commandements n'obligerait pas plus à l'obéissance qu'un petit nombre ». Cette remarque est exacte seulement au point de vue de la psychologie moderne, mais elle ne s'applique pas à Osée ni même à la mentalité populaire en général; dans sa naïveté, Osée est convaincu que du moment où Israël a reçu une foule de commandements et qu'il sait exactement ce que Yahvé exige, il devrait en avoir retenu au moins quelque chose ; mais tout cela lui est resté indifférent. Il n'y a pas ici trace du Décalogue.

Dans XIV, 3, *Sellin* croit trouver l'idée qu'Israël, en se mettant en route pour retourner (!) dans le désert vers Yahvé (!), doit de nouveau emmener avec lui, dans son voyage, les paroles divines (il lit d^{e}b̲ārâw) c'est-à-dire le Décalogue conservé dans l'arche de l'alliance. Je fais abstraction de la question d'authenticité, bien que, pour ma part, je sois convaincu que ce n'est pas Osée qui parle ici (comp. *Marti*, *Duhm*, *Hoelscher*), le v. 4 n'étant compréhensible que comme une allusion à Es. XXX, 16. Mais où donc est-il question, en tout ceci, de « retour dans le désert » ? Même s'il était exact, comme *Sellin* le croit, qu'en d'autres passages, Osée enseigne comme idéal le retour au Sinaï, de quel droit découvre-t-il cette idée dans le simple terme de šûb̲ = retourner ? Le v. 8 montre pourtant avec évidence qu'il s'agit ici d'un salut qui doit être réalisé en Palestine ; le verset parle du retour des Israélites exilés, que ce verset soit antérieur ou postérieur à l'exil. Devant une telle interprétation de *Sellin*, on est tenté d'admirer comment l'art exégétique est capable de faire passer un chameau à travers le trou d'une aiguille.

e) Les deux passages Os. IV, 2; Jér. VII, 9 que nous avons examinés plus haut, nous permettent de constater l'évolution de plus en plus caractérisée vers une religion éthique, la piété tendant à se concentrer autour des commandements fondamentaux de la morale sociale. Ils manifestent les tendances de milieux inspirés déjà par l'esprit du Décalogue, soit qu'ils aient déjà subi l'influence de cette loi ou, au contraire, qu'ils lui aient donné naissance. Mais s'ils nous attestent l'existence des idées qui ont trouvé leur expression dans le Décalogue, ils ne suffisent pas à prouver que ces idées aient déjà été fixées dans leur forme littéraire traditionnelle.

CHAPITRE II.

LE PROBLEME HISTORIQUE.

§ 10. — *Tradition et théorie.*

Le problème historique concernant l'origine mosaïque du Décalogue n'est pas résolu par les résultats de critique littéraire que nous venons d'établir. Bien que primitivement le Décalogue n'ait fait partie ni de J ni de E, il est pourtant, *en principe, possible* qu'il remonte à l'époque ancienne. Il s'agit seulement de savoir si des raisons positives parlent en faveur de cette hypothèse.

Remarquons d'abord que *l'argument fondé sur le « témoignage unanime » de la tradition*[1] *ne prouve ici absolument rien.* Car en premier lieu, c'était, dans l'ancien Israël, une théorie indiscutable que tout ce qui existait en matière de tradition législative et de préceptes religieux était « mosaïque ». Moïse était le fondateur de l'Israël historique, le chef et le conducteur du peuple sorti d'Egypte, le dispensateur d'oracles et le prêtre ; il avait établi les bases religieuses de l'organisation nationale, et il avait fait de Yahvé, dieu du Sinaï, le maître suprême de l'alliance et le principe de tout ordre et de toute bénédiction. Dans les milieux sacerdotaux qui faisaient remonter jusqu'à lui leur origine, dans les milieux prophétiques et peu à peu aussi dans le peuple, Moïse fut considéré comme le grand initiateur. C'est d'ailleurs un trait caractéristique de l'ancienne civilisation orientale et de toute civilisation primitive de considérer comme ancien tout ce qui est particulièrement précieux. Les temps anciens étaient les temps de bonheur et de perfection. Le devoir des descendants était de con-

---

[1] Ainsi p. ex. *H. Schmidt* ouvr. cité p. 112 sq.; de même *Bentzen* dans [D]TT 1924 p. 307 n. 2. D'une façon analogue, mais, en terme plus vagues, *Stave* Inledning till Gamla Testamentets kanoniska Skrifter[2] Stockholm, Norstedt & Söner, 1920 p. 48; le même, Israels Historia, ib. 1916; p. 56. *Sellin* (Einleitung[3] p. 26, parle du « double témoignage » de la tradition (à savoir d'Ex. XX et de Dtn. V.).

server fidèlement les traditions du passé et de construire toutes choses sur elles. Au commencement, était le paradis et l'âge d'or. L'époque mosaïque étant l'époque idéale, tout ce qu'il y avait de précieux, tout ce qui était coutume ancestrale, tout ce qui faisait partie des principes fondamentaux de la vie, fut ramené tout naturellement à l'époque mosaïque et à Moïse. Comment une chose aurait-elle pu être ancienne, précieuse, divine, révélée, norme de la vie, sans être « mosaïque » ? Dire qu'une institution était d'origine « mosaïque », c'était, dans l'ancien Israël, simplement porter sur elle un jugement de valeur décisif. Et dans bien des cas, ce que nous croyons être une tradition historique n'était tout simplement que le postulat religieux et historique d'une théorie généralement admise. Et l'existence de cette théorie prouve seulement qu'en Israël la juridiction au nom de Yahvé remontait à Moïse, grand chef de l'immigration, et que la coutume régnant aux diverses époques fut ramenée également à Moïse et considérée comme une institution voulue de Dieu. Quant à l'origine « mosaïque » des commandements transmis isolément ou des recueils de lois, la tradition ne nous apporte ici rien de probant.

Au reste, le témoignage de la « tradition » concernant le Décalogue est bien loin d'être unanime. La question n'est pas de savoir si toutes les sources qui transmettent ou mentionnent le Décalogue le représentent comme « mosaïque » ; car c'est ce qu'elles devaient faire forcément, vu l'importance de cette loi pour la vie religieuse et morale et par conséquent sa valeur en tant que commandement divin. Ce qui importe davantage, c'est de savoir si vraiment la tradition est unanime à faire de Moïse le médiateur d'une alliance du Sinaï *conclue sur la base du Décalogue*. Mais nous avons montré au chapitre précédent que cette unanimité n'existe pas. Le récit le plus ancien que nous possédions sur l'alliance du Sinaï, celui du Yahviste — encore faut-il dire qu'il est déjà entièrement légendaire[1] —, rapporte que l'alliance a été conclue sur la base du décalogue d'Ex. XXXIV. Un récit analogue se trouve chez l'Elohiste, avec la différence qu'au point de vue de la forme et du contenu, le décalogue y est présenté dans une version un peu différente et certainement plus récente. Nous ne pouvons pas reconstruire d'une façon certaine la forme primitive du décalogue J-E, « le plus ancien ». Nous

---

[1] Dans ses travaux mentionnés plus haut, *Gressmann* a montré avec évidence le caractère légendaire de tous les récits sur Moïse. Cela ne veut pas dire naturellement qu'en *partie* les légendes ne puissent pas renfermer un noyau historique.

pouvons simplement constater qu'il a existé en beaucoup de variantes. Quant à son âge, nous pouvons seulement dire qu'il a très probablement pris naissance en Canaan ; ce sont les primitives fêtes agraires célébrées en l'honneur de Baal qui ont été transformées ici en fêtes de Yahvé. D'autre part, la réunion des commandements ne peut guère être une création de l'esprit cananéen « pré-israélite » ; et dès lors il apparaît que le décalogue J-E est postérieur à l'immigration des Israélites.

En outre, nous pouvons encore affirmer avec certitude que le décalogue J-E n'est pas une forme plus développée de notre Décalogue et que le contraire n'est pas vrai non plus. Quant au schème et au style, il existe certes une parenté purement littéraire entre les deux; mais quant au contenu, ils sont indépendants l'un de l'autre. Ils représentent deux essais différents de formuler la somme des commandements divins en des phrases lapidaires et faciles à comprendre. L'un porte un cachet entièrement cultuel, l'autre a un caractère essentiellement moral. Ils expriment pour ainsi dire, deux conceptions différentes de l'essence de la religion.

Nous avons montré plus haut (v. § 3) que nous rencontrons la « tradition » sur le Décalogue, base de l'alliance, pour la première fois au chapitre V du Deutéronome, dans un développement secondaire de D (ou de D^b) qui appartient très probablement à l'époque postexilique, tout au plus à la dernière période de l'époque préexilique. Ensuite nous la trouvons dans P, et peut-être est-elle déjà attestée dans une addition secondaire insérée dans E au plus tôt vers les derniers temps avant l'exil. Cela revient à dire que nous la rencontrons seulement six à sept siècles après l'époque mosaïque. Une analogie qui s'impose ici montrera peut-être de la façon la plus évidente avec quel scepticisme critique il convient d'examiner une pareille « tradition ». A une époque qui n'était pas encore très éloignée du siècle apostolique, la « tradition » chrétienne savait que les douze apôtres avaient écrit chacun un morceau du symbole dit des apôtres ou que Pierre aurait été le premier pape monarchique de l'Eglise universelle. Et combien de constitutions et de liturgies « apostoliques » y a-t-il eu dans l'ancienne Eglise ! Cela s'explique simplement par le fait que tout ce qui était coutume et qui passait pour sacré et pour particulièrement précieux, devait nécessairement être « apostolique ».

Il s'ensuit que le problème de la date du Décalogue n'est pas résolu, comme *Kœnig* semble l'admettre dans son commentaire sur le Deutéronome, lorsqu'on essaie d'infirmer les arguments qui parlent en faveur d'une date plus récente, ou de les représenter comme insuffisants ; par ce procédé, on n'obtient aucune preuve positive de l'origine « mosaïque », la prétendue « tradition » ne pouvant pas être considérée comme telle. L'origine « mosaïque » doit être prouvée d'une façon positive et non pas négative. Voilà pourquoi les considérations historiques et psychologiques de *Kittel* sur ce que Moïse aurait pu ou aurait « dû »[1] faire dans telle ou telle circonstance ont assez peu de valeur ; de semblables considérations et déductions sont peut-être utiles comme illustrations, lorsque des traditions et des raisons positives prouvent qu'un document appartient à une époque déterminée ; mais ici elles n'ont aucun sens. En fait, on a allégué très peu d'arguments positifs en faveur de l'origine mosaïque du Décalogue ; encore sont-ils tout à fait insuffisants en eux-mêmes. Quelques-uns cependant peuvent être mentionnés : on prétend, par exemple, que l'époque mosaïque doit être la seule où l'on ait pu considérer le sabbat comme la seule fête devant être célébrée[2] ; on fait valoir encore que « le fait attesté par les documents que les sanctuaires de Silo et de Jérusalem n'avaient pas eu d'images doit avoir eu une raison » et que cette raison était précisément dans une défense mosaïque des images[3]. Nous aurons à revenir plus loin sur ces arguments.

§ 11. — *Problème et thèse.*

Le fait étant désormais établi que les sources plus anciennes, J et E, indiquent un autre décalogue comme base de l'alliance du Sinaï, et notre Décalogue comme tel étant mentionné seulement dans des documents d'époque tardive, nous pouvons supposer, *a priori*, qu'il est le plus récent. Et l'étude comparative du contenu que nous avons déjà faite (p. 58), confirme cette supposition. Les sources historiques les plus dignes de confiance que nous pouvons avoir à notre disposition, montrent que la religion du temps des juges et de l'époque plus ancienne des rois — et d'une façon générale la religion officielle de toute l'époque préexilique — était une religion nettement cultuelle, ce qui ne veut pas dire que l'élément moral y fait complètement défaut. Nous voyons, en outre, chez les grands prophètes une polémique très vive contre les cérémonies des sanctuaires, ce qui prouve qu'à ce moment le culte commençait à perdre son emprise sur les âmes et ne com-

---

[1] Gesch. de Volkes Israel I[3] p. 582 sqq.

[2] *Kittel* ouvr. cité p. 656.

[3] *Sellin.* Einleitung[3] p. 27.

muniquait plus au même degré qu'autrefois l'expérience religieuse immédiate et le sentiment de sécurité qu'elle produit[1]. Pour créer un contre-poids au rite cultuel, les prophètes ont insisté très fortement sur l'élément moral qu'ils ont représenté comme l'essence de la religion. Nous savons, en outre, qu'avec l'exil, et surtout à la suite de l'exil, une nouvelle forme de religion s'est développée, la religion du judaïsme, qui porte une empreinte essentiellement nomistique. Le contenu de la «loi» embrassait avant tout les anciens rites sacrés qui peuvent être pratiqués en dehors du culte, et surtout les commandements moraux qui — à côté de beaucoup d'autres — passaient depuis les temps les plus anciens pour l'expression de la loi divine. — Un ordre historique et littéraire suivant le schéma décalogue J—E — décalogue D—P correspondrait donc à l'évolution générale de la religion israélite : d'abord l'élément cultuel, ensuite l'élément moral.

Cependant nous ne devons pas nous en tenir à ces considérations *a priori*, attendu que de nos jours, comme dans le passé, beaucoup de savants critiques[2] croient pouvoir affirmer, à bon droit, que Moïse était beaucoup plus près du courant «prophétique» que du courant «cultuel» et que la religion éthique et anticultuelle des prophètes marquerait, en réalité, un retour aux origines. Nous ne nous arrêterons pas à prouver que cette manière de voir repose, en réalité, sur une compréhension fausse ou plutôt sur un manque de compréhension et de la mentalité et de la civilisation de l'époque mosaïque[3]. Nous voulons seulement mettre en lumière les données concrètes démontrant d'une façon péremptoire, au point de vue négatif, que le Décalogue ne peut pas dater des temps mosaïques, et au point de vue positif, qu'il appartient à l'époque préexilique la plus récente. En ceci, nous ne prétendons pas apporter des arguments absolument nouveaux; la question a été débattue depuis trop longtemps et d'une façon trop approfondie pour qu'on puisse encore apporter du nouveau. Mais peut-être réussirons-nous à présenter certains côtés de la question insuffisamment mis en lumière.

---

[1] V. *Mowinckel*, Ps. St. II p. 319 sq.

[2] C'est-à-dire des savants qui sont indépendants, par *principe*, de la tradition comme telle, comme p. ex. *Kittel*, *Sellin*, *Procksch* et d'autres. *Koenig* doit aussi être compté parmi eux. Par contre, nous n'avons pas à discuter ici avec ceux qui sont liés, par principe, par la «tradition», même lorsque leur traditionalisme se cache sous un masque scientifique.

[3] Comp. *Mowinckel*. Ps. St. II p. 224-226.

§ 12. — *Revue générale et critique des arguments allégués jusqu'à présent contre l'origine « mosaïque » du Décalogue.*

Tous les arguments qui ont été allégués contre l'origine « mosaïque » du Décalogue, ne sont pas également probants. Beaucoup d'entre eux manquent leur but. Par exemple, on s'est basé sur des recherches de statistique linguistique. On ne saurait nier que le texte du Décalogue qui nous a été transmis contient une série d'expressions et de tournures particulièrement caractéristiques chez les auteurs et les rédacteurs du Deutéronome. *H. Schmidt*[1] a énuméré douze tournures de ce genre. Mais d'autre part, il est incontestable que la grande majorité de ces expressions n'appartiennent pas au texte primitif, mais aux additions faites ultérieurement ; nous renvoyons à l'étude de *Schmidt*. On peut accepter les résultats relativement à cette question, même si l'on ne souscrit pas à la reconstruction du texte primitif qui nous y est proposée. Mais outre les analogies dont *Schmidt* convient[2], il y a encore un point important à noter, à savoir la formule d'introduction avec son allure nettement « deutéronomique ». On ne doit pas en conclure nécessairement que le Décalogue aurait été composé par les auteurs ou les rédacteurs deutéronomistes proprement dits ; car leur manière de s'exprimer ne représente pas un langage entièrement nouveau qui aurait surgi tout à coup au VIIe siècle a. J.-Chr. ; il faut, au contraire, admettre, comme nous l'avons laissé entendre plus haut (§ 2), que le Deutéronome et le Décalogue puisent tous les deux leur vocabulaire dans le même langage cultuel et sacerdotal, dont nous trouvons relativement peu de traces dans J et dans E. Cette observation n'est pas sans importance pour la solution de la question ; il faut tenir compte du fait que le Décalogue a été transmis dans l'idiome professionnel des prêtres hiérosolymites et qu'il dénote l'influence des formes et des concepts cultuels caractéristiques de ces milieux. Nous traiterons ce point au chap. III (§ 23e).

Contre l'origine « mosaïque », on a aussi fait valoir que le peuple d'Israël de l'époque mosaïque ne parlait *très probablement pas hébreu*[3]. En effet, selon toute probabilité, les « tribus hébraïques » ont parlé, avant l'immigration, un dialecte araméen[4]

[1] Gunkelfestschr. I p. 85.

[2] jahwä ^älōhäka, ^älōhīm ^aḥĕrīm ; la liaison de ʿābad avec hištaḥ^awä.

[3] P. ex. *Matthes* dans ZATW 1904 p. 23.

[4] Au point de vue chronologique, l'immigration des tribus des Habiru coïncide avec les premiers commencements de la migration des peuples araméens, surtout avec l'immigration du groupe des Aḥlames en Babylonie.

ou arabe ; l'hébreu est la langue du pays de Canaan. Mais il faut convenir qu'un « testament » mosaïque aurait été traduit plus tard en hébreu[1].

L'argument qui se base sur la *situation sociale*[2] présupposée par le Décalogue n'est pas non plus décisif, bien qu'il ait une certaine importance. Certes, lorsqu'il est question dans le Décalogue des travaux des champs, de terres, de propriétés, d'héritages, de ‚gērīm (peregrini) qui séjournent dans les « portes », c'est-à-dire dans les villes d'Israël, de bœufs et d'ânes employés comme bêtes de travail, tout cela présuppose, sans aucun doute, qu'Israël est sédentaire en Canaan. Mais aucun des passages qui entrent en ligne de compte ici ne fait partie du texte primitif ; ce sont des développements ultérieurs[3]. Cependant, là encore, il reste un point à considérer. Certainement le texte primitif déjà a parlé de « maisons » battīm (§ 2), et il ne peut guère être mis en doute que ce mot désigne la maison bâtie solidement, en opposition avec la tente; il est vrai que l'étymologie est incertaine; mais lorsqu'il est employé en hébreu dans le sens propre et non pas dans le sens figuré de « famille », de « ménage », de « propriété », ni dans le sens allégorique pour désigner la caverne ou le nid d'un animal, il s'applique toujours à une maison solide. Dans un document datant du temps de Moïse, on devrait s'attendre au terme de ohäl = tente, d'autant plus que ce mot plus ancien s'est conservé, dans le style solennel ou poétique, encore à travers les siècles avec la signification de demeure en général et s'appliquant aussi à la maison solide. Mais il ne faut pas attacher une importance décisive à cette considération ; l'usage du terme peut avoir été différent à l'époque préhistorique plus ancienne ; d'ailleurs, il est possible que des « maisons », sous quelque forme que ce soit, aient été bâties par les Israélites pendant leur séjour à Kadesch[4].

Les seuls arguments qui nous paraissent probants concernent, d'une part, l'attitude du Décalogue à l'égard des images cultuelles et la prédominance des commandements moraux et du commandement du sabbat ; d'autre part, l'absence d'un commandement concernant la circoncision. Mais la preuve décisive, nous ne la donnerons que plus loin (v. chap. III), en examinant l'origine du Décalogue dans ses rapports avec le culte.

---

[1] Voilà pourquoi l'argumentation de *Schmidt* contre *Matthes* (Gunkelfestschr. I p. 89) est superflue et manque son but.

[2] P. ex. chez *Matthes* ZATW 1904 p. 24.

[3] *Schmidt* ouvr. cité p. 91 sq.

[4] Comp. les nombreuses traces de ruines que *Trumbull* y a trouvées lors de son voyage (ZDPV VIII p. 182 sqq).

§ 13. *L'interdiction des images.*

Le commandement qui défend les images est le premier des commandements particuliers nous fournissant un indice pour résoudre la question de la date du Décalogue.

a) Il peut être considéré comme certain que le commandement était dirigé contre les images *cultuelles*, bien que l'addition v. 4b-5 semble vouloir lui donner une plus grande extension. De même il est probable que, primitivement, il concernait les images de *Yahvé*, non pas celles des « autres dieux » ; car, dans ce cas, le commandement ne serait qu'une répétition du premier. Il est vrai que les rédacteurs plus récents ont compris la chose autrement, comme l'addition kål t^emūnā etc. que nous venons de mentionner le prouve ; cette adjonction sert à préciser le terme de päsäl, et elle l'interprète comme s'appliquant aux représentations par l'image de tous les êtres se trouvant sur la terre, au ciel et dans l'eau[1] ; ces mots sont manifestement une allusion aux infiltrations syncrétiques des époques assyrienne et chaldéenne et de la première période post-exilique.

Mais on peut se demander si päsäl désigne ici une image de Yahvé en général ou si le mot est employé dans son sens plus primitif et plus étroit. *Schmidt*[2] adopte la signification d'« image en bois » ; et on comprend assez bien qu'à l'époque mosaïque on ait pu se contenter d'une défense de ce genre ; d'autres images de

[1] La leçon kål Dtn. V, 8 est plus exacte que w^ekål Ex. XX, 4 (*Wellhausen*, *Schmidt* et d'autres); päsäl n'est pas état construit de kål-t^emūnā, mais ce dernier terme joint aux précisions suivantes est une apposition explicative, une glose, de päsäl. Il n'est pas admissible de considérer kål-t^emūnā, comme « nomen rectum » de päsäl (*Oettli*, *König*) ; en tous cas, cette explication donnée par le texte massorétique ne correspond pas à l'intention primitive du texte ; car déjà le style des commandements prouve que kål-t^emūnā etc. est une adjonction secondaire qui comme telle, c'est-à-dire comme glose explicative, a le caractère d'une apposition. Il est, par conséquent, sans importance que l'on considère la leçon kål ou w^ekål comme plus primitive ; mais cette dernière doit être considérée à la manière des « gloses en waw » ; déjà l'addition du ו prouve que, pour les Hébreux, il était tout naturel d'interpréter ces mots comme une apposition. Il faut maintenir, par conséquent, pour t^emūnā la signification de « représentation (par l'image) » (*Bäntsch*, *Ges.-Buhl*[16]), et c'est en vain que *Koenig* s'y oppose ; car lorsqu'il traduit dans Ex. XX, 4: « eine plastische Darstellung [= päsäl] und irgendwelche Gestaltung » (dans le commentaire, à propos de Dtn. V, 8), on se demande en vain quelle différence il y a entre « Gestaltung » et « Darstellung », à moins que *Koenig* ne finisse par accepter la double traduction de taiasä (faire une image de Dieu ou représenter une figure quelconque) que donne *Knudtzon* dans ZATW 1913 p. 192, et qu'il avait précédemment rejetée.

[2] Ouvr. cité p. 83 sq., 93 sqq.

dieux (ou de Dieu) auraient été en dehors de l'horizon des Israélites. Cette interprétation est, en tous cas, trop étroite; étymologiquement, päsäl désigne toute image sculptée ou taillée ; le päsäl peut donc être en bois ou en pierre ; et nous pouvons considérer comme certain (v. plus loin) que des images en pierre — aussi rudimentaires qu'on se les représente — ont existé au stade de civilisation des Bené-Israël au désert. Cependant l'usage courant de la langue hébraïque montre qu'il ne faut pas tenir compte de la signification étymologique du mot; il s'applique, en réalité, à des images de Dieu de toutes sortes : sculptées, taillées et fondues (v. *Ges.-Buhl*[16]) ; selon le contexte, il peut naturellement désigner parfois une image en bois, mais l'idée d'une matière déterminée n'est pas attachée à l'emploi du mot. Et l'addition v. 4b-5 considère päsäl comme désignation pour des images fabriquées en n'importe quelle matière.

A la différence de notre Décalogue, celui de J interdit les images de Dieu (ou des dieux) en fonte : massēḵā (Ex. XXXIV, 17), et, d'accord avec lui, E défend les « (images de) dieux en argent ou en or » (Ex. XX, 23). Déjà le fait que notre Décalogue contienne une défense générale en opposition avec la défense partielle du décalogue J-E, prouve que ce dernier lui est antérieur. Il est évident que la défense concernant les images en fonte laisse supposer qu'à ce moment des images en pierre et en bois étaient considérées comme légitimes. Ces sortes d'images étaient primitives et correspondaient au niveau de la civilisation israélite lors de l'immigration en Canaan ; par conséquent, l'interdiction des images en fonte doit être comprise comme une réaction jahviste contre une coutume cultuelle nouvelle qui était plus raffinée et d'origine cananéenne. Lorsque nous rencontrons donc, dans l'histoire, à un moment que nous ne préciserons pas pour l'instant, une défense générale et absolue dirigée contre les images cultuelles de tout genre, il est sans doute conforme au développement naturel de l'idée religieuse d'admettre qu'elle forme le terme de l'évolution. C'est cette hypothèse que nous allons examiner de plus près.

b) La question de l'attitude du mosaïsme et du jahvisme plus récent à l'égard des images cultuelles a été l'objet de longues discussions, sans que jusqu'à présent un accord ait pu être réalisé; c'est aussi ce point qui, dans la question du Décalogue, a donné lieu à la controverse principale entre *Cornill*[1] et *Sellin*[2]. On peut

---

[1] **Zur Einleitung in das A. T. Mohr, Tübingen 1912, p. 25-28.**

[2] **Zur Einleitung in das A. T. Eine Erwiderung auf die gleichnamige Schrift C. H. Cornills, Quelle & Meyer, Leipzig 1912, p. 17-23.**

estimer qu'un résultat se dégage de ces discussions et de ces recherches : le culte israélite officiel, pendant une longue période, avec l'approbation complète de la foule et longtemps aussi sans soulever la moindre objection de la part de l'élite (par exemple des prophètes), s'est servi d'images cultuelles, d'une part d'images représentant des divinités inférieures et des anges, d'autre part d'images de Yahvé lui-même. A la première catégorie appartient le serpent d'airain nᵉḥuštān (II Rois XVIII, 4 ; comp. Nombres XXI, 6 sqq.) ; il ressort de la légende de son institution, Nombres XXI, 6 sqq. que, pendant longtemps, il a été objet du culte, et qu'il a été reconnu aussi par les représentants de la religion officielle et du temple de Jérusalem et par conséquent par de nombreux prophètes. L'historiographie à tendance prophétique des hommes du temple de Jérusalem l'a représenté comme une relique vénérable remontant jusqu'à l'époque de Moïse. L'affirmation de *Sellin* selon laquelle il ne s'agirait ici que d'un « apotropeion » et non pas d'une image cultuelle est inexacte. Le terme de habbîṭ äl qu'il prend comme point de départ de son argumentation est précisément un terme signifiant « regarder vers la divinité en implorant son secours » (Es. XXII, 8, 11; 51, 1 sqq.; Jon. II, 5; Zach. XII, 10; Ps. CXIX, 6, etc.). Il ne s'agit pas ici simplement de « jeter un regard sur un objet ».

En fait de véritables images de Yahvé, il faut mentionner, en première ligne, l'ēfōḏ. Malgré les efforts de *Sellin* de représenter la conception de P comme valable en principe pour l'époque ancienne[1], et malgré l'attitude indécise que *Gressmann* observe dans la première édition des *Schr. A. T. Ausw.* II, 1 (p. 46 sq.), il faut maintenir la distinction faite par la critique plus ancienne entre l'efod, vêtement d'oracle, et l'« efod rigide »; ce dernier désignant une image de Dieu probablement revêtue du vêtement d'oracle et qui était objet de la vénération cultuelle. Le terme d'ēfōḏ, désignant primitivement l'instrument de l'oracle attaché à l'image, a été étendu à l'image elle-même[2] (telle est actullement l'idée de *Gressmann*).

Ensuite, il faut rappeler l'image en fonte de Dan mentionnée dans Juges XVII sq. et dont les prêtres dérivaient leur sacerdoce de Gerschom, fils de Moïse. Prétendre que ce récit

[1] Dans Orientalistische Studien, Th. Nöldeke zum 70. Geburtstage gewidmet 1906.

[2] V. *Budde* Ephod und Lade ZATW 1921 p. 1 sqq., *Gressmann* dans la 2e éd. des Schr. A. T. Ausw.; *Hoffmann* et *Gressmann* dans ZATW 1922, p. 102-109.

aurait été destiné, comme *Sellin* le croit, à railler cette image et son culte, c'est méconnaître complètement le caractère d'une légende cultuelle particulièrement archaïque et primitive. En outre, les images de Yahvé représentées sous la forme d'un jeune taureau à Dan et à Béthel entrent ici en ligne de compte. L'image de Dan était sans doute identique, au point de vue de la forme et de la « sainteté », avec l'image de Mika, dont elle était un renouvellement.

L'époque plus ancienne n'a pas partagé le sentiment des rédacteurs deutéronomistes, pour lesquels la fabrication de ces images de Yahvé aurait constitué le péché par excellence du royaume du Nord et de l'ancien Israël. Cela ressort du fait justement relevé par *Cornill* que, dans cette période, nous n'entendons jamais une seule parole de polémique ou de protestation contre les images cultuelles, pas même chez les prophètes et les fanatiques de Yahvé tels que les Réchabites. Ni chez Elie, ni chez Elisée, il n'y a trace d'une lutte de ce genre ; lors de la réforme de Jéhu, qui eut lieu au nom de Yahvé et avec l'approbation des prophètes et des Réchabites, aucune mesure ne fut prise contre les images. Chez Amos, nous ne trouvons encore aucun mot de blâme ; mais seulement chez Osée, nous rencontrons la condamnation du culte idolâtrique. Les raisons que *Sellin* allègue contre les développements de *Cornill*[1] sur ce sujet, ne sont guère que des échappatoires ; en fin de compte, elles prouvent seulement que les arguments de *Cornill* sont plutôt embarrassants ; *Sellin* prétend qu'Elie, Elisée et Amos auraient eu des tâches plus importantes à accomplir que de polémiser contre « deux vieux monuments » de Dan et de Bêt'el ; en comparaison avec le culte de Melkart pratiqué par les Omrides et de l'immoralité régnant à Samarie, le culte des images aurait été une bagatelle. Ce raisonnement repose sur une étude incomplète du vrai caractère d'une religion cultuelle en général et de celle des vieux nᵉbī'īm en particulier. Toutes les affirmations de l'Ancien Testament qui préconisent le culte sans images comme idéal, témoignent d'une incompréhension absolue à l'égard des images ; ces auteurs récents considèrent le côté purement extérieur du « culte des images » et y voient une violation du commandement de Yahvé, une adoration insensée et blasphématoire de la matière morte; jamais nous ne trouvons, dans ces passages, trace d'une compréhension même relative pour ce qu'il peut se cacher de vraie piété derrière le

---

[1] Zur Einl. in das A. T. p. 20 sqq.

culte de l'image[1]. Si le culte sans images eût été l'idéal conscient d'un Elie, il n'eût pas manqué d'en faire l'objet d'un commandement divin, et sans doute aussi « mosaïque », absolument obligatoire; et le prophète aurait aussi rejeté comme idolâtrie le culte des images avec le même fanatisme qu'il combattait le culte de Melkart.

Dans les cas mentionnés plus haut, on pourrait peut-être soutenir qu'il s'agissait de coutumes cultuelles illégitimes, et *Sellin* invoque « le fait que les cultes de Schilo et de Jérusalem n'ont pas connu d'images ». Cependant Saul, de même que David, font usage, sans nulle hésitation, de l'efod. En ce qui concerne l'absence d'images à Schilo, il n'y a pas un seul passage qui l'affirme. Quant au sanctuaire de Jérusalem, il est vrai que les deutéronomistes, de même que P, présupposent qu'il n'y a jamais existé de représentation de Yahvé, et dans le récit à tendance deutéronomique sur la construction du temple de Salomon, il n'est également fait mention d'aucune image de Yahvé. Cependant, la question concernant la valeur historique de ces témoignages est connexe au problème de l'*arche*. D'abord, il faut constater que l'arche n'était pas un objet d'origine mosaïque. *Gressmann*[2] a prouvé définitivement qu'elle n'était pas un sanctuaire ambulant, mais un objet de procession et qu'elle est en rapport avec un sanctuaire fixe; j'ajoute la remarque suivante : si Dt et P[3] se représentent les Israélites parcourant le désert à la suite de l'arche, c'est qu'ils se sont imaginé cette marche dans le désert à la façon des processions cultuelles. D'après la tradition, l'arche de Jérusalem aurait été identique à l'arche de Schilo enlevée par les Philistins; c'est fort peu probable; le récit de I Sam IV-VI sur le séjour de l'arche dans le pays des Philistins est une pure légende; en réalité, l'arche de Jérusalem est venue de Kirjat-je'arim, où elle a fait partie du sanctuaire du «haut-lieu»; probablement elle ressemblait beaucoup à l'arche de Schilo; en tous cas, c'était un instrument du même genre. Il en résulte qu'il y a eu plusieurs arches, comme *Gressmann*[4] et *Arnold*[5] l'ont déjà prouvé, et que très probablement chaque temple a possédé son arche. Mais ces arches de procession sont

[1] Jérémie, Deutéro-Esaïe et les psaumes sont caractéristiques sous ce rapport.

[2] Die Lade Jahves (BWAT Neue Folge H. 1) 1920.

[3] Non pas J ni E! Il parait que les sources, en tous cas J, n'ont pas fait mention du tout de l'arche, v. *Hoffmann-Gressmann* ZATW. 1922 p. 85 sqq.

[4] Ouvr. cité.

[5] Ephod and Ark, dans Harvard Theological Studies III Cambridge (USA.) 1917.

— pour Israël — d'origine cananéenne. En ce sens, on peut dire que l'usage cultuel de l'arche ne prouve rien pour l'époque mosaïque. Toujours est-il que si l'usage de l'arche était en contradiction avec un commandement exprès de Moïse, des protestations se seraient fait entendre ; mais ce n'est pas le cas ; bien au contraire, l'arche a toujours été considérée comme l'objet le plus sacré du culte de Yahvé.

Après cette remarque préliminaire, la question se pose : qu'est-ce que l'arche (de Jérusalem) a bien pu contenir? D'abord, il faut constater que la théorie de P, selon laquelle elle aurait renfermé les deux tables de la loi, est considérée comme inexacte par presque tous les critiques[1]. L'arche remplaçait probablement Yahvé lui-même (I Sam. IV, 7 sq.; Ps. CXXXII, 8; Nombr. X, 35 sq.)[2]. *Gressmann*[3] a montré par des raisons décisives que l'arche a été un coffre de procession renfermant, d'une façon ou d'une autre, une image de Yahvé représenté soit comme un homme, soit comme un taureau. *Sellin* accepte, en partie, cette manière de voir[4]. Depuis lors, *Gressmann* a aussi reconnu qu'il y avait un rapport étroit entre l'arche et l'efod[5] : l'image du dieu de l'oracle était portée dans l'arche. Et il s'accorde, pour l'essentiel, avec *Arnold*[6], qui considère également l'arche comme contenant les instruments de l'oracle de l'efod. Effectivement, le rapport entre l'image du dieu, l'oracle de l'efod et l'arche est directement attesté par le texte de l'Ancien Testament (I Sam. XIV, 18[7], comp. v. 3 et v. 36 sqq.). Mentionnons aussi l'opinion de *Budde*, qui a soumis la thèse d'*Arnold* à une critique sévère[8], et qui, niant le rapport entre l'arche et l'efod, conclut que l'image de l'oracle de l'efod était une image de taureau (abbīr); sous

[1] *Schmidt* revient ici en arrière (ouvr. cité p. 114 sqq.), sans toutefois reconnaître les graves objections que soulève, sous ce rapport, la « tradition ». Ni J ni E ne racontent que les tables auraient été placées dans l'arche; au contraire, d'après eux, elles sont brisées. Ce n'est que P qui a transformé l'arche en un bahut de bois, conception provenant, en réalité, du vieux nom ᵃrōn hāʿēdūṯ qui signifie primitivement tout à fait autre chose. V. *Mowinckel* Ps. St. IV p. 31 sq.

[2] Ce dernier passage ne contient pas primitivement un chant de marche ou de guerre, mais un chant de procession renfermant des allusions à la lutte mythologique du nouvel an.

[3] Die Lade Jahves.

[4] Theologie der Gegenwart XVI p. 138.

[5] Schr. A. T. Ausw. [2]II, 1, p. 57.

[6] Ephod and ark.

[7] Je ne vois pas le moindre motif ici pour changer le texte, malgré les efforts de *Budde* pour prouver le contraire.

[8] Ephod und Lade. ZATW. 1921 p. 1 sqq.

ce rapport, il est d'accord avec *Gressmann*, qui tend à considérer l'image de l'arche comme une ou deux images de taureau. Je ne crois pas que cette dernière hypothèse soit exacte ; mais toujours est-il que c'est Yahvé qui siège, trône ou se tient debout dans ou sur l'arche (Ps. XXIV; CXXXII; Nombr. X, 35 sq.); nulle part, il n'est dit dans les vieux textes qu'il s'agit d'une présence invisible ; au contraire, dans le sanctuaire, le fidèle « contemple la beauté de Yahvé » (Ps. XXVII, 4), c'est là qu'il peut « se rassasier de la contemplation de Dieu » (Ps. XVII, 15), tout acte cultuel a lieu « devant la face de Yahvé »[1].

Telle étant la conclusion qui s'impose à une science libre de tout préjugé dogmatique au sujet de l'arche, la thèse « attestée selon laquelle les temples de Schilo et de Jérusalem n'auraient pas contenu d'images », ne tient plus debout ; *le culte officiel de Yahvé célébré à Jérusalem, c'est-à-dire celui qui a affirmé le plus expressément sa dignité mosaïque, a utilisé pendant longtemps une image de Yahvé reconnue de tous.* L'arche de Jérusalem a existé au moins jusqu'au pillage du temple par Scheschonk, et si elle s'est perdue à ce moment, il est presque certain qu'on s'en est procuré une autre ; sans cela, les renseignements si détaillés de P sur son aspect et les plaintes sur sa perte, précisément dans les parties exiliques et postexiliques du livre de Jérémie (III, 16), seraient inexplicables[2]. L'affirmation selon laquelle le culte du temple ne se serait pas servi d'images n'est qu'une théorie exilique et postexilique. Jérusalem a eu son image de Yahvé jusqu'à l'exil[3].

c) Dès lors, nous comprenons mieux le silence des prophètes écrivains plus anciens sur ce sujet. Ils n'ont pas

---

[1] On trouve une réunion et une appréciation d'expressions et de locutions de ce genre chez *Gulin* Das Antlitz Jahves im A. T. [tirage à part des Annales Academiae Scientiarum Fennicæ vol. XVII, 3, 1923], Helsinki 1923. — Je sais bien que d'habitude on donne une signification « spirituelle » à des locutions telles que celles que nous venons de citer; cependant il faudrait d'abord prouver qu'un pareil procédé sommaire est justifié; nulle part je n'ai trouvé d'arguments décisifs; la raison dont on se sert effectivement, c'est précisément le dogme selon lequel les images auraient été étrangères à la religion de Yahvé. J'ai la même objection à formuler vis-à-vis des développements des *Gulin* p. 11 sq.

[2]) Les Ps. XXIV et CXXXII qui présupposent ou mentionnent l'existence de l'arche sont très probablement postérieurs à Rehabéam; de même la procession annuelle avec l'arche dont nous trouvons des traces dans II Sam. VI et les fêtes cultuelles présupposées par E^2 dans Dtn. XXVII, 1 sqq.; Jos. VIII, 30 sqq.; comp. Ps. St. II p, 109 sq.; V p. 103.

[3]) Mentionnons ici la théorie de *Schneider* (Kultur und Denken der Babylonier, que je cite de mémoire, le livre ne m'étant pas accessible. D'après cette théorie, le semăl haqqin'ā mentionné dans Ez. VIII, 5 aurait été une image de Yahvé.

rejeté comme telle la vénération de Dieu dans l'image, mais le culte des images en tant que signe d'une décadence religieuse plus générale et caractérisée surtout par la vénération cananéenne de la nature, l'orgie religieuse et diverses pratiques provoquant un relâchement moral. En tant qu'ils ont reconnu Jérusalem et son temple comme la demeure de Yahvé et le lieu du culte légitime (Es. VIII, 16 ; Jér. VII), ils ont estimé que l'adoration de Dieu dans l'image n'est pas nécessairement incompatible avec la vraie religion. Mais de bonne heure déjà, on trouve des signes d'une rupture avec le culte des images. D'une part, certains milieux réagissent contre les symboles cultuels cananéens, les *maṣṣēbōt* et les *ascherim* (p. ex. Ex. XXXIV, 13 [RJE ou RJEDt]) et interdisent l'érection d'autels construits en pierres taillées (Ex. XX, 20) ; d'autre part, les décalogues J-E défendent les (images de) « dieux en fonte » ou « dieux en or et en argent » (Ex. XXXIV, 17 ; XX, 23) qui, selon la conception du temps, étaient des œuvres d'art et les produits d'une civilisation « étrangère »; par contre, les images sculptées ou taillées ou les symboles divins en bois ou en pierre, qui, plus lourds et plus grossiers, appartenaient plutôt à la vieille civilisation israélite ne rencontraient encore aucune opposition (v. plus haut p. 67 sq.).

N'a-t-on pas le droit d'en conclure que l'image de Yahvé renfermée dans l'arche de Jérusalem n'était très probablement pas une image en fonte, mais une image en pierre grossièrement taillée, peut-être plus digne du nom de « symbole de Yahvé » que de celui d'« image » ? Cela expliquerait la légende de P sur les tables de pierre contenues dans l'arche. Mais de bonne heure, le décalogue J-E et certains récits du Pentateuque ont rejeté toutes les autres images ; c'était en partie une conséquence de l'ancienne conception israélite et d'une réaction contre la civilisation cananéenne, en partie aussi d'une condamnation consciente du culte « séparatiste » de Yahvé tel qu'il était pratiqué dans le royaume du Nord. De même la polémique d'Osée contre le culte des images est seulement dirigée contre les cultes « illégitimes » d'Ephraïm, les images en fonte représentant des animaux. La colère du prophète s'enflamme contre le veau de Samarie et les « hommes d'Ephraïm qui embrassent le veau » ; mais il ne proteste pas contre les autres images de Yahvé. Les récits de J et de E sur le veau d'or (Ex. XXXII) sont sans doute plus anciens ; mais la tendance est la même. Là encore, il s'agit d'images *en fonte* et d'images à *forme animale*. Si Osée, ou en tous cas Ex. XXXII, avaient eu à faire à des images à forme humaine, pour ainsi dire des « fétiches » grossièrement sculptés en pierre et laissant encore transparaître la forme primitive de la matière brute — le terme de « fétiche » ne doit pas induire en erreur ; on pourrait dire tout aussi bien « symboles divins » ou «représentations divines» —, leur attitude à l'égard de ces images eût été toute différente. Leur grande accusation est dirigée non pas contre le fait que le peuple vénère des « images », mais contre la vénération des « veaux », comme on dit avec mépris ; et il est probable, en effet, qu'un culte de ce genre n'a pas existé à Jérusalem[1]. Et nous comprenons aussi qu'Ezéchiel sévisse contre l'« idole de la jalousie » qui se trouve à Jérusalem, si cette image a représenté Yahvé (v. plus haut) ; il s'agit alors manifestement d'une image moderne en fonte qui y a été érigée selon le modèle assyrien et chaldéen ; c'était là, en effet, un acte nouveau et « illégitime » à Jérusalem.

d) Les faits que nous venons de citer nous laissent deviner les motifs de la réaction qui commence alors et qui va toujours en croissant. Des images (grossières de bois et) de pierre — ou peut-être une certaine image de pierre déterminée — ont probablement été considérées, à un moment donné, comme parfaitement légitimes, de même que les autels de terre ou de pierres non taillées, et leur existence ne soulevait pas de protestation. Cette situation correspondait au degré de civilisation de l'époque israélite la plus ancienne, en tous cas de l'époque prémosaïque[2] ; il est prouvé qu'avant Mohammed, les Arabes ne se sont pas servis d'images cultuelles ayant un caractère artistique et n'ont connu, dans ce genre, que des objets d'importation étrangère[3] ; par contre, des dieux en pierre plus ou moins façonnés ou bien des pierres et des roches naturelles étaient habituellement considérés comme « représentations » divines ou « maisons de dieux ». Mais tandis que, dans le royaume du Nord, l'influence cananéenne était bientôt devenue prédominante sous ce rapport, en sorte que même les nebiim n'avaient aucune objection contre les images cultuelles, quelles qu'elles fussent, il y eut une réaction, au nom du yahvisme originel, en Judée. Cette réaction yahviste s'opposait à tous les dieux et à toutes les représentations de dieux qui étaient d'origine *cananéenne* et avaient subi plus ou moins les influences

---

1) Voilà pourquoi je ne saurais souscrire à l'hypothèse de *Gressmann*, selon laquelle l'arche aurait contenu une image de taureau; elle est aussi contredite par le Ps. XXIV, v. le commentaire de *Gunkel* dans NHKAT.

2) Comp. *Beer*. Steinverehrung bei den Israeliten [= Sch. d. Strassburger wissensch. Gesellschaft in Heidelberg. N. F. N. 4] Berlin-Leipzig VWV. 1921.

3) *Wellhausen*. Reste arabischen Heidentums, p. 102.

syncrétiques égyptiennes et babyloniennes. Déjà en tant que cananéens, ils sont considérés comme étrangers, et partant comme opposés au vieux culte ancestral, et comme « impurs » ; mais, par rapport aux objets cultuels de l'ancien Israël, ces idoles, généralement d'un caractère artistique beaucoup plus évolué, étaient en métal fondu et d'un travail relativement soigné. La réaction jahviste était une lutte pour la coutume ancestrale et contre une culture et une religion étrangères. Nous ne savons pas exactement *à quelle époque* de telles tendances ont commencé à se faire sentir ; très probablement, elles sont originaires de Judée où la vieille civilisation semi-nomade s'était conservée le plus longtemps vivante. Le mouvement a sans doute pris naissance précisément dans les milieux semi-nomades qui avaient gardé le contact avec les traditions du désert. C'est de ces milieux qu'étaient sortis Jonadab bän Rekab et Amos de Tekoaʿ. C'est dans ces milieux que se recrutaient, en grande partie, les membres à demi esclaves du bas clergé du temple tels que gardiens de la porte, chantres, serviteurs du temple, nebiim du temple, etc. ; encore à l'époque postexilique on se souvenait de leur basse extraction et de leur origine méridionale et édomite[1]. Ainsi le mouvement a pénétré jusque dans le temple de Jérusalem qui, primitivement, avait eu un caractère cananéen, et partant de là, il a exercé une influence lente et progressive sur le jahvisme officiel. Le fait qu'il n'existait pas dans ce temple de véritable image en fonte, donnait à ces conceptions un cachet de légitimité et favorisait leur extension. Ainsi il fut possible déjà sous le roi Asa de réaliser une réforme cultuelle qui supprimait les ḳᵉdēšīm mâles, les gillūlīm et l'image de l'Aschera (I Rois XV, 11-13), et plus tard, Hizkija fit détruire le nᵉḥušān[2] (II Rois XVIII, 4). Il va sans dire que ce mouvement se réclamait de Moïse (comp. Ex. XX, 23 ; XXXIV, 17) ; car en quoi Israël ne s'est-il pas réclamé de Moïse ?

A l'origine cependant, cette réaction restait relativement modérée ; elle était dirigée principalement contre l'idolâtrie proprement dite (I Rois XV, 11-13) et les innovations d'origine cananéenne (images de fonte, etc.). Les plus intransigeants, tels que

---

[1]) Comp. Esdr. II, 43, 55, 58 et les noms de Talmon (en arabe = Ṣalmon), Barekos (à comp. avec le Dieu édomite Ḳos) et d'autres noms parmi ceux qui sont cités dans II, 41-58.

[2]) C'est sans doute le seul trait que le deutéronomiste ait trouvé dans ses sources; il a ajouté l'abolition des bamot etc. selon son propre idéal cultuel et l'image, déjà traditionnelle alors, d'Ḥizḳija comme d'un roi particulièrement pieux (elle a été empruntée à la légende d'Esaïe).

les Réchabites, se groupèrent comme une secte à part et exercèrent désormais une moindre influence sur la situation générale. Mais peu à peu le mouvement devint plus violent et plus conscient. Cette énergie nouvelle était due aux grands héros religieux qui se recrutaient surtout parmi les prophètes du temple, mais aussi parmi les laïcs (Amos). C'étaient des hommes extatiques qui vivaient leur religion, des hommes que le dieu vivant avait subjugués et dont il avait fait ses serviteurs pour toute leur vie ; c'étaient des hommes qui vivaient dans un rapport mystique avec Dieu, des hommes qui avaient *contemplé* (v. Esaïe) Yahvé comme le roi sublime et très haut du ciel et de la terre, comme le dieu remplissant le monde entier de sa gloire ; c'étaient des hommes à qui Dieu était apparu comme le « tout autre », selon l'expression d'*Otto*, et pour lesquels la sphère de la religion extatique était la sphère habituelle dans laquelle se déroulait leur vie ; c'étaient les grands prophètes : ceux dont nous possédons les mémoires écrits, et d'autres que nous ne connaissons pas. La présupposition historique de leurs expériences religieuses, c'était le développement de la figure de Yahvé dans le culte et dans le mythe (en particulier la fête et le mythe de l'intronisation) [1]. Le génie du Sinaï était devenu le roi céleste, le maître du pays et du monde. Mais ce sont surtout les expériences des prophètes qui ont été fécondes au point de vue religieux. Si Dieu est le tout autre, il n'est ni une pierre ni un jeune taureau. Sa figure se dresse revêtue de traits humains et entourée de la splendeur de sa kābōḏ (comp. Es. VI) ; mais elle est si magnifique, si terrible, qu'aucun œil humain ne saurait supporter son aspect; « quiconque voit Yahvé, meurt ». Ainsi toute représentation de l'Eternel par l'image perd sa valeur pour ces hommes ; elle devient une chose profane, voire même dégradante ; qui oserait faire une image de ce dieu ! Alors les vieilles défenses dirigées contre des images en fonte et des images d'animaux sont interprétées tout naturellement comme des défenses absolues : la défense de la massēḵā devient une défense du päsäl en général.

Mais cette conception est relativement tardive. A y regarder de près, même chez les prophètes préexiliques plus récents, on trouve à grande peine un passage pouvant être considéré avec certitude comme une condamnation non équivoque de la représentation de Yahvé par l'image ou le symbole [2]. C'est seulement chez Dt qu'une défense expresse de toute représentation de Yahvé

---

[1] Voir à ce propos mes Ps. St. II, 1re partie.

[2] Il est possible qu'Es. II, 8, 18 vise également des idoles.

par l'image est ouvertement proclamée, mais on peut constater déjà dans cette défense les traces d'une réflexion théologique, et il n'est guère possible qu'elle ait été formulée ainsi dès l'origine. C'est l'aboutissant de la prédication des prophètes.

Grâce à l'influence du groupe — on pourrait peut-être dire secte — des disciples d'Esaïe, cette conception a été répandue et approfondie de plus en plus, et elle a aussi trouvé des partisans parmi le clergé du temple. Elle s'associe aux prétentions de suprématie hiérosolymite dans le domaine cultuel, prétentions tendant à diminuer l'importance de tous les lieux de culte situés en dehors de Jérusalem et plus ou moins souillés de baalisme. La réforme d'Ḥizkija marquait déjà l'influence de cette conception. Dans Dt, c'est-à-dire dans le remaniement ultérieur de D, elle devait trouver son expression législative la plus développée. Dt fait le procès de toutes les coutumes cultuelles où l'on sent distinctement encore l'origine cananéenne : massèbes, aschères, kedeschim, culte de la nature, vénération des Baalim et des images. Mais il faut noter que ni D ni Dt n'osent s'en prendre directement et explicitement à la vieille image sacrée de Yahvé qui se trouve dans l'arche. Si nous faisons abstraction de Dt et du Décalogue de Dtn. V qui, comme nous l'avons vu, est une interpolation secondaire, il n'y a pas de défense directe des images dans D ; on peut seulement supposer que le législateur effleure peut-être la question dans l'allusion à l'épisode du veau d'or Dtn. IX, 7 sqq. Il n'est peut-être pas trop hasardé de supposer qu'il voulait discréditer, pour ainsi dire, indirectement et en la passant sous silence, l'image de l'arche. On peut apercevoir une intention analogue dans le choix de la fête du Päsaḥ célébrée en souvenir de la promulgation et de l'introduction de la loi nouvelle tendant à remplacer la vieille fête du renouvellement de l'alliance[1], qui était la fête du nouvel an et des Tabernacles et qui avait son point culminant dans la procession solennelle avec l'arche[2], tandis que nous n'avons aucun indice prouvant que l'arche aurait joué un rôle quelconque à la fête du Päsaḥ.

Avec l'exil, s'affirme la victoire des idées réformistes. Désormais il n'existera plus d'image légitime de Yahvé; Yahvé lui-même l'avait condamnée. Le deutéronome devient le livre par excellence des pieux ; l'histoire ancienne est mise d'accord avec ses tendances (rédaction des livres des Juges, de Samuel et des Rois). Si depuis lors il existait encore un culte des images, ce n'est qu'un culte privé considéré comme apostasie et idolâtrie

---

[1] Ps. St. II p. 150 sqq.

[2] Ib. p. 107-126.

(Ezéchiel, Deutéro-Esaïe, Psaumes CXV, CXXXV). Désormais, on ne peut plus concevoir une vénération de Yahvé dans l'image; le culte des images est en lui-même une idolâtrie et une folie. On ne croit plus à l'existence des puissances réelles résidant dans les images, bien qu'on ne nie pas l'existence d'autres dieux que Yahvé (comp. Ps. XCVII) ; mais les images ne sont plus que de la matière morte, de la pierre, du bois, du métal, des œuvres de l'art humain ; les vénérer, c'est le comble de la folie et de la perversité ; leur culte est même au-dessous de la vénération des puissances démoniaques : il n'est que vanité.

e) Ce n'est d'ailleurs pas tout à fait à faux que ce mouvement prétendait procéder de Moïse. On doit remarquer que, chez les anciens Arabes et aux premiers stades des civilisations sémitiques, l'art n'a guère eu de place dans le culte et les représentations de la divinité. Il doit en avoir été de même à l'époque de Moïse. Très probablement, on a commencé par adorer des idoles de pierres grossièrement travaillées ou même de pierres brutes. Sous ce rapport, la défense contenue dans les décalogues J-E conviendrait à l'époque de Moïse, tandis que notre Décalogue tirerait de cette défense toutes ses conséquences anti-idolâtriques. Cependant entre la conception des décalogues, d'une part, et celle des contemporains de Moïse, d'autre part, il y a cette différence essentielle que pour celle-ci le culte sans images apparaissait comme une coutume toute naturelle, tandis que pour les décalogues il était un programme de réforme. Ce qui est naturel n'a pas besoin d'être fixé par un commandement spécial. Les décalogues supposent une époque où l'on a pris conscience de l'opposition entre un culte sans images et d'autres pratiques plus récentes. Dans cette opposition consciente à la civilisation cananéenne, notre Décalogue représente un stade postérieur à J et E ; il interdit de vieilles images, tandis que J et E n'en défendent que les nouvelles. *Le culte sans images, érigé en principe, ne peut pas, d'après ce que nous venons de dire, dater de l'époque de Moïse, mais il se place tout naturellement à un stade ultérieur de l'évolution que nous venons de retracer.* Si l'on envisage la question de ce point de vue, le Décalogue doit être placé entre la prédication des grands prophètes et le Deutéronome, et peut-être même à une époque encore plus récente.

§ 14. — *Le commandement du sabbat.*

Le commandement du sabbat doit être soumis à un examen approfondi.

a) Dans l'addition faite ultérieurement (§ 2) au commandement Ex. XX, 9-11, le sabbat est considéré comme un *jour de repos hebdomadaire*, et la « sanctification » consiste à renoncer, en ce jour, à tout travail, parce que Yahvé lui-même s'était reposé le septième jour après la création ; dans la justification également secondaire indiquée par Dtn. V, 13-15, le commandement est motivé par le besoin de repos des serviteurs et des bêtes de somme. Cette interprétation est certainement aussi conforme à l'intention de l'« auteur » du Décalogue ; et il est très invraisemblable qu'il ait pensé ici à une fête cultuelle caractérisée par des sacrifices et la visite du temple ; car il ne donne aucun autre commandement à propos d'une fête cultuelle. Nous ne connaissons pas de moment dans l'histoire d'Israël où le sabbat aurait été la fête cultuelle unique et nous ne remarquons aucune tendance à le considérer comme tel. Il y a encore une autre raison qui prouve que l'auteur du Décalogue a considéré le sabbat comme le jour du repos et non pas comme une fête *cultuelle* (hebdomadaire ou mensuelle, v. plus loin) : c'est l'emploi du verbe qiddēš qui désigne ici l'attitude des hommes à l'égard de ce jour. D'une part, cette expression n'est pas employée dans les sources plus anciennes comme terme signifiant la célébration cultuelle d'un jour de fête[1]. D'autre part, il est hors de doute que ce mot et l'attitude qu'il désigne sont dans un rapport étroit avec la conception du sabbat représentée par l'écrit sacerdotal : le sabbat est considéré comme un jour « sanctifié » par Dieu (wajeqaddēš ōṯô, Gen. II, 3). Nous trouvons ici le point de vue de l'époque exilique et postexilique vis-à-vis du rite et de l'observance (comp. le code de sainteté, Ezéchiel, P.)[2]. D'après ce point de vue, on « sanctifie » Yahvé, ses institutions, ses temps, etc. en observant strictement toutes les règles imposées ; la « sanctification » consiste à suivre exactement les prescriptions et les statuts. L'expression doit avoir la même signification ici ; c'est l'observation des règles en vigueur pour le sabbat, c'est-à-dire des défenses concernant le sabbat, et non pas la célébration d'un jour de fête que l'auteur vise ici, bien que toute allusion à une signification cultuelle ne soit pas exclue.

b) On a prétendu qu'Israël n'aurait appris à connaître le sabbat qu'en Canaan ; une telle pratique aurait été en dehors des possibilités des tribus nomades du désert ; le nomade obligé

---

[1] V. *Ges.-Buhl* [16] ; *A. Fridrichsen.* Hagios-Qadoš [Videnskapsselskapets Skrifter. II. Hist. filos, Klasse 1916 No. 3] Kristiania 1916 p. 8. Dans la signification de « célébrer une fête », on emploie hiṯqaddēš Es. XXX, 29.

[2] Comp. l'expression šabbaṯ qoḏäš Ex. XVI, 22; XXXI, 15; Néh. IX, 14.

de veiller à l'entretien de son troupeau ne pouvait pas, nous assure-t-on, pratiquer un repos absolu[1]. Sous cette forme générale, cette affirmation ne saurait être démontrée, et elle est en partie inexacte; actuellement, les nomades ont aussi leurs jours de repos[2].

α) Mais il est permis de se demander si, à une époque plus ancienne, le sabbat n'a pas eu une autre signification que dans le Décalogue. *Meinhold* a essayé de montrer qu'à l'époque préexilique, *le sabbat n'avait eu rien de commun avec la semaine*, que ce n'était pas un jour de Yahvé hebdomadaire ni un jour de repos hebdomadaire, mais *le jour de la pleine lune*. *Meinhold* part de l'association courante de « sabbat et nouvelle lune », et il montre que dans la littérature ancienne, le sabbat est toujours désigné comme un jour analogue aux fêtes cultuelles, et non pas comme un jour consacré à l'oisiveté. Il prouve, en outre, que cette signification est en accord avec le sens du mot sabbat; la racine שבת ne signifie pas « reposer » ; cette interprétation est secondaire et dérivée ; à l'origine, la racine a le sens de « être accompli », « cesser », et par conséquent šabbāṯ désigne primitivement la lune « accomplie », c'est-à-dire la pleine lune qui a fini de croître[3]. Cette interprétation est confirmée par le fait qu'en Babylonie, le mot šabattu (šapattu) désigne le quinzième jour du mois ; à l'origine, c'était le jour de la pleine lune[4]. La thèse de *Meinhold* a trouvé, pour l'essentiel, l'approbation de *Gunkel*[5], de *Hœlscher*[6] et d'autres.

Il me semble que le fond de l'argumentation de *Meinhold* est exact, bien qu'il y ait des réserves à faire sur certains détails. En tout cas, ce ne sont pas les objections formulées par *Kittel*[7] qui peuvent réfuter sa thèse. *Kittel* prétend que « nulle part » en Israël, l'existence d'une fête de la pleine lune n'est vraiment attestée. Les *traces* d'une fête semblable sont pourtant mani-

---

[1] V. *Stade* Biblische Theologie p. 177.

[2] V. *Buhl* dans PRE[3], VII p. 23 et *Kittel* Gesch. d. V. Jsr.[3] I p. 654 sq., chez qui la bibliographie est indiquée.

[3] Une autre étymologie se trouve chez *Zimmern* dans ZDMG. 58, p. 199 sqq. Pour la bibliographie concernant la question, v. *Bentzen* ouvr. cité p. 14 sq.

[4] Pour résoudre le problème de l'étymologie et du sens primitif, il est de moindre importance de noter qu'au point de vue cultuel, le šabattu babylonien a été considéré, en tous cas à l'époque plus récente, comme une sorte de jour d'expiation ou de réconciliation, un jour destiné à l'apaisement du cœur (de la divinité).

[5] Commentaire sur la Genèse[3] (NHKAT.) p. 115 sq.

[6] Gesch. der isr.-jüd. Religion (Sammlung Töpelmann 7) 1922 p. 80.

[7] Gesch. d. Volkes Isr.[3] I p. 655.

festes : la fête du Päsah (des Massot), de même que celle des Tabernacles, ont toujours été célébrées à l'époque de la pleine lune (en Abib-Nisan et Etanim-Tischri). De ces deux fêtes, celle du Päsah, combinée plus tard avec celle des Maṣṣot, est sans aucun doute d'ancienne origine hébraïque. Il y a aussi des indices qui prouvent que dans le Canaan et l'Israël de l'ancien temps, on n'a pas considéré, suivant la coutume babylonienne introduite plus tard, la nouvelle lune comme le commencement du mois[1]; il s'ensuit que très probablement, le jour de la pleine lune a été célébré comme un jour de fête au même degré et même plus que le jour de la nouvelle lune. En général, chez les primitifs — surtout dans les pays chauds — la période de la pleine lune est un temps très célébré[2]. *Kittel* cite, en outre, à titre d'argument, Es. LXVI, 23, et il fait valoir que dans ce passage récent, tout comme dans les passages plus anciens, il y a un rapprochement entre nouvelle lune et sabbat, mais que le sabbat y est effectivement considéré comme le septième jour de la semaine. Dès lors, le point de départ de l'argumentation de *Meinhold* deviendrait incertain. Il faut cependant rappeler que la réunion de « nouvelle lune et sabbat » était devenue manifestement une locution stéréotypée du langage religieux et qu'elle a pu être conservée même à un moment où le terme sabbat avait perdu sa signification primitive.

On ne peut pas non plus considérer comme probantes les objections que *Bentzen* formule dans l'ouvrage cité plus bas. Au moment décisif de son argumentation, *Bentzen* tire des conclusions trop rapides ; si je le comprends bien, il insiste beaucoup sur l'affirmation que l'hypothèse de *Meinhold* serait « inutile », parce qu'un « jour de repos hebdomadaire observé durant toute l'année » aurait déjà existé avant l'exil ; cependant, d'une part, l'existence de la semaine de sept jours n'implique pas, comme *Bentzen* semble l'admettre[3], celle d'un *jour de repos* hebdomadaire ; d'autre part, l'existence possible d'un pareil jour de repos ne prouve pas qu'il fut, dès l'origine, appelé sabbat (v. pour les détails plus loin). Mais, à mon avis, le principal argument en faveur de la thèse de *Meinhold*, c'est la signification du mot šabbāṯ au point de vue philologique et étymologique. Car malgré les réserves faites par *Meinhold* lui-même et renouvelées depuis par *Bentzen*, il est certain que le terme accadien šabattu désigne

---

[1] *Mowinckel* Ps. St. II, p. 86 sq.

[2] Provisoirement, je renvoie à la note brève et toute générale de *Lehmann* qui se trouve dans RGG. II colonne 535. — Une matière riche, mais groupée sous un point de vue un peu différent, se trouve dans l'ouvrage de *Webster* cité plus loin.

[3] Ouvr. cité p. 32 sq.

le quinzième jour du mois, jour de la pleine lune[1]. Sans aucun doute, šabāttu est le même mot que šabbāṯ. Dès lors, il faut convenir que *Meinhold* a donné la seule interprétation satisfaisante de cette analogie des mots et de la locution très caractéristique de « nouvelle lune et sabbat ».

Si cette interprétation est exacte sur le point essentiel, c'est-à-dire le sens primitif du terme de sabbat, il est probable que la *fête de la pleine lune date de l'époque « sémitique primitive »*. Car chez presque tous les peuples sémitiques que nous connaissons, la lune est la norme essentielle du système chronologique et des fêtes. On peut admettre dès lors que les tribus hébraïques ont connu cette fête dès avant l'immigration ; la lune a toujours joué un grand rôle dans la religion des Hébreux et dans leur système chronologique.

β) Cependant *Kittel* a mis en lumière un point faible dans la construction de *Meinhold:* elle ne saurait reposer exclusivement sur l'expression de « nouvelle lune et sabbat », et avant tout, il faut reconnaître que sa manière de déterminer la chronologie de l'évolution historique est trop incertaine; l'hypothèse selon laquelle le sabbat n'aurait reçu son sens ultérieur qu'après l'exil ne tient pas, et malgré certaines exégèses assez spécieuses, *Meinhold* n'a pas réussi à prouver que, pendant toute l'époque préexilique, le sabbat aurait été une fête de la pleine lune; son argumentation a établi seulement le sens *primitif*, peut-être déjà le sens préhistorique du terme et du jour. Pour le reste, il s'agirait d'examiner, à propos de chaque passage particulier, les différentes significations données au terme de « sabbat » et, d'autre part, il faudrait examiner les causes pour lesquelles le jour du sabbat a reçu une acception nouvelle, et la façon dont ce changement s'est accompli. Les recherches de *Webster* sur les jours de repos et les jours tabou en général nous fournissent le moyen de mieux comprendre le sens du sabbat et son rapport avec les jours de la lune.

Nous pensons avec *Kittel* qu'il est impossible d'admettre qu'à l'époque de l'exil, le sabbat aurait tout à coup changé de caractère et de sens. Le livre d'Ezéchiel et le code de sainteté indiquent expressément le sabbat comme jour de repos hebdomadaire et le mentionnent d'une façon qui prouve que son existence était reconnue depuis longtemps. On ne peut pas non plus accepter l'exégèse de *Meinhold* qui interprète le silence du deutéronome sur la nouvelle lune et le sabbat comme un essai tacite d'abolir ces

[1] V. l'étude récente de *Zimmern* dans ZA. 35 p. 75. De même *Meissner* dans Babylonien und Assyrien II (Heidelberg, Winter 1925), p. 92.

deux fêtes dans leur ancien sens. Il se peut que D ait douté de la possibilité de faire faire au peuple entier le voyage à Jérusalem deux ou plusieurs fois par mois et que, sous ce rapport, le silence des deutéronomistes implique une certaine désapprobation. Mais il n'est pas légitime d'en tirer des conclusions sur leur conception du sabbat. La seule conclusion qu'on ait le droit de tirer du silence du Deutéronome, c'est qu'au moment de la composition de ce code, le sabbat n'était pas considéré, dans les cercles deutéronomistes, comme le jour de Yahvé par excellence, ce qu'il est dans le Décalogue. Or cette constatation est très importante pour la solution du problème qui nous occupe ici.

γ) La question de savoir à quelle époque le changement a eu lieu est connexe avec celle de savoir quelles sont les *causes* qui ont amené l'interprétation nouvelle du sabbat. La réponse que donne ici *Meinhold* constitue un autre point faible dans son hypothèse. C'est donc avec raison que *Kittel* demande comment le changement s'est produit. Cependant la façon dont ce critique formule son objection n'est pas des plus heureuses, lorsqu'il estime qu'on ne peut pas expliquer d'une façon satisfaisante, « comment une fête mensuelle peut s'être transformée soudain en fête hebdomadaire » et lorsqu'il prétend que « de telles modifications seraient une chose inouïe ». Car d'une part, il ne s'agit pas à proprement parler d'un changement soudain, mais d'un simple transfert de terme.

Toujours est-il que c'est une lacune dans l'hypothèse telle qu'elle a été formulée par *Meinhold*, d'avoir compté avec une transformation qui chez lui ne semble pas être motivée. Une transformation du nom, telle qu'il l'admet, présuppose deux choses : en premier lieu, il doit avoir existé déjà auparavant un jour de semaine déterminé ou un jour se répétant dans des intervalles réguliers, dans notre cas le septième jour, qui, d'une façon quelconque, avait un caractère distinct de celui des autres jours appartenant à la même période ; en second lieu, le sabbat pris dans l'ancien sens du terme, le jour de la pleine lune, doit avoir eu certains points de ressemblance avec ce jour hebdomadaire.

δ) Quant à la question de date, il s'agit d'abord de savoir *à quelle époque, en Israël ou en Canaan, on a connu la semaine de sept jours*. *Meinhold* n'a pas prouvé qu'avant l'exil il *n'y ait pas eu* une division de l'année en périodes de sept jours[1]; au contraire, il faut considérer comme probable qu'une division de ce genre existait effectivement dès une antiquité assez lointaine (comp. Gen. XXIX, 27 sq.; Dtn. XVI, 9). Cependant aucun

[1] Comp. *Bentzen* ouvr. cité p. 32 sq.

des deux passages cités ne prouve l'existence d'une semaine (périodique) se répétant durant toute l'année et indépendante des phases de la lune[1]. Pour le moment, nous ne saurions dire avec certitude quand cette semaine périodique est apparue — ou a été importée — en Israël; nous savons seulement qu'elle existait après l'exil. Dans tous les cas, une telle semaine, dégagée de sa base astronomique[2], présuppose le besoin d'une chronologie exacte, besoin qui n'a pas pu se manifester chez les Israélites avant l'immigration en Canaan[3]. La semaine périodique est sûrement sortie de la semaine basée sur les phases de la lune[4]. Mais d'autre part, il paraît probable qu'elle est une invention israélite ; en effet, elle ne se trouve ni en Babylonie, ni en Egypte, ni en Syrie et Asie Mineure où, cependant, dans les textes cunéiformes de la Cappadoce, une semaine périodique de cinq jours est attestée d'assez bonne heure. La semaine périodique étant d'origine israélite et ayant remplacé, à un moment donné, une semaine plus ancienne basée sur les phases lunaires, on peut facilement s'expliquer comment on est venu à compter, d'une façon continue, des périodes de sept jours : ce fut à la suite de la mise à part de plus en plus prononcée du sabbat considéré comme le septième jour et comme particulièrement consacré par Dieu. Puisque c'était le septième jour que Dieu avait sanctifié et dont il avait ordonné la sanctification, comme le dit P, on ne pouvait plus supporter les irrégularités résultant de la semaine basée sur les phases lunaires. Ainsi *la semaine périodique est sortie de l'observation rituelle du sabbat; c'est l'observation rituelle du sabbat qui a créé la semaine périodique. Les racines de l'institution sabbatique doivent être cherchées, à leur tour, dans la semaine basée sur les phases lunaires et dans les conceptions religieuses qui étaient en rapport avec elle.*

ϵ) Quant à *l'âge et à l'origine de la semaine de sept jours basée sur les phases lunaires*, on peut estimer qu'une distinction

---

[1] *Bentzen* postule beaucoup trop vite l'existence d'une semaine de ce genre.

[2] On peut considérer comme certain que ce sont les phases lunaires et non pas la théorie assez tardive des 7 planètes (y compris soleil et lune) qui ont donné lieu à la naissance de la semaine de 7 jours.

[3] Comp. *Webster*, ouvr. cité plus haut, p. 133: « Comparisons with other primitive peoples do not indicate, that a division of the month into lunar weeks is familiar to nomadic pastoral tribes, which, indeed, would scarcely require them for their simple economy ».

[4] Comp. ibidem: « If the analogies from contemporary and archaic societies have any validity, the Hebrew seven-day-week arose from the subdivision of the lunation as determined by new and full moon. It must likely have been originally a lunar week, corresponding closely to the moon's four phases ».

particulière et une célébration de certains jours lunaires n'ont pas été inconnues aux Israélites ni, sans doute, aux Sémites primitifs. A l'époque ancienne [1], de même que dans la législation la plus récente de l'Ancien Testament [2], la nouvelle lune est un jour de fête particulier, et nous avons vu plus haut que, dans les temps plus anciens, le jour de la pleine lune doit avoir eu une importance bien plus grande que ne le laissent supposer les calendriers de fête qui nous ont été transmis. La célébration des jours lunaires coïncide en beaucoup d'endroits avec le caractère tabou qui leur est attribué [3]. Mais la distinction des jours de la nouvelle et de la pleine lune n'implique pas la célébration de tous les 4 jours de la phase lunaire. *Webster* a réuni un grand nombre de matériaux concernant la question des jours de repos soumis aux règles du tabou, surtout de ceux qui sont en rapport avec la lune; bien que plusieurs peuples primitifs aient des noms différents pour les quatre phases lunaires, d'habitude ce ne sont que nouvelle et pleine lune qui sont distinguées et célébrées d'une façon particulière, «much less commonly each half moon» [4]. Il est très rare de rencontrer une période régulière de 7 jours. *Webster* arrive au résultat suivant: «the hebdomadal cycle, though naturally suggested by the four lunar phases, is possibly absent from the lower culture except as a borrowed institution» [5]. Et il montre que, dans ces cas, il y a toujours emprunt à l'Orient sémitique ou à la civilisation chrétienne moderne, c'est-à-dire au système juif. Il n'en est pas tout à fait de même pour la véritable semaine basée sur les phases lunaires. Celle-ci présuppose que les moments décisifs sont distingués d'une façon quelconque et que, dans la vie journalière, on mesure des espaces de temps plus ou moins longs d'après ces phases. C'est ce que font par exemple les habitants du Kaiser Wilhelmsland dans la Nouvelle-Guinée et les Dajahs de Bornéo [6]. Mais dans l'ancien Orient, nous trouvons la semaine basée sur les phases lunaires seulement en Babylone et en Assyrie et les traces d'un stade préliminaire de la semaine périodique de 7 jours seulement en Israël. Il est vrai qu'autrefois les assyriologues éminents ont nié que les Baby-

[1] I Sam. XX, 5 sqq.

[2] Lév. XXIII, 23-25. Nombres XXVIII, 11 sqq.

[3] *Webster*, Rest Days, a Sociological Study. University Studies, published by the University of Nebraska XI, 1-2; Lincoln, Nebraska 1911. Cette étude a été publiée aussi séparément et enrichie sous le titre Rest Days, a Study im Early Law and Morality, ib. 1916 (ce dernier ouvrage ne m'a pas été accessible).

[4] Ouvr. cité, p. 72.

[5] Ib., p. 101.

[6] D'après *Webster*, p. 99 où les sources sont indiquées.

loniens aient connu une division régulière du mois lunaire en 4 semaines correspondant aux quatre phases[1]. Une division de ce genre n'est directement attestée, autant que je sache, que pour les deux mois Elul II et Marcheschwan[2]. Mais qu'elle se soit étendue à toute l'année, c'est ce que croient pouvoir affirmer non seulement *A. Jeremias*[3], mais aussi *B. Meissner*[4], qui n'a pourtant pas l'habitude d'émettre des hypothèses en l'air. Les jours correspondant aux phases lunaires avaient, en Babylonie, leurs noms particuliers: le septième = sibûtu (premier quart), le quinzième šabattu (pleine lune), le 28e bubbulu (lune noire)[5], et ils étaient comptés comme le 1er, le 7e, le 15e, le 21e et le 28e jour du mois.

Il y a donc là un rapport incontestable entre la Babylonie et Israël, d'autant plus que le nom du 15e jour šabattu est certainement le même que šabbāṯ (v. plus haut). Cette relation peut s'expliquer soit par une commune racine sémitique primitive (ou peut-être amoréenne), soit par un emprunt. En tout cas, il ne s'agit pas d'une coïncidence fortuite, et l'accord des noms atteste les rapports d'influence et de dépendance. Une origine sémitique primitive n'est pas probable, car d'une part on ne trouve pas cette façon de compter chez les autres Sémites; d'autre part, cette distinction régulière de tous les quatre jours correspondant aux phases lunaires est très rare[6]. Si, par conséquent, il y a emprunt, la priorité de Babylone ne saurait être mise sérieusement en doute. Une semaine de 7 jours ayant existé de très bonne heure chez les Israélites — sous forme de période correspondant aux phases lunaires —, il est probable *qu'elle a été empruntée aux Cananéens qui l'avaient eux-mêmes reçue des Babyloniens.* — A priori, il est donc très probable que le terme de šabattu désignant la pleine lune est aussi d'origine babylonienne; mais la *possibilité* d'une origine sémitique commune subsiste.

2) Quant à la deuxième des conditions présupposées par le transfert du nom de sabbat, nous avons bien des raisons pour admettre que les Israélites primitifs, comme probablement déjà

---

[1] P. e. *Jensen* dans Zeitschrift für deutsche Wortforschung 1900, p. 150 sqq.

[2] V. l'hémérologie mentionnée plus loin.

[3] Handbuch der altorientalischen Geisteskultur. Hinrichs, Leipzig 1913, p. 162 sq.

[4] Babylonien und Assyrien II. Winter, Heidelberg 1924, p. 395 sq.

[5] Le nom du 21e jour n'a pas encore été trouvé, et sa signification cultuelle n'est pas directement attestée.

[6] V. plus haut. Comp. la citation empruntée au livre de *Webster*, plus haut p. 82.

les Sémites primitifs, ont distingué d'une façon particulière les jours de la nouvelle et de la pleine lune (v. plus haut), voire même que le jour de la pleine lune a été le plus important des deux. Non seulement la fête de l'automne empruntée aux Cananéens, mais aussi la vieille fête israélite du päsaḥ qui était la fête principale des nomades, était célébrée le jour de la pleine lune. Une certaine parenté doit avoir existé entre ce jour et les autres jours correspondant aux phases lunaires, et c'est cette parenté qui explique l'application du terme de « sabbat » à tous ces jours. Le trait distinctif commun qui est toujours le plus caractéristique pour le sabbat et, chez les peuples primitifs, en général, pour les jours correspondant aux phases lunaires, est l'*abstention de certains travaux*. Et nous retenons de tout ceci, contre *Meinhold, qu'il doit avoir existé à une époque très ancienne déjà un sabbat lié aux phases lunaires et ne portant pas encore le nom de sabbat.*

Quant aux motifs de cette abstention de travail, il ne saurait y avoir de doute. Les *jours correspondant aux phases lunaires ont été considérés presque partout dans le monde*, ainsi que *Webster* l'a montré, *comme des jours critiques soumis à toute sorte de règles de tabou, surtout au repos obligatoire*[1]. On ne peut pas nier que le sabbat juif contient bien des traits qui concordent d'une façon frappante avec les règles des autres jours soumis au tabou[2]. Le « repos » plus ou moins absolu est un signe distinctif tellement prononcé et courant du sabbat (le terme pris dans son sens récent), que cette particularité doit lui avoir été inhérente dans une certaine mesure. C'est donc en vain que *Bentzen*, pour prouver l'impossibilité de dériver le sabbat d'un jour soumis au tabou, insiste sur le fait qu'il n'aurait reçu que relativement tard son caractère de jour de repos absolu. Il est vrai que la conception rabbinique intransigeante du repos sabbatique suppose une réglementation et une casuistique récentes, mais dès avant l'exil, il était reçu que, le jour du sabbat, on devait renoncer à certains travaux (Ex. XXIII, 12; XXXIV, 21; Am. VIII, 5). Et d'autre part, dans le sabbat juif, nous pouvons apercevoir de nombreuses traces de la conception selon laquelle tout travail entrepris ce jour-là est tabou et porte malheur; et on ne peut pas considérer tous ces traits comme des développe-

---

[1] D'autres critiques, surtout *M. Jastrow*, ont aussi voulu dériver le sabbat d'un dies ater, dans American Journal of Theology 1898, p. 312 sqq. (il m'est inaccessible).

[2] V. *Webster* ouvr. cité p. 155 sqq. Comp. aussi *Bohn*, Der Sabbat im A.T. (je ne le connais que par les citations de *Bentzen* dans l'ouvr. cité plus haut.)

ments secondaires et le résultat d'influences étrangères[1]. Les scribes du judaïsme ont pu reproduire plus d'une fois des conceptions issues des profondeurs de la mentalité primitive. L'écrit sacerdotal n'a pas inventé les nombreux rites primitifs qu'il contient, de même les tabous concernant le sabbat tels que nous les trouvons exposés dans des documents récents ne sont pas nécessairement des développements secondaires. Le fait qu'ils n'ont pas été conservés dans les fragments qui nous restent de la littérature préexilique, ne permet pas d'affirmer qu'ils n'ont pas existé avant l'exil. Nous les rencontrons dès le moment où la mention du sabbat devient plus fréquente dans les écrits du judaïsme. Ce jour soumis au tabou a certainement été considéré en même temps comme un jour mauvais, un jour néfaste (*dies ater*); cette association d'idées s'impose d'ailleurs; car tel acte étant « interdit » en un jour déterminé, il est dangereux de transgresser la défense; pour certaines entreprises c'est un jour de malheur, mais il n'est pas nécessairement pour cela funeste en lui-même. Nous trouvons assez souvent cette conception dans le judaïsme de la basse époque[2]. L'ancien peuple d'Israël partageait également la croyance en certains jours néfastes ou maudits (Job III, 8)[3]. *Bentzen* prétend qu'à cause de son caractère de jour cultuel, le sabbat ne pouvait être considéré comme jour néfaste; il faut objecter d'une part que nous ne savons pas avec certitude si le sabbat hebdomadaire, dans l'ancien sens du terme, a été un jour cultuel; d'autre part, en Babylonie, le 1er, le 7e, le 15e, le 21e et le 28e jour du mois, tout en étant des jours cultuels (v. plus haut), sont appelés (à l'exception du premier) directement des jours néfastes (ûmu limnu) (v. plus loin).

Ce jour soumis au tabou et qui revient tous les six jours a été en rapport avec la semaine correspondant aux phases lunaires. Cela

---

[1] Ainsi *Bentzen* ouvr. cité. Le défaut de l'argumentation sage de *Bentzen* consiste à pousser trop loin l'exigence d'une démonstration mathématique — de la part de l'adversaire. Il ne suffit pas pour infirmer une hypothèse (dans le cas de *Meinhold* et de *Webster*) d'indiquer une simple possibilité d'une autre explication. Ce que *Bentzen* allègue p. ex. contre l'idée selon laquelle l'exigence de l'abstention sexuelle pendant le sabbat serait le reste d'un ancien tabou, rappelle le procédé d'avocats qui plaident l'acquittement de l'accusé à défaut de preuve suffisante.

[2] V. *Bentzen,* ouvr. cité, p. 124-137.

[3] Cette croyance était répandue dans toute l'antiquité; pour l'Egypte, je renvoie à *Erman-Ranke*, Aegypten und ägyptisches Leben im Altertum, 2e éd., remaniée. J. C. B. Mohr, Tübingen 1923, p. 402 sqq., pour Babylone et Assour v. l'ouvrage de *Meissner*, cité plus haut, tome II, v. dans l'index « Tagewählerei ».

ressort non seulement du fait que c'était le septième jour, mais c'est attesté par le parallélisme avec une conception babylonienne à laquelle nous avons déjà fait allusion: d'après une hémérologie consacrée aux mois Elul II et Marcheschwan[1], le 7e, le 14e, le 19e, le 21e et le 28e jours de ces deux mois étaient de « mauvais jours », pendant lesquels le roi, le prince et le prêtre ne devaient entreprendre aucune affaire importante[2]. Enfin il faut tenir compte du fait que ce sont surtout les jours critiques de la lune qui sont généralement soumis au tabou; *Webster* a réuni un grand nombre d'exemples illustrant cette loi générale[3].

Ce sabbat « avant la lettre » n'a certainement pas été, par sa nature primitive, un jour de repos, ni un jour de culte; *Webster* a prouvé avec évidence que ce n'est pas le fait de se reposer ni celui de se souvenir de Yahvé, mais celui de considérer certaines choses et certains actes comme « tabous » qui a été caractéristique pour le jour du sabbat; *Bentzen* n'a pas réussi à réfuter cette conception; et il est tout à fait impossible d'isoler le sabbat israélite de toutes les analogies fournies par l'histoire des religions et de lui attribuer à l'époque juive un sens complètement différent de celui qu'il avait à un stade plus ancien. Il est vrai qu'à un moment donné, il est devenu le jour de Yahvé par excellence, mais il n'a revêtu ce caractère cultuel que vers l'époque de l'exil. De même qu'à Babylone le septième jour était à la fois un jour soumis au tabou et un jour cultuel, un « jour de l'apaisement du cœur (des dieux ou du dieu) », de même le sabbat est devenu un jour de repos absolu, ce qu'il n'était pas à l'origine. Cette évolution provient d'un excès de civilisation et du développement conséquent du tabou primitif. Mais en lui-même et primitivement, le sabbat (en tant que le septième jour) n'était qu'un jour correspondant aux phases lunaires et soumis au tabou. Les Israélites l'ont emprunté très probablement, sinon sûrement, aux Babyloniens ou aux Cananéens.

C'est ce jour encore « anonyme » et correspondant aux phases lunaires qui est sans doute mentionné dans le décalogue de J, Ex. XXXIV, 21. Il est question d'un jour désigné comme le septième et pendant lequel, à certains moments de l'année, certains travaux étaient considérés comme tabou (v. les détails plus

---

[1]) V. la traduction que *Ungnad* a donnée de ce texte dans A O T u B, I, publié par *Gressmann*, p. 99. Le 19e jour y est très probablement une addition secondaire et provient d'un autre système croisant celui de la semaine.

[2] A l'exception probablement des sacrifices « cathartiques » nécessaires pour détourner le malheur, v. plus haut.

[3] Ouvr. cité, p. 62-103.

loin). On ne peut pas conclure de l'emploi du verbe šābat̠ שׁבת que ce jour ait déjà porté le nom de šabbāt̠. Le verbe n'y est pas nécessairement dérivé du substantif. Le fait que le législateur s'y intéresse exclusivement à la cessation du *travail des champs* (temps du labourage et de la moisson) confirme notre hypothèse selon laquelle ce jour a été emprunté aux Cananéens.

η) En même temps et dès avant qu'on ait considéré comme tabou les quatre jours correspondant aux phases lunaires, il a existé, dans l'ancien peuple d'Israël, une fête particulière de la nouvelle et de la pleine lune. Aussi longtemps que la semaine dépendait des phases lunaires, c'est-à-dire probablement jusqu'à l'époque préexilique la plus récente (v. plus haut), ces deux jours coïncidaient avec le commencement de la première et de la troisième phase. Quel qu'ait été l'ancien nom israélite du *jour de la pleine lune*, il est certain qu'*avec l'emprunt de la semaine lunaire babylonienne (cananéenne), il a aussi reçu le nom de šabattu — šabbāt̠ qui y désignait précisément le jour de la pleine lune.* Ces fêtes lunaires étaient probablement connues des Israélites déjà au désert. Parmi les anciennes fêtes (nouvelle lune, pleine lune, päsaḥ) la pleine lune paraît avoir été primitivement plus importante que la nouvelle lune (v. plus haut). Comme nous l'avons déjà dit, le fait que le terme de *šabbāt* se soit attaché au septième jour de la semaine lunaire, nous permet de conclure *qu'il y avait des rapports importants entre ces jours (la pleine lune et le septième), rapports qui concernaient le trait toujours plus caractéristique pour le «sabbat»: l'abstention de certains travaux.* En effet, on peut affirmer que ce trait distinctif s'appliquait dans une certaine mesure déjà à la fête israélite de la pleine lune. 1° Si les mentions préexiliques du sabbat visent le sabbat de la pleine lune, il s'ensuit que ce jour était un jour cultuel[1]. Mais aux jours de fête, en Orient, on s'abstenait très souvent de travail, même si ce n'était pas prescrit expressément. Cette abstention était volontiers pratiquée par l'homme oriental, et le peuple entier se réunissait autour des sanctuaires pour se livrer à la joie (II Rois IV, 22 sq.). Le rassemblement du peuple est expressément ordonné pour les trois grandes fêtes annuelles (Ex. XXXIV, 23; XXII, 14; Dtn. XVI, 19). L'esclave

---

[1] C'est ce que *Bentzen* a soutenu avec raison contre *Meinhold* (ouvr. cit. p. 52 sq.) *M.* considère le sabbat préexilique comme un jour de fête populaire, non pas comme un jour de Yahvé. On peut admettre la possibilité que le sabbat se rapportait autrefois à une divinité autre que Yahvé. Mais ce qui est certain, c'est que primitivement le jour soumis au tabou de très bonne heure a été considéré comme un jour qui avait quelque rapport avec la divinité.

prenait part au repas de sacrifice (Dtn. XVI, 11, 14) et, de bonne heure, la coutume s'établit de recevoir aussi les femmes et les enfants (I Sam. I, 3 sqq.). — 2° D'autre part, les jours lunaires, et surtout les jours de nouvelle et de pleine lune, étaient partout considérés comme des jours critiques et passaient pour étant soumis au « tabou »[1]. Un certain caractère de tabou peut donc être supposé comme s'attachant déjà au jour de la pleine lune de l'époque israélite primitive. — 3° Le jour de la pleine lune coïncidait, de même que le jour de la nouvelle lune, avec l'un des quatre « jours de repos » du mois lunaire et participait à leur caractère « tabou ». Parmi ceux-ci, le jour de la pleine lune, le šabbaṯ = šabattu, était à plusieurs égards le plus important.

Ainsi tout devait contribuer à étendre le nom de sabbat au « jour de repos » revenant chaque semaine. En outre, le double sens du verbe šāḇaṯ a favorisé ce processus. Ce verbe signifie non seulement « avoir fini », mais encore « ne (plus) travailler », « se reposer » (v. plus haut). Pour la pensée populaire de cette époque, il était donc tout à fait naturel de désigner par le substantif šabbāṯ qu'on avait emprunté à l'étranger, la cessation du travail pratiquée effectivement ce jour-là. On explique ainsi le nom par une étymologie facile. Après cela, on a appliqué la même désignation aux autres jours soumis au tabou. Ainsi les « jours de repos » hebdomadaires sont devenus des jours de sabbat.

Si nos suppositions sont exactes, cette extension eut lieu à une époque où la semaine était encore liée aux phases lunaires. Elle présuppose certainement la coïncidence régulière du jour de la pleine lune avec un jour qui était le septième.

Ainsi on a oublié peu à peu que le terme de sabbat s'appliquait primitivement au seul jour de la pleine lune. Cette évolution a été favorisée par le fait que le système chronologique, du moins à l'époque des Rois, faisait commencer le mois avec la nouvelle lune, et que ce jour a bientôt dépassé en importance le jour de la pleine lune. Dans l'œuvre de J, E et D, aucun des deux jours ne figure à côté des trois grandes fêtes annuelles; en cela, la prépondérance, dans le culte, de l'élément cananéen sur l'ancien élément israélite apparaît encore; dans l'œuvre de P qui sanctionne la réaction israélite contre la civilisation cananéenne, la nouvelle lune est devenue une fête très importante; il ne reste que peu de traces auxquelles on reconnaisse encore l'ancienne signification de la pleine lune. A plus forte raison, le jour de la pleine lune a-t-il perdu toute son importance au moment où le sabbat a pris une signification nouvelle et où l'on a passé

---

[1] *Webster*, ouvr. cité, p. 62 sqq.

de la semaine lunaire à la semaine périodique (v. plus haut). Cette évolution a commencé dès avant P, mais probablement pas avant l'exil.

L'adoption du terme de šabbāṯ et des conceptions d'un jour de fête cultuelle qui s'y rattachent, a contribué à modifier, en partie, le caractère de l'ancien jour soumis au tabou. Le sabbat, le septième jour, est désormais un jour de Yahvé. Cette évolution a été favorisée par la victoire que remportait peu à peu le yahvisme sur le nationalisme étroit. De plus en plus, l'abstention du travail fut considérée comme un précepte de Yahvé. Ensuite avec les tendances rationalistes d'une époque plus récente, on a expliqué le repos comme une institution humanitaire (Ex. XXIII, 12; Dtn. V, 14). D'autre part, le caractère sacré du jour de la pleine lune n'a pas disparu — tabou et sacré sont des concepts apparentés. Peut-être dans l'ancien Israël, comme en Babylonie, procédait-on ce jour-là à des sacrifices et à des rites propitiatoires. Peu à peu, le septième jour devint si important et si sacré en lui-même que l'ancienne semaine lunaire fut transformée en semaine périodique. Ce changement a eu lieu, en tout cas, avant P, mais probablement pas avant l'exil.

θ) Sous cette forme modifiée qui tient compte des recherches de *Webster*, l'hypothèse de *Meinhold* sur la signification primitive du nom de sabbat ne soulève plus d'objection, et elle explique vraiment le rapport incontestable de ce nom avec le terme babylonien de šabattu.

Quant aux objections formulées par *Bentzen* contre la possibilité de dériver le sabbat d'un jour lunaire soumis au tabou, elles sont dénuées de fondement; car d'abord il n'est pas exact que le sabbat ait reçu son caractère de jour de repos seulement à une époque récente.

On ne peut pas non plus considérer comme invraisemblable la transformation d'un jour soumis au tabou en jour de Yahvé et jour cultuel. Car, d'une part, jour soumis au tabou ne signifie pas la même chose que « jour néfaste » (v. plus haut); d'autre part, l'idée de sainteté implique, dans l'Ancien Testament, la conception d'une chose dangereuse et portant malheur (I Sam. VI, 20; Es. VIII, 12-15)[1]. Enfin, l'idée même du caractère dangereux et néfaste d'un jour est assez naturellement associée avec celle de pratiques propitiatoires; dans le yahvisme

[1] Au lieu de qāšār, il faut lire les deux fois qoḏāš, comme taqdīšū et miqdāš le prouvent; il ne faut donc pas changer vice-versa taqdīšū en taqšīrū ni supprimer (!) miqdāš, comme *Duhm* voudrait le faire (commentaire d'Esaïe dans N H K A T).

officiel, ces pratiques ont pu passer pour des actes d'expiation. D'autre part, ce jour pouvait être considéré comme propice à la réconciliation de Yahvé et faire place aussi à des sentiments autres que la peur et la repentance; il pouvait devenir — au moins en partie et pour un certain temps — un jour relativement joyeux, au point qu'il a été considéré par une législation particulièrement éclairée comme un jour de récréation pour les fatigués du travail quotidien. (Conf. Ex. XXIII, 12; Dt. V, 14.) Chez les Babyloniens, il y avait aussi certains « mauvais jours », possédant ainsi le double caractère à la fois de jours « mauvais » et de jours « favorables »[1].

ι) *Nous arrivons donc à la conclusion que le sabbat, en tant que septième jour d'une semaine périodique, est sorti des jours que les Babyloniens et Cananéens considéraient comme des jours tabou et qui coïncidaient avec les quatres phases lunaires. Ce sabbat, septième jour de la semaine lunaire, a emprunté son nom et une partie de son contenu à une ancienne fête de la pleine lune, que les Babyloniens appelaient* šabattu. *Cependant une fête de pleine lune comme telle se trouvait probablement aussi chez les anciens Hébreux. L'emprunt de la semaine lunaire de la part des Israélites et par conséquent l'emprunt du jour hebdomadaire soumis au tabou n'a eu lieu qu'après l'immigration en Canaan. Par conséquent, l'extension du mot* šabattu = šabbāṯ *désignant primitivement la fête de la pleine lune, aux quatre jours correspondant aux phases lunaires n'a pu se faire qu'à une époque postérieure à l'immigration.*

κ) En cherchant à établir à quel moment précis cette transposition du mot šabbāṯ a eu lieu, nous examinerons la signification du sabbat hebdomadaire le plus ancien dans son rapport avec le Décalogue. — Considérons d'abord les passages attestant l'existence d'un sabbat préexilique, et demandons-nous s'ils se rapportent au sabbat hebdomadaire ou bien au jour de la pleine lune. Nous avons déjà reconnu plus haut que l'expression « nouvelle lune et sabbat » ne prouve pas nécessairement que le sabbat soit encore identique à la fête de la pleine lune. Mais, d'autre part, l'emploi de cette expression dans le langage courant[2] prouve qu'on avait conscience du parallélisme existant entre les deux fêtes et que le sabbat était toujours en rapport avec les phases lunaires.

---

[1] Comp. *Bentzen*, p. 19 sq. De même chez les Jorubas, en Afrique, le premier jour du mois (jour de la nouvelle lune) est jour de repos et de fête, mais en même temps il est un jour funeste pendant lequel aucun travail ne doit être exécuté (d'après *Schroeter*, Haandbog i Kronologi I, Aschehoug, Kristiania 1924, p. 50).

[2] P. l. II Rois IV, 23. Am. VIII, 4. Hos. II, 13. Es. I, 13.

L'existence du sabbat hebdomadaire avant l'époque deutéronomistique me semble aussi prouvée par la législation relative à la libération de tout esclave hébreu au bout de 6 ans (Ex. XXI, 1 sqq.) et à la jachère septennale (Ex. XXIII, 11) qui a fini par aboutir à l'année sabbatique. Cette mise à part de la septième année et cette division du temps en une période de sept années s'inspire de l'idée selon laquelle le septième jour est un jour particulièrement consacré à Yahvé [1]. On peut certainement considérer l'année de jachère (et l'année sabbatique) comme un développement ultérieur de l'idée exprimée dans Lév. XIX, 23-25, selon laquelle le fruit de l'arbre doit être absolument tabou pendant les trois premières années et être consacré à Yahvé dans la 4e année. Ex. XXI, 1 sqq. fait partie de M et remonte, par conséquent, à l'époque préexilique ancienne; Ex. XXIII, 11 fait partie des conditions de l'alliance de E qui sont, en tous cas, antérieures à D. Aucun de ces passages ne prouve qu'à ce moment déjà, le septième jour ait porté le nom de sabbat; par contre, — si ce jour a été le prototype de l'année sabbatique —, ces passages prouvent indirectement qu'il a passé pour un jour consacré à Yahvé. Mais il est probable, d'après ce que nous avons dit plus haut (p. 88 sq.), que le terme de sabbat était déjà adopté. Pour E, il y a encore d'autres raisons qui parlent en faveur de cette hypothèse (v. plus loin à propos d'Ex. XXIII, 12). — Cependant il faut convenir que ni dans Ex. XXI, 1 sqq., ni dans XXIII, 11 il n'est pas nécessairement question d'une division en périodes régulières de 7 ans; d'après l'interprétation la plus vraisemblable, il ne s'agit nullement d'une année fixe ; pour l'émancipation de l'esclave, de même que pour la jachère du champ, la septième année n'est pas la même pour tout le peuple, mais elle varie selon les cas particuliers. Cette interprétation est évidente pour l'affranchissement des esclaves; et dans ce cas, l'influence de la période de 7 jours et du sabbat est peut-être sujette à caution. — Par contre, nous rencontrons une année de relâche revenant à des intervalles réguliers « tous les sept ans » dans Dt. XV, 1-11; comp. Jér. XXXIV, 8 sqq. Une « année sabbatique » du même genre est mentionnée par H dans Lév. XXV, 2-7. Il est évident qu'il y a là une analogie avec le jour de sabbat, pris dans le sens de septième jour, de jour de Yahvé, et H désigne expressément l'année de jachère par le terme d'« année sabbatique ». Ce passage présuppose l'existence du

[1] En cela, je dois donner raison à *Bentzen* contre *Meinhold* qui considère la période de 7 jours comme secondaire par rapport à celle de 7 ans.

sabbat sous sa forme la plus récente. Il n'est pas impossible que Lév. XXV, 2-7 fasse partie du fond préexilique d'où est sorti H; la rédaction exilique paraît n'avoir modifié que la forme[1]. En tous cas, Dt. XV, 1-11 nous fait remonter à l'époque antérieure au Deutéronome.

On ne saurait tirer une conclusion certaine d'Amos VIII, 4. Le šabbāṯ s'y applique tout aussi bien ou même mieux au jour de la pleine lune pendant lequel certaines affaires étaient considérées comme interdites, de même qu'au jour de la nouvelle lune.

La fixation de la date d'origine dépend, en dernière analyse, de l'interprétation qu'on donne aux commandements relatifs au repos contenus dans J et dans E. Le jour mentionné dans ces passages n'est pas désigné expressément par le substantif šabbāṯ Mais l'activité — ou plutôt le renoncement à l'activité — qui caractérise ce jour, est exprimée dans Ex. XXXIV, 21 de même que dans Ex. XXIII, 12 par le verbe šāḇaṯ. Est-ce ici un verbe primitif signifiant « renoncer au travail » ou un verbe dérivé signifiant « célébrer le sabbat » ? Quant au passage de E, il est fort probable qu'en tous cas, le rédacteur (R^E) l'a employé comme un verbe dérivé; c'est ce qui semble résulter du motif indiqué pour le commandement[2]. Ce motif, avec son rationalisme humanitaire, est naturellement antérieur au motif purement théologique que le rédacteur du décalogue d'Ex. XX, 11 a indiqué, et qui est caractéristique pour la pensée religieuse de P; mais il va sans dire que ce n'est pas une interprétation primitive et qu'il ne faut pas y chercher un indice sur la signification primitive du jour sacré; nous n'avons pas de peine à y distinguer des tendances nettement deutéronomistiques, concordant avec le motif indiqué dans la rédaction de D (Dtn. V, 14); et sous ce rapport, la rédaction de E se rapproche d'assez près de l'époque des deutéronomistes. Or, dans ce passage, l'idée de « reposer » ou « ne pas travailler » est exprimée par le verbe nūaḥ tandis que le passage correspondant de J répète le mot tišbōṯ Ce fait prouve que R^E a attribué une nuance différente aux deux termes; nūaḥ est pour lui le terme plus général devant expliquer le sens du šāḇaṯ qui est plus étroit. Par conséquent, il est fort probable

[1] Comp. pour l'influence de l'idée de sabbat sur la littérature exilique, *Bentzen*, ouvr. cité, p. 63 sqq.

[2] Je ne vois pas de raison décisive d'admettre que ce motif n'a été ajouté que plus tard par R^{JEDt} d'après Dt. V, 14. Il peut très bien provenir du milieu des rédacteurs élohistiques. Mais il est vrai qu'il est souvent assez difficile de distinguer, au point de vue littéraire et au point de vue historique, entre ce qui provient des élohistes et ce qui appartient aux deutéronomistes. Ce qui les distingue avant tout, c'est l'idée de centralisation du D.

qu'il a employé ce dernier mot dans son sens technique et dérivé qui signifie « faire sabbat ». Il a donc connu le septième jour de la semaine comme un jour de repos sous le nom de « sabbat », et s'il a omis l'addition caractéristique pour J « pendant l'époque du labourage et de la moisson tu dois te reposer (ce jour-là) », c'est que, pour lui, il s'agissait déjà d'un jour se répétant chaque semaine durant toute l'année. Par conséquent, le septième jour s'appelait « sabbat » à l'époque où la péricope de E sur le Sinaï fut composée.

La même explication s'impose pour un autre passage capital qui mentionne le sabbat et qui est antérieur à la rédaction du deutéronome, le récit relatif au relèvement des gardes dans le temple et dans le palais le jour du sabbat II Rois XI, 5 sqq. Ce passage provient de la source principale dont R^Dt s'est servi pour l'époque plus récente des Rois; peut-être cette source est-elle identique à E [1]; il est possible qu'elle soit un témoin de la manière de s'exprimer sinon à l'époque de Joas, du moins à une époque un peu plus récente. Effectivement, le « sabbat » y est considéré comme le jour de réunion cultuelle au temple et en même temps comme le jour du relèvement de la garde. Il est probable qu'il s'agit ici d'un relèvement des gardes ayant lieu chaque semaine et non pas chaque mois seulement; à l'époque juive, le personnel du temple changera, en effet, chaque semaine [2]. — Et le sabbat hebdomadaire étant ainsi, dès la fin du IXe siècle, un jour cultuel, on pourrait en déduire que l'institution était déjà établie depuis un certain temps. Cependant cette considération n'est pas décisive, et la possibilité subsiste que dans ce texte le sabbat soit encore le vieux sabbat de la pleine lune qui, depuis les temps les plus reculés, était un jour cultuel.

En tout cas, un jour de repos tel que nous le rencontrons dans E, coïncidant avec le septième jour de la semaine et observé pendant toute l'année, n'existait pas encore au moment où fut rédigé le décalogue de J Ex. XXXIV. A cette époque, en effet, on observait comme « jour de repos » le septième jour seulement pendant la saison du labourage et de la moisson. On « s'abstenait » (šāḇaṯ) alors, selon la vieille coutume, de tous les travaux des champs. Et nous ne pouvons pas dire d'une façon certaine qu'il en était de même pendant les autres saisons; l'adjonction contenue dans Ex. XXXIV, 21 bäḥārīš ûḇaqqāšīr tišbōṯ prouve que très probablement le « repos » ou l'« abstention de travail » n'était

---

[1] v. *Hölscher* dans Gunkelfestschrift I, p. 172 sqq.; 202 sqq.

[2] v. *Schürer*, Gesch. des jüd. Volkes im Zeitalter Jesu Christi [4] II, p. 286.

exigée que pour une période déterminée et pour les travaux des champs; en tout cas, le commandement n'avait, pratiquement, pas une grande importance pour les autres saisons de l'année, puisque le paysan — et c'est de lui qu'il s'agit ici — avait alors très peu à faire et qu'il passait peut-être une partie des sept jours de la semaine « sous sa vigne ou son figuier » ; pendant l'époque du labourage et de la moisson, par contre, la coutume du repos au 7e jour jouait un grand rôle[1]. Cette coutume est considérée, dans notre passage, comme reposant sur un commandement divin; J et son précurseur, le rédacteur du décalogue contenu dans J, n'ont sans doute pas fait d'autres réflexions concernant l'origine de cette coutume. Le critique dénué de tout préjugé est obligé de reconnaître que nous sommes ici en présence d'une pratique dont les racines plongent dans la croyance en des jours « critiques » ou « dangereux ». Mais la répétition du verbe šāḇaṯ dans l'adjonction que nous venons de citer, montre que l'auteur emploie ce verbe comme un mot courant et non pas comme un terme technique ; dans la seconde partie du commandement, il n'essaye nullement d'expliquer le sens et le contenu du verbe dont il s'est servi dans la première partie; sous ce rapport, il se distingue donc de RE, de l'auteur de Dt. V, 14, du rédacteur du décalogue de P contenu dans Ex. XX et des auteurs des nombreux passages de P qui interprètent le verbe dérivé šāḇaṯ dans le sens de « célébrer le sabbat ». Il en résulte que notre auteur emploie le verbe dans son sens « primitif » de « cesser », « s'abstenir du travail » (« se reposer ») et non pas dans le sens technique de « célébrer le sabbat ». Cette constatation nous ramène à une époque où le sabbat ou jôm haššābbāṯ ne désignait pas encore le septième jour de la semaine.

L'extension du nom šabbāṯ au « jour de repos » hebdomadaire se trouve attestée dans Ex. XVI, 29 sq.[2], passage que certains critiques ont attribué à une couche secondaire de J. Il est cependant impossible de fixer exactement, au point de vue chronologique, les traits secondaires contenus dans J, de même qu'il est impossible de déterminer l'époque à laquelle a vécu le rédacteur

---

[1] Voir pour la restriction chronologique de l'observation du commandement l'hémérologie babylonienne mentionnée plus haut ; elle ne parle que des mois Elul II et Marcheschwan ; peut-être n'étaient-ce que les mois pendant lesquels les septièmes jours étaient considérés comme funestes.

[2] V. pour la distinction des sources de ce chapitre *Gressmann*. Moses und seine Zeit p. 124 sq. *Gressmann* reconnaît aussi que le passage n'est pas cohérent. Probablement, la légende primitive de J n'a rapporté « qu'objectivement » le miracle de la manne, sans y ajouter de réflexions théologiques et étiologiques ; la seconde partie (mutilée par P) XVI, 27, 29, 30 contient un motif ajouté plus tard qui prépare la forme de la légende rapportée par P.

principal de l'œuvre jahviste. Si Ex. XVI, 29 sq. appartient à J, on ne peut guère descendre plus bas que l'époque moyenne des rois pour l'application du terme de sabbat au septième jour de la semaine. Ce qui ne veut pas dire qu'à côté de cette signification nouvelle le terme n'ait pas pu conserver, pendant un certain temps encore, l'ancien sens de sabbat κατ' ἐξοχήν, c'est-à-dire de sabbat de la pleine lune. Cependant, il est vraisemblable que Ex. XVI, 29 sq. appartient à E, ce qui indique l'époque préexilique la plus récente. En tout cas, il paraît que l'ancien sens du mot sabbat se trouve dans Am. VIII, 4; Os. II, 13; Es. I, 13; II Rois IV, 23.

C'est donc vers la dernière époque des rois qu'on a distingué un jour de repos hebdomadaire consacré à Yahvé et appelé « sabbat », jour coïncidant avec les phases lunaires. Cependant ce jour n'a certainement pas été considéré comme le jour de Yahvé par excellence, comme dans le Décalogue. Il est vrai qu'il a peut-être été auparavant déjà un jour où le peuple se réunissait, probablement pour célébrer le culte (II Rois IV, 23), et un jour où l'on venait consulter le nabi et faiseur de miracles attaché au sanctuaire — à moins que le passage cité ne se rapporte au sabbat de la pleine lune (v. plus haut). Mais ni dans le calendrier des fêtes de J, ni dans celui de E il n'est mentionné parmi les grandes fêtes, et D ne le nomme pas. Dans le décalogue, la « sanctification » du sabbat consiste très probablement dans la stricte observation du repos du sabbat (v. plus haut). A l'époque moyenne des rois, il n'en était manifestement pas encore ainsi. Dans J, ce n'est que le renoncement au travail des champs qui est imposé durant la période du labourage et de la moisson (Ex. XXXIV, 21); dans les sources du livre des Rois, c'est un jour de réunion et partant de voyage (II Rois IV, 23), jour où les gardes du palais et du temple sont relevés (II Rois XI, 5 sqq.) et où un prêtre pieux et dévoré du zèle de Yahvé peut faire une révolution, un massacre et exercer le jugement (ib.) ; mais peut-être tous ces passages se rapportent-ils au sabbat de la pleine lune. Il est possible que les règles relatives au tabou soient en elles-mêmes très anciennes et que primitivement elles aient été observées beaucoup plus strictement ; toujours est-il que nous savons avec certitude qu'à l'époque immédiatement antérieure et postérieure à l'exil l'évolution s'est faite dans le sens d'un rigorisme croissant.

c) Si l'explication que nous venons de donner de l'origine et de l'histoire du sabbat est exacte pour l'essentiel, ce n'est pas Moïse qui peut avoir formulé le quatrième commandement du Décalogue. En réalité, ce commandement représente le premier ou un des premiers stades de l'évolution qui va de la conception plus ancienne et plus large à la conception rigoriste plus récente. Par conséquent, il tient le milieu entre E et P. L'interprétation rationaliste et humanitaire indiquée par E et par D a cédé ici le pas à une conception « numineuse » qui, d'une part, ne fait plus intervenir l'ancienne idée primitive et naïve du tabou et qui, d'autre part, se rapproche du motif théologique et supranaturaliste indiqué par P. Sous ce rapport, c'est encore à l'époque préexilique la plus récente qu'il convient le mieux de placer la composition du Décalogue. En tout cas, il ne faut pas la faire remonter plus haut.

On pourrait objecter que, dans le Décalogue actuel et dans E, le sabbat ne doit son caractère de jour de repos hebdomadaire qu'à une interprétation secondaire et que primitivement le commandement mosaïque relatif au sabbat s'appliquait à la fête de la pleine lune. — Cette hypothèse, tout en étant possible en principe, ne nous mènerait pas très loin; car il en résulterait que la fête de la pleine lune était la seule fête cultuelle imposée expressément par Moïse; cependant dans nos sources, nous n'avons pas la moindre trace indiquant qu'elle ait jamais joué un tel rôle dans l'ancien peuple d'Israël; si vraiment elle remontait à un commandement mosaïque de ce genre, elle aurait dû avoir une importance capitale du moins jusqu'au moment où les Israélites se sont mêlés aux Cananéens et ont adopté leurs fêtes agraires. A en juger par l'histoire du sabbat, le Décalogue doit être, dans tous les cas, plus récent que J. Ajoutons que Moïse n'a certainement pas pu ordonner l'observation d'un jour appelé šabbāṯ, ce nom étant d'origine babylonienne-cananéenne.

d) Enfin il faut reconnaître, même si l'on n'admet pas l'explication, que nous venons de donner, que pourtant le commandement sur le sabbat contient un argument sérieux contre l'origine mosaïque du Décalogue. En effet, si Moïse avait ordonné d'observer le « sabbat » comme « fête » mensuelle ou comme fête hebdomadaire et l'avait considéré comme le jour de Yahvé, il devrait exister quelque trace prouvant qu'effectivement à l'époque la plus ancienne le sabbat a eu cette importance capitale. Cependant il n'en est rien. Le sabbat tel que l'entend le Décalogue est une fête qui ne doit s'être imposée que peu à peu en Israël. Le fait qu'il n'est que très rarement mentionné dans les livres historiques, nous en est une preuve. Dans les décalogues de J et de E, il est bien l'objet d'un commandement divin, mais il partage cette dignité avec les trois grandes fêtes annuelles. Jamais aux temps plus anciens, l'observation du sabbat n'est mentionnée comme le trait caractéristique du fidèle israélite; la circoncision joue un rôle beaucoup plus important, en tout cas lorsqu'il s'agit de distinguer les Israélites des Philistins[1]. Les anciens prophètes reprochent au peuple la profanation des fêtes et du culte beaucoup plus souvent que celle du sabbat. La situation change tout à coup avec l'exil. Pour les auteurs exiliques et postexiliques, l'observation et la sanctification du sabbat — rapprochée parfois de la circoncision — est le signe distinctif par excellence qui sépare les Israélites des païens, et les fidèles des impies[2]. On ne peut nier que, sous ce rapport, le Décalogue apparaît comme appartenant à l'époque la plus récente.

e) Cette grande importance attribuée au sabbat peut s'expliquer, en partie, par les circonstances de l'exil et par la situation de la diaspora: il n'existait plus ni culte ni fête; lorsqu'il s'agissait de sauvegarder la « pureté » du peuple et d'établir une ligne de démarcation entre Israélites et païens, on mettait en avant des rites et des observances indépendants du lieu sacré; ainsi le sabbat et la circoncision commençaient à jouer un rôle de premier ordre. Mais cela ne suffit pas pour expliquer toute l'importance du sabbat; d'une façon générale, je ne crois pas qu'on puisse attribuer un si grand rôle à la diaspora dans la formation de la communauté juive; malgré tout, le judaïsme est né en Palestine ; la majorité des exilés restaient exilés[3]. Les tendances, les coutumes et l'idéal du judaïsme s'expliquent, pour la plupart, par la situation dans laquelle se trouvait la population fortement mélangée de la Palestine après 587. La grande importance attribuée au sabbat à l'époque « postexilique » présuppose que dès avant la catastrophe de 587 il avait déjà une place considérable dans l'institution cultuelle. Mais le début de cette évolution ne saurait être de beaucoup antérieur à l'exil; la façon frappante dont les témoignages littéraires se répartissent, comme nous l'avons vu, sur les différentes périodes de l'histoire d'Israël, le prouve. Il est seulement probable que dès

---

[1] V. *Juges* XIV, 3 ; XV, 18 ; I Sam. XIV, 6 ; XVII, 26, 36 ; XXXI, 4 ; II Sam. I, 20. Dans ces passages, c'est la conscience nationale qui s'exprime d'une façon immédiate.

[2] Ez. XX, 12 ; XXII, 8, 26 ; Es. LVI, 2 sqq. ; LVIII, 13 ; LXVI, 23 ; Jér. XVII, 19-27 (interpolation tardive, v. les commentaires de *Giesebrecht*, N H K AT, *Duhm* M K H C A T et *Volz* S K A T) ; Lam. I, 7 ; II, 6 ; Neh. IX, 14 ; X, 31 ; XIII, 15-22.

[3] Il faut renoncer à construire l'histoire des origines du judaïsme sur la légende du retour rapportée par le chroniste dans Esr. I—III, comme *Hölscher* dans *Kautzsch*[4], et dans Revue d'Histoire et de Philosophie religieuses 1926, p. 105 sqq., et moi-même (Statholderen Nehemia 1916, Ezra den Skriftlaerde 1916) nous l'avons prouvé.

avant 587 le sabbat fut considéré, dans certains milieux, comme faisant pendant aux fêtes cultuelles. Cette conception devait faire des progrès toujours plus considérables dans la suite sous l'influence du judaïsme « nomistique ».

A quelque point de vue qu'on se place, l'examen du quatrième commandement aboutit toujours à ce même résultat: un recueil de lois dans lequel le sabbat est seul mentionné parmi les jours sacrés, doit appartenir à l'époque préexilique la plus récente. Nous montrerons dans le paragraphe suivant que ce trait du décalogue s'explique également par l'influence des grands prophètes.

§ 15. — *Aperçu général sur le contenu religieux du Décalogue.*

a) Il est universellement reconnu que le Décalogue porte un cachet éminemment moral et « nomistique ». Il n'est certes pas indifférent ni surtout hostile au culte; mais l'élément cultuel y est seulement sous-entendu comme une chose plus ou moins naturelle qui n'a pas besoin d'être mise particulièrement en évidence dans la religion et qui doit même rester à l'arrière-plan, lorsqu'il s'agit d'inculquer aux hommes la « crainte de Dieu ». Mais une chose peut être sous-entendue de deux manières: ou bien elle est la condition nécessaire sans laquelle tout le reste perd sa signification, et elle apparaît si évidente qu'elle n'a pas besoin d'être mentionnée; ou bien elle peut être, pour ainsi dire, la « forme » qui par elle-même n'a pas de valeur, si le contenu ne s'y ajoute pas; dans ce cas, pour insister sur ce contenu, on peut passer sous silence la « forme » qui est sa présupposition naturelle. Ainsi, dans le judaïsme plus récent, le culte journalier et solennel est partout sous-entendu comme cadre de la piété ; cependant il n'en est pas souvent question, et rarement on lui reconnaît une valeur intrinsèque; il est même dit parfois qu'il n'a pas de valeur et que ce sont d'autres éléments qui forment le centre de la religion[1].

C'est bien là la tendance générale du Décalogue. Le culte y est présupposé comme la « forme » normale[2]. La vénération exclu-

[1] V. mes Ps. St. VI p. 55-57 et d'ailleurs tout le § 18.

[2] C'est ce que *Schmidt* (ouvr. cité p. 83 sp.) a relevé avec raison. Cependant il exagère la dépendance religieuse du Décalogue à l'égard du culte. Dans certains cas, ses arguments reposent sur une fixation inexacte du texte soi-disant primitif (v. § 2). Je crois devoir rejeter son interprétation de l^{e}fānai dans le premier commandement. *Schmidt* veut le traduire par « devant ma face » et attribuer au passage le sens de « lorsque tu prendras part au culte de Yahvé » ; selon cette explication, le commandement serait dirigé contre le fait de porter p. ex., pendant les processions cultuelles, des ascherim servant d'amulettes et des images térafim.

sive de Yahvé est entendue d'une façon toute générale, mais elle se manifeste avant tout dans le culte ; il s'agit surtout de cette vénération cultuelle; la défense des images de Dieu se rapporte au culte. La sanctification du sabbat consiste dans l'observation de tous les rites prescrits pour ce jour, avant tout le renoncement au travail (v. plus haut § 14*a*). Bien que cela ne soit pas dit expressément, il n'est plus impossible que parmi ces rites certaines cérémonies cultuelles aient figuré (comp. les sacrifices particuliers ayant lieu le jour du sabbat d'après P). *Par conséquent, le culte est présupposé comme naturel, mais il n'est pas mentionné expressément ; le Décalogue ne s'y intéresse pas directement ; l'accent principal se trouve placé sur un élément tout différent: la morale sociale.* Sous ce rapport, le Décalogue d'Exode XX forme un contraste absolu avec les décalogues de J et de E dont l'intérêt principal est dans les prescriptions pour le culte. C'est la même attitude que nous voyons se manifester chez les prophètes du VIIIe et du VIIe siècles, dans certains psaumes et dans le réformisme préexilique[1]. Il est fort probable que cette attitude repose sur une opposition consciente aux autres décalogues et sur une tendance non moins consciente à refouler à l'arrière-plan l'élément cultuel dans la religion.

Il est tout aussi incontestable que cette attitude n'est pas celle de l'ancien peuple d'Israël, lorsqu'on remonte de l'époque d'Amos jusqu'aux légendes les plus anciennes de Moïse. Pour les hommes de cette époque, la religion coïncidait avec le culte. Il est vrai que la religion, la «crainte de Dieu», embrassait aussi toutes les coutumes populaires ; mais en parlant des préceptes principaux de la religion et des commandements fondamentaux de Yahvé, on pensait avant tout au culte. Preuve en est l'existence des décalogues de J et de E et le cadre dans lequel ils sont rapportés. Un passage tel que I Sam. XV, 22, 23 ne nous renseigne

---

Au point de vue purement linguistique, cette traduction est possible; mais n'aurait-on pas exprimé plus distinctement une précision de ce genre, en mettant p. ex. «lorsque tu viendras contempler ma face» ou «lorsque tu passeras devant moi»? Il est beaucoup plus conforme au caractère absolu et à la forme brève du commandement, d'interpréter l^e^fānai, d'après l'usage courant que nous trouvons dans Gen. XLVIII, 20, Job XXXIV, 19, comme introduisant celui à qui l'on préfère un autre, v. *Ges.-Buhl*[16] s.v. D 3; par là s'exprime le rigorisme du jahvisme: la vénération d'autres dieux et à plus forte raison le fait de porter des amulettes etc. étaient considérés par beaucoup de gens comme fort compatibles avec le culte de Yahvé; mais dans ce commandement, de telles coutumes sont condamnées comme étant une préférence accordée à d'autres dieux que Yahvé.

[1] Abstraction faite de certaines nuances en ce qui concerne les détails et les idées positives; comp. Ps. St. VI § 18.

naturellement pas sur l'époque de Samuel, mais sur celle des couches les plus récentes contenues dans E. Le fait d'attribuer une importance décisive à l'élément cultuel et rituel correspond au stade de la religion qui était celui du peuple d'Israël antérieur à Moïse[1].

Si le Décalogue était d'origine mosaïque, il faudrait admettre nécessairement que Moïse aurait « fondé » une religion nettement et consciemment anticultuelle et essentiellement morale et « nomistique ». Mais c'est là — abstraction faite des autres raisons déjà alléguées contre l'origine mosaïque du décalogue — une supposition tout à fait invraisemblable. Car cette religion aurait dû avoir assez de force pour s'imposer, du moins du vivant de Moïse, à la fédération des tribus d'Israël. Il faudrait donc supposer que l'état religieux et culturel des tribus israélites était déjà, dans une certaine mesure au moins, favorable à la « fondation » d'une telle religion. Mais alors il serait incompréhensible qu'après avoir, jusqu'à un certain point, pris racine, elle ait disparu sans laisser la moindre trace[2], jusqu'au moment où chez les prophètes apparaît la théorie selon laquelle, au désert, Israël n'avait pas connu de culte.

En opposition avec des constructions de ce genre, il faut maintenir avec l'ancienne critique wellhausienne que l'affirmation de la prédominance de l'élément moral sur l'élément cultuel n'est due qu'à l'influence des grands prophètes du VIIIe et du VIIe siècle. Considéré comme l'œuvre de l'époque mosaïque, le Décalogue serait tout à fait inexplicable, et si l'on admettait une

---

[1] Comp. *Hölscher*. Gesch. d. isr.-jüd. Religion §§ 24-26. — Je considère comme une erreur l'exploitation, fort répandue à un moment donné, des légendes des patriarches comme sources pour la religion des tribus hébraïques « prémosaïques » (méthode reprise de nos jours par *Böhl* dans sa leçon d'ouverture Het Tijdperk der Aartsvaders. J.-B. Wolters. Groningen, den Haag 1925). Les matériaux épiques de ces légendes sont, pour la plupart, d'origine « cananéenne » (dans le sens le plus large du mot. Il est sans importance pour les questions concernant la religion et l'histoire d'« Israël » de savoir si parmi ces Cananéens il n'y avait pas des groupes issus de tribus hébraïques, ces tribus ayant subi l'influence cananéenne, avant qu'Israël existât). La religion de ces légendes est celle des milieux hiérosolymites à l'époque moyenne des rois, surtout des milieux que nous avons mentionnés plus haut p. 72, et qui étaient étroitement liés avec les semi-nomades.

[2] Je n'ai pas besoin d'examiner ici la théorie tout à fait fantaisiste du livre de *Sellin*, Mose und seine Bedeutung für die israelitisch-jüdische Religionsgeschichte (Deichert'sche Verlagsbuchhandlung, Leipzig 1922) ; d'après cette théorie, la disparition — selon Sellin seulement relative, il est vrai — de la tradition et de la religion prétendues primitives de Moïse s'expliquerait par le fait que les prêtres auraient tué Moïse et supprimé sa religion ; la thèse principale est construite ici sur des changements arbitraires du texte.

telle hypothèse, toute l'histoire subséquente deviendrait incompréhensible.

b) Mais d'abord il faut éviter un malentendu. Il ne s'agit pas ici de la possibilité ou de l'impossibilité que Moïse ait proclamé tels commandements moraux particuliers du Décalogue. Nous n'avons aucune raison de douter qu'il ait pu le faire à l'occasion des différents cas juridiques qui lui étaient soumis. A l'époque de Moïse déjà, la «crainte de Dieu» s'appliquait probablement à l'ensemble des coutumes populaires. Les commandements moraux du Décalogue appartiennent précisément à ces lois fondamentales dont même la vie sociale la plus primitive ne saurait se passer. En effet, les recherches plus récentes sur la mentalité des peuples primitifs et sur leur civilisation prouvent qu'il n'existe guère une seule tribu, à ce point arriérée, que plusieurs ou au moins quelques-uns d'entre les commandements particuliers du Décalogue ne fassent pas partie de ses normes morales les plus élémentaires. Il va sans dire que le Décalogue ne doit pas subir ici d'interprétation chrétienne et que les commandements n'y ont pas la portée universelle qu'ils ont dans le sermon sur la montagne ou dans le catéchisme de Luther ; le milieu où les commandements du Décalogue sont en vigueur est restreint aux membres de la tribu ou du peuple. — Mais il s'agit ici de savoir si Moïse a pu considérer les commandements moraux comme la totalité des préceptes fondamentaux de la religion et s'il a vraiment présenté le *recueil* de ces commandements comme la norme religieuse et morale par excellence. Et c'est là précisément ce qui paraît invraisemblable au plus haut degré et inconcevable d'après le témoignage des sources.

Il est, en dernier lieu, sans importance pour la question historique concernant l'origine mosaïque, de chercher en Egypte ou en Babylonie, comme le fait *Kittel*, des parallèles particulièrement anciens aux divers commandements du Décalogue. Dans la confession que, d'après le Livre des morts, le défunt faisait devant le tribunal d'Osiris, il se trouve ces formules : «Je n'ai pas tué; je n'ai pas encouragé à tuer; je n'ai pas commis d'adultère; je n'ai pas volé; je n'ai pas menti.» Et, d'autre part, à Babylone, parmi les questions que, d'après le rituel du *Šurpu*, l'incantateur devait poser au malade ensorcelé, figurent les formules suivantes : «A-t-il méprisé son père et sa mère ? A-t-il dit non là où il fallait dire oui ? A-t-il versé le sang de ses semblables ? Sa bouche était-elle droite, alors que son cœur était mensonger ?» Mais dans ces deux cas, les commandements moraux ne se trouvent pas isolés comme dans le Décalogue, encore moins ont-ils pour but de refouler à l'arrière-plan l'élément cultuel pour mettre en avant l'élément moral ; ils sont comme perdus au milieu d'une longue série de commandements rituels et cultuels de ce genre : je n'ai pas offert de mauvais sacrifices, je n'ai pas présenté de gâteaux d'offrande trop petits ; je n'ai pris aucun des oiseaux des dieux ; je n'ai pas violé les jours sacrés etc. ; ou bien : a-t-il commis quelque crime contre un dieu ou quelque péché contre une déesse ? Cette question se rapporte aux innombrables exigences cultuelles et rituelles qui se trouvent si souvent dans des rituels de ce genre.

En outre, *Kittel* renvoie à un passage du livre de *Söderblom: Das Werden des Gottesglaubens*, p. 147[1]. D'après *Kittel, Söderblom* aurait dit que les règles fondamentales enseignées, dans les tribus de l'Australie centrale, aux garçons lors des cérémonies cultuelles accompagnant leur réception dans la société des adultes, peuvent être résumées dans les quatre points suivants: obéissance envers les parents; observation des règles relatives au mariage; sincérité et exactitude dans les paroles; respect de la vie et de la propriété des membres de la tribu. — Cependant *Kittel* donne ici, autant que je peux en juger d'après l'édition suédoise du livre de *Söderblom*, une version inexacte et tendancieuse des paroles de *Söderblom;* le contexte parle, en effet, des traditions et des commandements qui doivent être enseignés aux garçons lors de leur réception parmi les hommes, c'est-à-dire dans la communauté cultuelle; et ces commandements se ramèneraient, d'après le résumé donné par *Spencer* et *Gillen* et cité par *Söderblom*, aux 4 points suivants: les jeunes doivent obéir aux plus âgés et ne doivent pas se quereller entre eux; il est interdit de manger certains aliments ; les jeunes gens doivent procurer la nourriture à leurs parents ; ils ne doivent pas fréquenter des femmes données à d'autres ou appartenant à des tribus avec lesquelles leur tribu n'a pas conclu l'alliance du « connubium » ; avant tout, ils ne doivent pas trahir, devant des femmes et des enfants, les secrets ayant trait au totem (et au culte). *Söderblom* ajoute, quelques lignes plus loin, à cet exposé cette remarque : « parmi ces ordonnances d'ordre général » — c'est-à-dire parmi les commandements dont les peuples les plus différents de la terre attribuent l'origine au « premier auteur » — figure l'obéissance envers les plus âgés (non pas en particulier:

---

[1] J'ai dû m'en tenir à l'édition suédoise (Hugo Geber, Stockholm 1914), et j'admets que Kittel fait allusion à ce qui s'y trouve à la p. 141. Les deux éditions sont identiques, en tous cas pour tous les traits essentiels ; la différence, si différence il y a, ne concerne que les détails.

envers les « parents », comme *Kittel* interprète inexactement), l'observation des règles relatives au mariage, etc. Par conséquent, ni *Söderblom*, ni surtout la source première, *Spencer* et *Gillen*, ne disent que les quatre « commandements » cités par *Kittel* soient inculqués chez les Australiens ou, d'une façon générale, chez un peuple de la terre, à l'occasion de la consécration des adultes, comme les seules règles fondamentales; au contraire, ils se trouvent enchevêtrés dans une série d'autres commandements qui n'ont pas ce caractère moral. Précisément chez les tribus de l'Australie centrale auxquelles *Kittel* renvoie, les commandements moraux sont juxtaposés à côté d'ordonnances cultuelles et rituelles sur les aliments, le totem, etc., qui font également partie de l'initiation aux cérémonies secrètes des jeunes gens et dont on attribue aussi l'origine aux premiers « auteurs », ancêtres ou dieux.

Nous pouvons donc convenir que les « commandements » particuliers du Décalogue peuvent être et sont sans doute effectivement très anciens en tant que coutumes populaires ou norme idéale; et le fait que bien souvent ils n'ont pas été observés ne prouve pas qu'ils n'aient pas existé comme règles sociales. C'est là un argument que *Schmidt* (ouvr. cité, p. 98 sq.) allègue en faveur de l'origine mosaïque. La constatation en elle-même est exacte, mais l'argumentation que *Schmidt* construit sur cette constatation est fausse ; car la question n'est pas là. Le fait qu'Osée connaisse un commandement de Yahvé qui défend le meurtre ou qu'Elie considère l'attitude d'Achab comme une transgression de défenses, connues de tout le monde et interdisant le meurtre et le vol, ne prouve rien quant à la l'existence d'un recueil de commandements tel que le Décalogue[1].

c) La question se pose ainsi : A-t-il existé, à l'époque ancienne ou mosaïque, dans la religion d'Israël, des tendances qui auraient rendu possible l'apparition d'un « catéchisme » où consciemment le culte est relégué à l'arrière-plan et où le contenu principal de la religion est ramené à des propositions d'ordre purement moral comme dans le Décalogue ? A mon avis, tout témoignage digne de confiance permettant de répondre par l'affirmative à cette question fait défaut.

On a prétendu cependant que les prophètes plus récents avaient effectivement raison en déclarant dans leur polémique anticultuelle qu'Israël, à l'époque de Moïse et du désert, n'avait pas connu de culte, en tout cas pas de culte semblable à celui de

---

[1] Voir plus haut § 9.

leur temps[1]. Et *Volz* fait remarquer comme argument, que les prophètes étant plus directement en contact avec la religion (historique) de leur temps que nous, il est méthodiquement exact « de se baser sur leurs paroles pour arriver à une conclusion sur le caractère de l'œuvre mosaïque ». Cependant on peut objecter[2] qu'une stricte application de ce principe mènerait l'historien à des conséquences absurdes; en ce cas, il faudrait admettre comme vrai tout ce que les rabbins rapportent sur l'époque mosaïque; car ils sont incontestablement « plus directement en contact avec leur religion que nous ». Avec raison, *Johs. Pedersen* remarque: « L'historiographie des anciens est connexe à leur conception de la vie. L'époque mosaïque est [pour les prophètes] l'époque idéale, et du moment que les sacrifices n'ont pas de place dans la religion idéale, ils ne pouvaient avoir été pratiqués à l'époque mosaïque. Par conséquent, il ne s'agit pas de rechercher si les prophètes possédaient des traditions particulières sur le passé, mais de comprendre comment ils en sont venus à rejeter le culte du temple »[3]. Tout ce que les prophètes rapportent sur l'époque et sur l'œuvre de Moïse, est de la pure théorie religieuse et non pas une tradition (v. plus haut § 10). Séparés de Moïse par une période de 500 ans, ils n'ont eu à leur disposition aucune source d'information autre que celles que nous possédons nous-mêmes, à savoir les légendes contenues dans J et dans E ou dans une version plus ancienne que J et E.

d) *Si l'on s'en tient aux faits transmis et attestés par la tradition, il n'y a que la prédication des prophètes qui puisse être considérée comme arrière-plan historique du Décalogue.* En effet, les prophètes ont rabaissé consciemment la valeur du culte; tout au plus, l'ont-ils considéré comme la forme traditionnelle et naturelle de la religion; en partie, ils l'ont combattu ouvertement, et en se mettant en opposition formelle avec lui, ils ont mis au premier plan les commandements moraux[4].

On pourrait répondre, il est vrai: Ces vérités que les prophètes du VIIIe et du VIIe siècle ont mises en évidence, pourquoi le « prophète » Moïse n'aurait-il pas pu les entrevoir déjà

---

[1] P. ex. *Volz* dans le commentaire de Jérémie (S K A T) 1922, p. 101 sq.; *Sellin* Mose, p. 54 sqq.

[2] *Johs. Pedersen* dans [Dansk] Teologisk Tidskrift 1923 p. 147, dans un compte rendu du commentaire de Jérémie de *Volz.*

[3] Avec ces paroles tombe effectivement tout ce que *Sellin*, ouvr. cité, croit pouvoir dire de la tradition antérieure à Osée sur « Moïse. »

[4] Am. V, 21-25; Os. VI, 6; Es. I, 10-12, 14-17; Mich. VI, 6-8; Jér. III, 1-5; VI, 20; VII, 21-23 et d'autres passages.

au XIIIe ou au XIIe siècle? — Mais à moins qu'on ne soit dominé par le souci de maintenir le dogme d'une révélation absolument surnaturelle et en dehors de toutes les lois psychologiques, on conviendra que les circonstances religieuses et sociales de l'époque des prophètes sont assez différentes de celles qui existaient au temps de Moïse. Or, ce sont précisément ces circonstances qui expliquent, dans une certaine mesure, pourquoi les prophètes devaient en venir à rejeter le culte et à insister, d'une façon exclusive, sur l'élément moral. Le conflit entre la civilisation nomade et la civilisation agraire et commerciale de Canaan, entre l'ancienne organisation tribale et la royauté, a eû pour conséquence de désagréger les anciennes unités sociales et les anciennes coutumes. Or, de cette désagrégation nous ne trouvons pas de trace à l'époque mosaïque. C'est en tant que défenseurs de l'ancien idéal de communion et de fraternité et en réaction contre les iniquités sociales de leur temps, contre la violation du « droit » des pauvres, que les prophètes sont entrés en conflit avec le culte. En mettant au premier plan le zèle pour le culte, les grands considéraient la transgression de la justice comme une bagatelle; et quand on avait accompli les rites prescrits, on croyait avoir donné une manifestation suffisante de sa piété, et l'on négligeait les anciennes exigences d'égalité et de justice. Voilà pourquoi les prophètes rejettent le culte; ils affirment que Yahvé demande la justice et rien d'autre. Voilà pourquoi ils demandent le retour au culte simple d'autrefois; ils prétendent que l'époque de Moïse n'a pas connu de culte (dans le sens plus récent), et c'est cet idéal historique qu'ils prennent comme base de leur polémique. — Considéré de ce point de vue, le type de piété représenté par le Décalogue devient historiquement compréhensible ; par contre, on ne saurait expliquer sa genèse à l'époque de Moïse.

e) Cette conclusion tirée de l'attitude religieuse générale du Décalogue résulte aussi, comme nous l'avons vu, de son attitude vis-à-vis des images, et c'est au même résultat qu'aboutit notre étude historique sur le commandement du sabbat. Il est manifeste que le commandement sur le sabbat implique un rabaissement conscient des véritables fêtes avec leurs sacrifices et leurs cérémonies bruyantes, bref une désapprobation du culte des sacrifices qui cependant n'a pas été assez catégorique pour aboutir à une condamnation formelle. Le commandement sur le sabbat témoigne de la même tendance que la préférence donnée à l'élément moral et nomistique en général, tendance qui, comme nous l'avons vu, nous ramène directement aux grands prophètes. —

Pourtant il existe une certaine différence: jamais les prophètes n'ont lutté ouvertement en faveur du sabbat; jamais son observation n'a été, pour eux, l'objet d'un commandement divin particulièrement sacré[1]; la plupart du temps, ils le mentionnent de la même façon dont ils parlent des autres fêtes, c'est-à-dire dans une intention polémique, comme une coutume dont l'observation (telle qu'elle est pratiquée par leurs contemporains) n'est pas agréable à Dieu (comp. Es. I, 13; Os. II, 13). Cependant les exigences des premiers prophètes réformateurs, exigences trop sévères et trop radicales pour pouvoir être adaptées telles quelles aux conditions réelles de la vie religieuse, ont été modifiées par les prophètes ultérieurs. Le prophétisme du VIIe siècle devait aboutir à une certaine réconciliation de la religion cultuelle avec le nationalisme religieux. Malgré la réapparition de l'ancienne prophétie du jugement avec Michée VI-VII et Jérémie, la tendance représentée par des épigones tels que Nahoum, Habakkuk, les auteurs de Michée IV-V[2], les adversaires de Jérémie et, en partie, aussi Sophonie, resta la plus forte, et elle a exercé son influence sur la réforme deutéronomique. L'esprit de cette tendance prophétique plus récente s'est manifesté très probablement parmi les disciples d'Esaïe, c'est-à-dire dans le cercle ou la « secte » d'Esaïe[3]. Ainsi s'explique le fait qu'ait pu paraître à cette même époque un document tel que le Décalogue dans lequel s'affirme, d'une part, l'antipathie des prophètes contre le culte des sacrifices et des fêtes, et leur préférence pour le côté moral de la religion, et où, d'autre part, on attribue une plus grande importance au sabbat aux dépens des anciennes fêtes cultuelles. C'était déjà un essai de compromis. Le sabbat commençait à devenir, du moins dans les milieux prophétiques, le jour de repos consacré à Yahvé, le jour du silence devant Yahvé. En même temps, sa sanctification impliquait des rites extérieurs tout à fait simples et clairement formulés qui répondaient à l'universel besoin de symboles et de gestes rituels

---

[1] Ce n'est pas non plus le cas dans Am. VIII, 4. Ici l'accent réside dans la protestation contre l'avidité et l'usure des puissants; ces vices sont tels qu'ils empêchent les grands de respecter même la coutume généralement observée du sabbat. Mais Amos ne saurait être considéré comme un défenseur du sabbat, de même que Esaïe n'est pas un partisan du culte des sacrifices, tout en blâmant sévèrement la profanation des fêtes par les prêtres (XXVIII, 7 sqq).

[2] En tant qu'ils sont antérieurs à l'exil. Il faut admettre ici une pluralité d'auteurs.

[3] Comp. mon livre Profetien fra Jesaja til Jeremia, Oslo 1926, où j'ai essayé de prouver le rapport entre cette tendance et le milieu des disciples d'Esaïe.

considérés comme expressions de la piété. En outre, le sabbat avait été l'objet d'un commandement divin déjà dans les décalogues plus anciens[1] de J et de E. Il est donc très naturel que la sanctification du « jour de repos » soit devenue l'un des traits distinctifs d'un groupe organisé d'une manière plus ou moins rigide comme a pu l'être la secte des disciples d'Esaïe[2]. Une telle communauté devait posséder — conformément au degré de civilisation et à la façon de penser de l'époque — des signes et des symboles et devait les exprimer dans certains commandements et « observances ». C'est ainsi qu'encore 700 ans plus tard le cercle johannique possédait son baptême et ses formulaires de prière spéciaux. Par conséquent, ce n'est pas une hypothèse sans fondement de supposer que le respect pour le sabbat attesté pour la première fois dans le livre « exilique » et « post-exilique » du prophète Ezéchiel a pris naissance dans l'école de prophètes remontant à Esaïe. Il est probable aussi que cette évolution a commencé dès une époque antérieure au Deutéronome; car D et Dt s'intéressent beaucoup plus que le Décalogue aux sacrifices et se rapprochent à cet égard plutôt de P.

f) Dès lors, le milieu d'origine du Décalogue que nous commencions à apercevoir, prend pour nous des contours plus précis. Nous considérons que le Décalogue a pris naissance non plus seulement, d'une façon générale, dans l'Israël de l'époque « prophétique » et prédeutéronomique, mais, d'une façon plus précise, dans la communauté des disciples d'Esaïe dans son stade antérieur au Deutéronome[3]. Dans ce groupe, tel que nous pouvons nous le représenter d'après les sources mentionnées plus haut, nous rencontrons toutes les conditions nécessaires à la formation du Décalogue: d'une part la fidélité à l'égard des grandes idées prophétiques, la prédominance des exigences morales et l'opposition contre le culte sanglant et bruyant des sacrifices[4], d'autre part, un adoucissement de l'intransigeance primitive et un intérêt croissant pour des rites et des observances orientées dans le

---

[1] C'est ce que nous pouvons affirmer après toutes les analyses qui précèdent. V. encore plus loin § 17.

[2] D'après toutes les analogies qu'offrent l'Orient ancien et moderne et, d'une façon générale, la mentalité primitive, nous pouvons admettre que le cercle d'Esaïe a été un cercle fermé et organisé dans une certaine mesure.

[3] Il n'est pas nécessaire d'entendre cette détermination dans le sens chronologique; elle doit être comprise au point de vue de l'histoire des idées.

[4] Mich. V, 9-14; VI, 1-8; VI, 10sq.; VII, 1-6; Hab. I, 2-4; II, 5-17; Soph. III, 1-7.

sens d'un renforcement de l'esprit national[1]. — Ce sont là précisément les traits fondamentaux de la religion représentée par le Décalogue; ses commandements d'ordre rituel (défense des images, obligation d'observer le sabbat) forment le lien entre l'esprit prophétique et le passé cultuel d'une part, et le ritualisme « nomistique » du judaïsme d'autre part.

g) Ainsi les objections formulées par *Kittel* et d'autres critiques contre l'hypothèse d'une dépendance du Décalogue vis-à-vis de la prédication des grands prophètes tombent. *Kittel* prétend que les préceptes essentiellement prophétiques ne se trouvent pas dans le Décalogue: « il [le Décalogue] ne dit mot ni d'une opposition entre le culte et la morale, ni de l'exigence d'un juste jugement, ni de la miséricorde à l'égard des pauvres et de ceux qui ont besoin de protection »[2]. Ces remarques renferment un fond de vérité; elles n'en sont pas moins excessives. Nous avons montré que tout en ne prêchant pas, à la manière des prophètes plus anciens, l'opposition absolue entre la morale et le culte[3], le Décalogue laisse apercevoir une polémique mitigée et latente contre le culte des sacrifices; le sabbat est pour lui plus important que le culte des fêtes et du temple; d'après la conception du Décalogue, le sabbat n'implique, en première ligne, ni l'idée de culte, ni celle de fête[4]. En outre, les péchés stigmatisés par les prophètes et mentionnés par *Kittel* sont considérés avant tout comme avidité et rapine (comp. Am. VIII, 4-6 ; Mich. II, 1-2 ; Es. X, 1-3, et ces péchés sont manifestement visés dans le 10e, en partie aussi dans le 9e[5] commandement. En même temps, le 10e commandement témoigne d'un approfondissement, caractéristique pour la religion des prophètes, des préceptes moraux et religieux[6].

Mais il est exact que la façon particulière dont les prophètes ont formulé ces préceptes ne se retrouve pas dans le Décalogue. Cela vient d'une part du fait que ce ne sont pas les grands prophètes eux-mêmes, mais les hommes d'une époque

---

[1] Mich. IV, 1-5; IV, 13; VI, 16; Nah. II, 1; Hab. II, 20; Soph. I, 8 Pour plus de détails, v. mon livre « Profetien fra Jesaja til Jeremia ». Comp. aussi la parenté du premier et du 3e commandements avec des passages tels que Mich. IV, 10-13; Nah. III, 4, 17; Hab. I, 16; II, 18 sq.; Soph. I, 4-6.

[2] Ouvr. cité, p. 654.

[3] Chez eux, cette opposition n'est pas tout à fait absolue; il faut tenir compte du caractère catégorique du style prophétique.

[4] V. plus haut p. 105 sq. L'affirmation de *Kittel* (ouvr. cité, p. 656), selon laquelle le sabbat serait la seule « fête » instituée par Moïse, induit donc en erreur.

[5] Naturellement d'après la façon juive et réformée de compter les commandements.

[6] Comp. Os. VI, 4, 6; Mich. VI, 8; Es. X, 1-3; Am. II, 8.

moins originale et plus liée à la tradition, qui ont créé le Décalogue, et aussi du fait que l'auteur du Décalogue n'a pas formulé lui-même les commandements particuliers, mais qu'il les a empruntés à la tradition sacrée des anciennes législations. Nous avons déjà remarqué (§ 9) que les commandements particuliers du Décalogue, en tant qu'exigences divines et normes de la vie morale et sociale, peuvent être et sont sans doute effectivement beaucoup plus anciens que le recueil. Nous avons examiné plus haut, au § 9, quelques témoignages littéraires attestant des préceptes particuliers de ce genre. Pour plusieurs autres, nous avons des parallèles dans des lois et des textes cultuels. Pour le premier commandement, on peut citer : Ex. XXXIV, 14 ; XX, 23 a ; Lev. XIX, 4 a et toute la première partie de Dt.; pour le second : Ex. XXXIV, 17 ; XX, 23 b ; Lév. XIX, 4 b ; Dt. XXVII, 15 ; pour le troisième : Lév. XIX, 12 ; pour le quatrième : Ex. XXXIV, 21 ; XXIII, 12 ; Lév. XIX, 12 ; pour le cinquième : Lév. XIX, 3 ; Dt. XXVII, 16 ; pour le sixième : Lév. XIX, 11 a ; pour le huitième : Dt. XXVII, 24 ; pour le neuvième : Lév. XIX, 11 b. Nous ne tenons compte ici que des parallèles attestant l'existence de lois ou de commandements qui concordent avec ceux du Décalogue au point de vue de la forme et du contenu. Nous n'avons pas besoin de prouver par des citations que ces commandements, excepté ceux que nous avons examinés et, dans une certaine mesure, peut-être aussi le 10e (v. plus haut), ont passé, depuis les temps les plus anciens, pour des normes de la vie sociale et, en même temps, pour des lois divines et « sacrées ». Mais l'auteur du Décalogue ne voulait pas énoncer les exigences divines sous une forme nouvelle ; son but était de réunir les anciens commandements dans un court résumé. Il résulte de la formule d'introduction dont nous avons déjà montré le caractère primitif, qu'il a conçu son œuvre comme une réunion des commandements du Sinaï : « Je suis Yahvé, ton Dieu, qui t'ai fait sortir du pays d'Egypte ». D'après les analyses précédentes, nous pouvons affirmer, sans nous exposer au reproche d'avoir tiré des conclusions trop rapides, qu'il a essayé de réaliser son intention en se rattachant consciemment à des décalogues plus anciens, entre autres à ceux de J et de E, son décalogue à lui devant exprimer d'une façon plus claire et plus vraie que les autres les commandements donnés par Yahvé au Sinaï. Outre le premier commandement, considéré toujours comme le précepte fondamental, et les deuxième et quatrième, particulièrement caractéristiques pour les milieux prophétiques, il a choisi, parmi les commandements reconnus de tous comme normes sociales fondamentales et sacrées, ceux qui étaient propres à former le résumé le plus adéquat de la religion essentiellement morale du prophétisme ; car, a priori, il était convaincu que la religion des prophètes et celle de Moïse étaient identiques[1]. Le chiffre 10 lui était sans doute indiqué par le style et le genre littéraire traditionnels[2]. Ainsi des limites assez étroites lui étaient tracées pour fixer la forme du Décalogue; et, d'autre part, le radicalisme des anciens prophètes annonciateurs du jugement était déjà fortement mitigé chez lui, ainsi que dans tout le cercle des disciples d'Esaïe.

§ 16. *Un « terminus ante quem ».*

L'examen du contenu du Décalogue aboutit au même résultat chronologique que l'étude littéraire du Chap. I, c'est-à-dire, il nous amène au même terminus ante quem. Il s'agit de se demander, *pourquoi le Décalogue ne contient pas de commandement relatif à la circoncision.* S'il était d'origine «exilique», opinion défendue par *Steuernagel*, *Meinhold* et d'autres et autrefois par moi-même, c'est-à-dire s'il avait été composé non seulement pendant l'époque de l'exil, mais même parmi les exilés, il faudrait s'attendre à un commandement sur la circoncision. Un décalogue composé dans l'exil devrait réunir les commandements destinés à être observés par les Juifs authentiques et qui les différenciaient de leur entourage païen ; il fixerait, avant tout, les coutumes spécifiquement juives. Parmi ces coutumes, la circoncision occupait déjà, peu de temps après la naissance de la diaspora, une place importante. Nous en trouvons une trace déjà dans Dt. XXIII, 2-9, passage qui veut régler le rapport entre les peuples voisins de Juda et la communauté cultuelle d'Israël et qui, pour cette raison, tient compte expressément ou implicitement de tous les voisins de cette époque[3]. Le peuple incirconcis des Philistins y est considéré comme une nation dont les membres ne peuvent obtenir, à aucun prix, l'accès à la communauté, et dont, pour cette raison, on n'a même pas besoin de faire mention. Dans P, la circoncision est, d'une façon générale, le « signe » de l'alliance et de la participation à l'alliance : sans la circoncision, on ne saurait avoir part aux promesses que Dieu a faites à Abraham (Gen. XVII). Chez les auteurs plus anciens des époques exilique et postexilique, elle est mentionnée fréquemment comme

---

[1] Comp. plus haut, p. 104.

[2] V. plus haut.

[3] V. *Mowinckel* dans Acta Orientalia I, p. 96 sq.

condition indispensable que tout Juif pieux doit remplir, et, ce qui est important pour nous à noter, elle est mentionnée à côté du sabbat ; sabbat et circoncision forment presque une unité ; c'est dans leur observation que consiste le signe distinctif du Juif (Ez. XX, 12, 20 ; XXII, 8, 26 ; XLIV, 7, 9, 24). Par conséquent, il faudrait s'attendre, dans un Décalogue exilique, à un commandement sur la circoncision ajouté à celui sur le sabbat. Le fait qu'il manque prouve que le Décalogue est antérieur à l'« exil », car l'importance attachée à la circoncision est allée en croissant depuis ce moment-là.

Cette conclusion est confirmée par le fait que le Décalogue présuppose incontestablement la vie cultuelle comme arrière-plan naturel (v. plus haut, p. 98 sq.) ; il suffit d'examiner le premier et le deuxième commandement. Une vie cultuelle de ce genre ne saurait être admise pour un décalogue qui aurait pris naissance dans l'exil.

Si vraiment il datait du temps de l'exil, il serait en tout cas d'origine *palestinienne* ; ce n'est qu'en Palestine que cette vie cultuelle a encore continué pendant l'exil ; il ne faut pas ajouter foi à la légende du Chroniste qui prétend que le pays avait été complètement abandonné et que toute manifestation cultuelle y avait cessé jusqu'au temps de Cyrus. Cette conception est contredite par tous les faits et par toutes les sources. Il serait donc possible de placer le Décalogue à l'*époque* de l'exil; ce ne serait pas contraire au fait que le Décalogue a été incorporé à Dt ou à Db. En ce cas, il s'agirait d'un déplacement chronologique d'à peu près 100 ans. Même en admettant cette date tardive, le Décalogue devrait pourtant être placé, au point de vue de l'histoire des idées, « entre les grands prophètes et Dt » ; c'est-à-dire, il devrait, de toutes façons, être attribué au cercle des disciples d'Esaïe ; en effet, il est assez certain que cette communauté a survécu, en Palestine, à la ruine de Jérusalem ; le second Esaïe, qui est un disciple d'Esaïe, nous en fournit la preuve[1].

Cependant, cette date relativement récente ne me paraît pas probable. Car les prophètes qui prêchent à Jérusalem immédiatement après la restauration partent d'un point de vue cultuel tout à fait différent de celui du Décalogue (Haggée, Zacharie). Plus

---

[1] Je persiste à considérer comme la seule hypothèse plausible (comp. mon Statholderen Nehemia 1916, p. 170, note 2), celle selon laquelle le second Esaïe a vécu en Palestine, bien que, passagèrement, je me sois écarté de cette conception, erreur qui a laissé ses traces dans certaines argumentations de mon étude « Der Knecht Jahwäs », 1921.

nous rapprochons l'origine du Décalogue des grands prophètes antérieurs à l'exil, plus elle devient facilement explicable. D'ailleurs, nous avons vu que les résultats de la critique littéraire ne fournissent pas une base suffisamment certaine pour constater une origine exilique ou postexilique ; et même il est possible que le Décalogue ait été interpolé déjà dans l'œuvre de E.

§ 17. *Résumé.*

Ainsi les résultats de la critique littéraire et ceux de l'étude du contenu s'accordent. En partant de deux points de vue différents, nous sommes arrivés au même résultat: le Décalogue a été composé à l'époque préexilique la plus récente, entre Esaïe et Dt. Nous pouvons considérer comme certain que le Décalogue est postérieur aux décalogues du Sinaï rapportés par J et par E ; si J et E n'ont pas donné notre décalogue comme base de l'alliance du Sinaï, c'est qu'ils ne le connaissaient pas ; et il n'est pas probable que, de leur temps, il ait déjà existé. Effectivement, il a été composé d'après le cliché des décalogues plus anciens contenus dans J et dans E. Nous avons vu que ceux-ci sont postérieurs à l'immigration. L'auteur de J a *peut-être* vécu peu de temps après la division du royaume[1] ; mais son œuvre a été remaniée par des rédacteurs plus récents. C'est à ces parties secondaires qu'appartient probablement aussi la forme actuelle de la péricope du Sinaï rapportée par J[2]. Quant à l'œuvre de E, nous ne discutons pas l'hypothèse de *Hölscher*, selon laquelle E serait la source du livre des Rois pour toute l'époque préexilique, de sorte qu'il serait lui-même « postexilique »[3] ; en tous cas, il serait impossible alors que E ait été écrit d'un seul jet et par un seul auteur (ou rédacteur) ; il faudrait, au contraire, admettre une œuvre formée peu à peu et continuée pendant plusieurs époques. L'hypothèse de *Hölscher* ne prouve rien quant à l'âge de la péricope élohistique du Sinaï. Incontestablement, elle est antérieure à l'exil et, dans ses parties essentielles, elle n'est pas plus récente que les grands prophètes messagers du jugement[4]. Il est impos-

---

[1] *Hölscher* (Gunkelfestschrift I, p. 182) croit trouver la dernière trace de J dans le récit sur l'« assemblée nationale » réunie à Sichem. *Benzinger* croit pouvoir poursuivre, mais sans doute à tort, l'œuvre de J à travers tout le livre des Rois (Jahwist und Elohist in den Königsbüchern [BWAT, Neue Folge, Heft 2, 1921]).

[2] V. plus haut § 8.

[3] Dans Gunkelfestschr. I, p. 205 sqq.

[4] Je ne crois pas que la thèse de la critique plus ancienne selon laquelle J et E seraient à considérer comme de « l'historiographie prophétique » soit

sible de fixer exactement la date de la source commune des deux versions du décalogue antérieur (celui du J et du E) ; nous montrerons seulement que, très probablement, leur origine doit être cherchée dans le cercle du temple de Jérusalem.

Le décalogue plus récent, c'est-à-dire celui dont nous nous occupons, a été incorporé, *au plus tôt*, aux environs de l'an 600 par un rédacteur deutéronomique dans Dt — ou peut-être dans une rédaction de D, dans D^b —, puis, par une rédaction apparentée à P et due à R^{JEDtP}, il a été incorporé, environ vers 500 ou 450, dans le cadre de E ; enfin, il n'est pas tout à fait impossible qu'il ait été interpolé déjà un peu auparavant dans une version de E provenant d'une rédaction, dont nous n'avons, actuellement, plus de trace.

Son attitude à l'égard des images cultuelles et son commandement sur le sabbat, de même que son esprit religieux en général, sont autant d'arguments qui prouvent qu'il est sorti de l'école des grands prophètes, plus précisément de l'école plus récente d'Esaïe. D'autre part, le manque d'un commandement sur la circoncision et l'arrière-plan cultuel sur lequel se détachent les exigences morales et « nomistiques » prouvent aussi bien que l'étude littéraire l'invraisemblance d'une origine « exilique » ou « post-exilique ».

---

exacte ; au contraire, ces œuvres attestent l'existence d'idées qui expliquent la naissance du prophétisme ; car celui-ci doit nécessairement avoir été préparé d'une façon ou d'une autre. E doit son origine sans doute au milieu des nebiim. Mais nabi et prophète ne sont pas identiques.

CHAPITRE III.

L'ORIGINE DU DÉCALOGUE

§ 18. — *L'origine des récits de l'alliance au Sinaï.*

La première question qu'il s'agit d'examiner est celle du type sur lequel les récits de l'alliance du Sinaï ont été composés. Car le Décalogue est formé d'après le cliché des décalogues plus anciens contenus dans J et dans E, et ceux-là ont été incorporés aux récits de l'alliance. Le problème posé revient, au fond, à replacer le Décalogue dans son cadre historique, c'est-à-dire à rechercher son « Sitz im Leben », selon l'expression consacrée qui sert à caractériser la méthode extrêmement féconde introduite par *Gunkel* dans la science de l'Ancien Testament.

Hommes du XXe siècle, nous sommes tentés, au premier abord, de postuler comme cadre historique dans lequel le Décalogue aurait pris naissance, quelque enseignement religieux. De même l'ancienne génération des critiques a considéré comme quasi évidente l'hypothèse selon laquelle le « symbole apostolique » serait la confession des candidats au baptême et le catéchisme destiné à leur instruction. Cependant depuis les récentes études sur le symbole, il devient de plus en plus clair que la véritable origine du symbole ne doit pas être cherchée dans l'enseignement, mais dans les doxologies adressées à Dieu et au Seigneur dans le culte eucharistique. De même le critique moderne de l'Ancien Testament doit considérer que ce n'est pas un enseignement religieux, mais la vie religieuse de l'ancien peuple d'Israël elle-même qui a produit les décalogues. L'ancien Israël n'a pas possédé d'instruction religieuse générale — aucune source ne nous en parle —, et le seul enseignement dont nous ayons connaissance, à savoir celui de l'école des scribes et des sages[1], porte un cachet tout différent de celui des décalogues au point de vue de la forme et du contenu. En effet, cette instruc-

[1] v. *Gressmann* dans ZATW., 1924, p. 291 et suiv.

tion est caractérisée par la sagesse des proverbes d'un « Salomon », d'un Ben Sira, d'un « Qohelet » ; par contre il est tout à fait évident que le style des décalogues est celui des *tôrōṯ* sacerdotales. Les fonctions sacerdotales concernent le culte qui est la pratique par excellence de la religion sociale. — Ainsi ces considérations a priori nous amènent déjà à envisager la possibilité d'un rapport des décalogues avec le culte. —

Examinons les récits de l'alliance. Dès l'abord, il est clair que ni J ni E n'ont eu à leur disposition quelque récit contemporain qui aurait raconté en détail les événements ayant trait à l'alliance du Sinaï. Car celle-ci était censée avoir été conclue selon les rites traditionnels de toute alliance, et il ne pouvait venir à l'idée de personne de fixer par écrit pour la postérité ces formes connues de tout le monde. En même temps, il est hors de doute que ni J ni E n'ont pu, tant de siècles après Moïse, conserver une tradition historique exacte sur la manière dont l'alliance avait été conclue. A quelle source ont-ils alors emprunté les traits dont ils ont enrichi leurs récits sur cet événement?

Gressmann[1] a montré que, dans l'œuvre de J comme dans celle de E, la « tradition »[2] sur l'alliance du Sinaï reflète plusieurs stades de l'évolution. La couche la plus ancienne à laquelle nous pouvons remonter, incorporée actuellement dans E, mais appartenant peut-être à J, se trouve dans Ex. XIX, $_{13}{}^{b}$; XXIV, $_{1}{}^{a}$, $_{9-11}$[3]. A ce stade de l'évolution, la tradition ne mentionnait probablement pas encore de parole de l'alliance; Yahvé se révèle à Moïse au Sinaï et lui ordonne de monter, sur un signe fixé, avec d'autres anciens du peuple d'Israël, sur la montagne. Ils y trouvent Yahvé lui-même et le contemplent face à face; ils mangent avec lui, comme on mange avec un homme. C'est dans ce repas pris en commun que consiste l'acte de l'alliance sous sa forme la plus profonde et la plus caractéristique[4]. Probablement les narrateurs les plus anciens ne se sont pas représentés cette scène comme une cérémonie silencieuse. Il résulte d'un passage tel que Gen. XXXI, $_{44-54}$, comme l'a bien montré *Johs. Pedersen*, que le repas en commun présuppose l'al-

---

[1] Mose und seine Zeit, p. 180 et suiv.

[2] Ce terme pris dans le sens que nous lui avons attribué au § 10.

[3] v. plus haut § 8a.

[4] Comp. Gen. XXVI, 30; XXXI, 54; II Sam. III, 20; Esr. IV, 14; Nombr. XVIII, 19; II Chron. XIII, 5; Ps. XLI, 10. v. *Johs. Pedersen*, Israel I—II, p. 235, le même: Der Eid bei den Semiten (Strassburg, Trübner 1914), p. 48 et suiv. Sur le rapport possible et même fort probable entre b^{e}rīṯ et bārā = manger v. *Ed. Meyer*. Die Israeliten und ihre Nachbarstämme p. 558, note, et *Johs. Pedersen*. D. Eid b. d. Sem., p. 45, note 1.

liance déjà conclue. Elle a été contractée et son contenu a été approuvé par les deux parties contractantes; elle doit être confirmée et sanctionnée par un repas, et ainsi les deux âmes doivent devenir une. Les paroles qui, dans les versions les plus anciennes du récit ont précédé le repas, peuvent être reconstruites à peu près d'après XIX,$_{5}$ et suiv. « Je ferai de vous mon peuple et je veux être votre dieu. » Les formes extérieures de cet acte sont empruntées aux rites de l'alliance conclue entre hommes, c'est-à-dire à ceux de l'action cultuelle la plus importante de l'ancienne civilisation tribale. Une alliance constitue un acte sacré qui présuppose la participation des dieux des deux parties contractantes; le repas en commun est un repas sacré et sacramentel[1]. Une cérémonie traditionnelle du culte a été transposée ici dans un plan mythologique.

Dans les couches subséquentes de la tradition (celle de J et les deux versions de E que nous avons distinguées plus haut § 8 a), le repas en commun a été supprimé ; Moïse seul est jugé digne d'entrer dans un rapport personnel avec la divinité et d'être le médiateur de l'alliance. Cette modification provient de la tendance supranaturaliste qui se fait sentir peu à peu dans la tradition. Dans l'une des deux versions de E (Ex. XXIV,$_{12-15}$ ^{a}, $_{18}$ ^{b}), une proclamation expresse inscrite sur des tables et affirmant les conditions de l'alliance a été ajoutée. Mais nous ne savons pas sous quelle forme le contenu des tables a été primitivement transmis. Nous ne savons pas davantage quelle était l'introduction de cette version ni ce qu'était d'abord le cadre général de la scène. Cependant il est probable qu'elle ressemblait à la version de J. Celle-ci se trouve, en partie fragmentaire, en partie amplifiée par des additions secondaires, dans Exode XIX, $_{18, 20-22, 25}$; XXXIV, $_{1}^{a}$, $_{2-4, 5-28}$; mais dans XXXIV, $_{2}$ et suiv., elle a emprunté des développements à d'autres fragments de l'œuvre de J. Font partie dans ce passage de la péricope de l'alliance : v. $_{2-4}$, $_{5}^{a}$, $_{6}^{a}$, ^{b} [2], 7 [3], $_{10-28}$; les v. $_{10-13}$ trahissent la main de rédacteurs plus récents et le style dénote des tendances deutéronomistiques. Un acte analogue à celui du repas communiel de XXIV, $_{9-11}$ ou à la cérémonie de XXIV, $_{4-8}$ a probablement servi de conclusion. Dans ce récit, nous trouvons les motifs suivants :

---

[1] *Johs. Pedersen*, Israël I—II, p. 238. — Comp. Gen. XXXI, 54 wajjizbaḥ zäbaḥ.

[2] Dans le texte primitif: wajjiqrā (à sous-ent. Yahvä) anī Yahvä etc. v. plus haut § 5 c, p. 25.

[3] Les morceaux éliminés, à savoir v. 5b, 6a, 8—9 sont en rapport avec la version de J des motifs racontés dans chap. XXXII et suiv. (veau d'or, face de Yahvé), comme *Gressmann* l'a montré. Dans les détails, je m'écarte un peu de G.

1° Yahvé apparaît à Moïse et promet de conclure une alliance avec Israël sous certaines conditions.

2° Le peuple accepte la proposition.

3° Le peuple reçoit l'ordre de se sanctifier pour le temps fixé tout comme pour une fête cultuelle.

4° Quand certains signes indiqués d'avance — qui sont, au fond, le commencement de la théophanie — s'accompliront (son de la trompette), Moïse doit monter sur la montagne; il doit apporter deux tables.

5° Lorsque Moïse est arrivé sur le sommet, Yahvé descend sur la montagne, il se révèle, par son nom, à Moïse et lui dévoile son essence.

6° Il renouvelle sa promesse de conclure une alliance et il en édicte les conditions.

7° Les paroles sont inscrites sur les tables.

[8° L'alliance est conclue selon certaines cérémonies].

Ici l'accent est placé sur la théophanie et la communication des paroles. Le récit revêt encore les formes du mythe, mais l'empreinte épique de la version plus ancienne (repas communiel) est déjà reléguée à l'arrière-plan. En réalité, J exprime ici, sous la forme d'un mythe historique, l'idée du dieu qui se révèle et qui dévoile son nom, son essence et sa volonté. L'histoire proprement dite ne commence qu'avec le 5e point. Ce qui précède n'est qu'un prologue qui détruit la cohérence de l'exposé et qui est en contradiction avec toutes les règles de la narration, car il anticipe sur les événements qui doivent arriver dans la suite et sur ce qui constitue le fond même du récit. Pourtant ce prologue était nécessaire, vu le caractère mythique et historique de la scène et la nécessité de l'incorporer dans une version de la vie de Moïse et de l'histoire sainte d'après laquelle Moïse et Israël connaissaient déjà Yahvé et son essence[1]. En réalité, toute initiative devait partir de Yahvé lui-même ; dès lors Moïse devait recevoir une révélation et un ordre divins, avant que Yahvé se fût manifesté véritablement et qu'il eût communiqué son nom, son essence et sa volonté. Il résulte de tout cela que le motif principal du récit, à savoir l'idée de l'épiphanie du dieu exprimée sous forme de mythe, a eu une existence indépendante avant de faire partie de la manifestation de l'alliance du Sinaï. — Nous ne savons pas en quoi a consisté le véritable acte de l'alliance (le 8e point) dans J, puisqu'il a été remplacé par celui qui se trouve dans E.

---

[1] Il n'importe pas ici de savoir, si c'est un fait historique ou non; toujours est-il que c'est la présupposition du narrateur et de J.

Nous ferons des remarques analogues à propos du récit principal de E dans XIX, 2^{b}, 3^{a}, [3^{b}-8], 9^{a}, 10, 11^{a}, 12, 13^{a}, 14-17, 19; XX, $18\text{-}22^{a}$, 23-26; XXII, 28, 29; XXIII, 10-19, 20-23 (développé par un rédacteur deutéronomistique) ; XXIV, 3-8 [1]. Pour la question qui nous intéresse actuellement, il importe assez peu qu'à la différence du récit précédent, le « motif des tables » ait été doublé ici par l'adjonction du « motif du livre », qui lui est, à vrai dire, parallèle, et que cette variante de E qui, primitivement, est façonnée sur le « motif du livre » ait été combinée par R^{E} avec l'autre variante de E mentionnée plus haut qui est façonnée sur le « motif (plus ancien) des tables ».

Le récit contient les éléments suivants:

1° Moïse monte vers Dieu.

2° Yahvé promet de se révéler à Moïse et au peuple et de leur communiquer les commandements qui, dans la suite, doivent être observés par le peuple.

3° Il ordonne que le peuple se sanctifie pour un temps fixé, comme dans une fête cultuelle, et il prescrit d'autres mesures qui doivent être prises (la montagne doit être isolée comme un lieu sacré).

4° Moïse retourne auprès du peuple et exécute les ordres de Dieu.

5° Au temps fixé, tous les signes habituels de la théophanie apparaissent.

6° Moïse mène le peuple, dans une procession solennelle, vers la montagne sur laquelle Dieu est descendu.

7° Moïse appelle Dieu, celui-ci répond; toute la scène se déroule au milieu des catastrophes qui accompagnent la théophanie.

8° Le peuple terrifié prie Moïse de monter seul vers la divinité pour en recevoir les paroles.

9° Dieu annonce à Moïse les conditions de l'alliance.

10° Il fait connaître sa volonté de conclure une alliance avec Israël sur cette base.

11° Moïse revient et communique les paroles au peuple; celui-ci se déclare prêt à les accepter; Moïse les inscrit sur un livre.

12° L'alliance est conclue pendant un sacrifice cultuel, une effusion de sang et la lecture des paroles de l'alliance.

Puis vient, chez R^{E}, par suite de la combinaison du motif des tables et du motif du livre, un ordre de Dieu adressé à Moïse de (re)monter sur la montagne et de recevoir les mêmes paroles

---

[1] Les v. 1 b—2 sont, comme *Gressmann* l'a reconnu, une adjonction harmonistique de R^{E} (ou de R^{JE}).

inscrites sur des tables. C'est là en même temps une transition qui permet de passer à la légende du veau d'or. — Cette variante du récit n'est autre que celle de J avec, en plus, quelques traits ultérieurs; les motifs principaux sont restés les mêmes. L'épiphanie proprement dite et l'acte de l'alliance sont précédés d'une préface (points 1-4) qui tout en étant nécessaire dans le cadre du mythe historique, anticipe sur les traits essentiels du récit, et qui enlève quelque peu à la révélation de l'alliance son caractère d'épiphanie. Dans le texte actuel, le récit a été altéré également du fait que la formule d'introduction des paroles de l'alliance manque; elle a été supprimée en vue d'introduire le Décalogue de P dans XX, $_{2}$ et elle a été remplacée, pour ainsi dire, par le verset XX, $_{22}$ qui forme la soudure. Cette couche de E nous permet de démêler clairement les traits ajoutés ultérieurement aux formes plus anciennes de la tradition. Le simple acte de l'alliance (par un repas sacré) a été surchargé par tout le complexus d'idées du Dieu qui apparaît pour l'épiphanie et qui dévoile son nom, son essence et sa volonté. En même temps, l'ancien repas en commun a été remplacé par un sacrifice cultuel avec effusion de sang.

Il n'y a point de doute sur le type traditionnel d'après lequel ce dernier acte du drame a été conçu. Bien que l'influence du style de la légende s'y fasse sentir — il est question de 12 massebot —, l'ensemble du tableau est emprunté aux actes rituels du culte et tire ses traits essentiels d'une coutume cultuelle en usage à l'époque de E ou du narrateur. Selon la vieille conception du peuple d'Israël et, en général, des peuples primitifs, tout acte cultuel et toute fête célébrée par l'assemblée sert à conclure, à renouveler et à confirmer une alliance; par le culte, l'« alliance » avec la divinité est réalisée toujours à nouveau[1]. Rien ne nous empêche dès lors de supposer que cette idée fondamentale s'est exprimée aussi dans certains actes cultuels particuliers et que, par conséquent, la cérémonie de l'effusion du sang décrite dans XXIV, $_{6-8}$ était empruntée directement à un rite en usage (à Jérusalem)[2] dans le culte de l'assemblée.

Si le cliché de l'acte central de l'alliance provient du culte,

[1] Comp. mes brèves allusions dans Psalmenstudien II, p. 150 et suiv., en outre p. 19—35 et V, p. 5—23. — L'opinion présentée surtout par *Kraetzschmar* et approuvée par la plupart des commentateurs, selon laquelle la représentation du rapport entre Yahvé et Israël sous forme d'une « alliance » ne serait pas ancienne, est complètement fausse. Elle repose sur une grave ignorance de la psychologie du vieux peuple d'Israël. Elle a été réfutée définitivement par *Johs. Pedersen* « Israël ».

[2] E n'est pas éphraïmitique, mais d'origine hiérosolymite au même degré que J.

nous avons là aussi un indice qui nous fera découvrir l'origine des autres traits du tableau. La cérémonie peut s'expliquer tout entière par le rite des fêtes tel qu'il était pratiqué en Israël et surtout à Jérusalem à l'époque de J et de E (et de leur source commune). Il était conforme à la coutume cultuelle, que le peuple se « sanctifiât » par les purifications rituelles et l'abstinence sexuelle (XIX, $_{10-15}$, comp. Lev. XVI, $_{4}$; Jos. VII, $_{13}$; I Sam. XXI, $_{5}$ et suiv.); dans notre récit, de même que dans le culte de la fête, la parousie de Yahvé est annoncée par le son des cors et des trompettes (XIX, $_{13, 19}$; XX, $_{18}$; comp. Lev. XXIII, $_{23}$; II Sam. VI, $_{5}$; I Chron. XIII, $_{8}$; XV, $_{28}$; Ps. XLVII, $_{6}$; XCVIII, $_{6}$); dans une procession solennelle, toute l'assemblée se dirige vers la montagne (en réalité vers le sanctuaire) à la rencontre du dieu, et elle s'y place pour contempler les événements qui vont se dérouler (XIX, $_{17}$; comp. II Sam. VI; I Rois VIII, $_{2}$ et suiv.; I Chron. XIII; XV et suiv.; II Chron. V); aucun laïque ni aucun animal profane ne doit toucher la montagne (en réalité le sanctuaire) (XIX, $_{12}$, $_{21}$ et suiv.; comp. II Sam. VI, $_{7}$ et suiv.). — En résumé: *ce que J et E rapportent comme récit des événements du Sinaï n'est autre chose que la description d'une fête cultuelle célébrée à une époque plus récente, plus précisément dans le temple de Jérusalem, description présentée dans une forme historique et mythologique et adaptée au cadre historique et mythologique des récits de l'Exode.* —

Dès lors il est probable que *l'idée de l'épiphanie du dieu ajoutée plus tard à la tradition plus ancienne remonte à la même origine cultuelle.* C'est dire que l'idée de l'épiphanie et de la révélation du nom, de l'essence et de la volonté de la divinité a été le contenu essentiel de la fête cultuelle qui a servi de protoype aux narrateurs. Car nous avons vu que les plus vieilles traditions ne représentaient pas encore l'alliance sous la forme d'une épiphanie. Avant de faire partie du récit de l'alliance du Sinaï, l'idée de l'épiphanie de Yahvé n'existait peut-être pas encore en tant que mythe et tradition épique s'appliquant à un événement unique dans l'histoire; par contre elle existait en tant que mythe cultuel comme représentation d'un événement qui se répète toujours à nouveau dans le culte.

On célébrait en Israël (plus précisément à Jérusalem) une fête cultuelle qui, dans ses traits essentiels, correspondait aux événements du Sinaï racontés par J et par E: sanctification préliminaire de l'assemblée, grande procession solennelle au son des cors et des trompettes, grand sacrifice des šelāmīm peut-être aussi rite de l'effusion du sang; c'était une fête en l'honneur du

Dieu qui se révèle pour conclure une alliance et qui dévoile son nom, son essence et sa volonté.

Nous avons vu que dans J et dans E précisément cette conception était étroitement liée à la proclamation des conditions de l'alliance. C'est dans la formule d'introduction des paroles de l'alliance qu'elle apparaît le plus clairement. On peut en déduire que la *récitation de certains commandements passant pour des manifestations de l'essence et de la volonté du Dieu a probablement fait partie, elle aussi, du rituel de la fête et, d'autre part, que les décalogues de J et de E représentent précisément de tels recueils de commandements divins.* Dans les pages suivantes nous voulons chercher la confirmation de cette hypothèse.

§ 19. — *La fête de l'automne et du nouvel an considérée comme fête de l'alliance.*

Une fête cultuelle telle que nous venons de la décrire était effectivement célébrée à Jérusalem. J'ai montré dans mes études sur les psaumes (vol. II), que les fêtes plus récentes du nouvel an, des expiations et des Tabernacles ont été primitivement et sans doute encore du temps de D et de Dt une seule et même fête et qu'à l'époque moyenne et récente des Rois, peut-être aussi plus tôt, elle était la fête de Yahvé par excellence [1]. A l'origine, c'était une fête agraire cananéenne, et son but primitif était d'assurer la prospérité pour la nouvelle année qui commençait avec la pluie de l'hiver. Selon la conception d'un dieu personnel — conception qui remonte probablement déjà à l'époque cananéenne —, le Báal était maître de la terre et assurait fécondité et prospérité. Cette nouvelle idée de Dieu a donné à la fête un caractère de piété plus intime. Il y avait en même temps un sacrifice solennel pour la prospérité et des actions de grâces pour les dons de prospérité de l'année écoulée. Les Israélites ont mis ces rites en rapport avec le dieu de l'exode, le dieu qui avait conduit son peuple à travers le désert et lui avait donné le pays de Canaan. C'est ainsi que la fête a reçu toujours davantage une empreinte historique [2].

Selon la conception des peuples primitifs, la cérémonie par laquelle est assurée la prospérité de la nouvelle année est un acte créateur. Par le culte, et plus tard par l'action de la divinité qui apparaît dans le culte, la prospérité passée est renouvelée, la nature morte ressuscite, le « pays », le « monde » où habite

---

[1] Ps. St. II, p. 83—89.

[2] Ps. St. II, p. 89 sq., 94—107 ; 202—204.

le groupe cultuel est créé à nouveau. C'était un désert, un chaos, et il devient un cosmos fleurissant et nourrissant des hommes. L'idée de création est supposée implicitement dans l'acte cultuel fondamental de l'homme primitif. Nous ne savons pas si c'est à l'époque cananéenne ou seulement du temps des Israélites que cette idée est vraiment entrée dans la conscience des hommes et qu'elle s'est cristallisée dans le mythe génésiaque. Toujours est-il qu'aux époques moyenne et récente des Rois elle existait[1] comme croyance en une rénovation du monde représentée dans la fête du nouvel an; pour la pensée rationalisante, la conception d'une création renouvelée, réalisée par les rites, devient — sous l'influence de la tendance épique de l'Esprit humain — le mythe de la création du monde au commencement des temps, et c'est cette création que l'on célèbre dans la fête[2]. L'évolution vers le mythe épique a, sans doute, eu lieu sous l'influence babylonienne; c'est l'ancien mythe babylonien de la création et de la lutte avec le dragon que nous retrouvons aussi en Israël, comme un des mythes explicatifs de la fête[3].

Par contre, la forme historique dont ces idées et ces mythes ont été revêtus est spécifiquement israélite. Le rappel à la vie de l'univers et celui du peuple, de la communauté cultuelle, coïncident. Et il existe des mythes cultuels primitifs qui affirment qu'à l'âge mythique, l'acte cultuel primordial qui a créé vie et prospérité sur la terre, a aussi produit le peuple et les hommes[4]; dans l'épopée babylonienne de la création, la genèse des hommes et de la métropole cultuelle, Babel, forment l'apogée de la création. Mais tous ces concepts sont essentiellement mythologiques et, pour ainsi dire, en dehors du temps. En Israël par contre, les faits historiques de la sortie du pays d'Egypte et de l'alliance conclue au Sinaï ont été considérés comme création du peuple. L'exode est apparu comme une répétition de la genèse, une révélation de la puissance créatrice de Yahvé, le petit lac jam sūf (= Birket et timsaḥ) est devenu Tehom, l'Egypte est devenue Rahab[5]. Mais lorsque Yahvé apparaît pour le culte du nouvel an, il dompte toujours à nouveau non seulement la mer primitive,

---

[1] Ps. St. II, p. 202—204; comp. p. 189—202.

[2] Ps. St. II, p. 45—50; 162 et suiv.

[3] L'identification consciente du culte de la fête de l'automne avec une répétition de la création du monde est peut-être antérieure à l'influence du mythe babylonien de la création (influence qui d'ailleurs a pu être efficace déjà à l'époque cananéenne). Pour ma part, j'incline, en tous cas, fortement à considérer aussi la forme occidentale du mythe de la création telle que nous la trouvons dans le Yahviste Gen. II, comme un mythe à base cultuelle.

[4] V. N. Sœderblom, Gudstrons ūppkomst, p. 123—126.

[5] Ps. St. II, p. 54—56.

le dragon et l'Egypte, mais tous ses adversaires, les démoniaques et les divins, de même que les adversaires humains, à savoir les ennemis d'Israël. Les mythes de la création et de l'exode sont complétés par celui de la lutte des peuples[1] et des dieux[2] et celui du jugement[3], bien que ces mythes n'aient jamais été entièrement développés sous forme épique, mais qu'ils aient existé seulement comme éléments mythologiques embryonnaires dans le culte[4]. Le dieu apparaissant et agissant ainsi dans le culte a été considéré comme roi selon la conception commune de l'Orient[5]. Mais tout culte étant une répétition et une création nouvelle des faits dont dépend le salut[6], le Dieu-Roi n'y apparaît pas comme jouissant paisiblement de sa royauté, mais comme agissant et fondant son règne par le combat et la victoire, comme créant son royaume et son monde et montant ensuite sur son trône. La fête célébrait l'intronisation de Yahvé, analogue à l'intronisation de Mardouk à Babylone[7]. La grande procession solennelle, primitivement, sans doute, un rite de fertilisation qui a laissé ses traces jusqu'aux temps les plus récents[8] est devenue une procession de l'arche de Yahvé où le peuple s'avance à la suite du coffre sacré, et elle a été considérée comme le cortège triomphal du Dieu-Roi[9]. C'est donc essentiellement une fête de l'épiphanie de Yahvé, pendant laquelle Yahvé se révélait à ses fidèles dans toute sa gloire et sa puissance et se montre tel qu'il est à ceux qui veulent « se rassasier de sa face » et « contempler sa beauté ».

Et c'est en même temps la fête du renouvellement de l'alliance. Nous avons vu que toute fête cultuelle est un acte qui crée, renouvelle et maintient une alliance[10]. Dans la fête de la renaissance et du commencement nouveau de toutes choses, l'idée de renouvellement de l'alliance doit être mise au premier plan.

---

[1] Ps. St. II, p. 57—65.

[2] Ps. St. II, p. 50—53.

[3] Ps. St., p. 65—74.

[4] Voici quel peut être le schéma du mythe développé sous forme épique et fixé à un certain moment: une fois (aux origines) il se passa cet événement dont nous célébrons maintenant l'anniversaire. Et voici le schéma du mythe cultuel embryonnaire: maintenant il se passe (de nouveau) tel événement que nous pouvons contempler dans les rites du culte.

[5] Cette conception Israël l'a sans doute connue qu'après son établissement en Canaan. Elle est d'origine essentiellement babylonienne et égyptienne.

[6] Ps. St. II, p. 19—26.

[7] Ps. St. II, p. 38—43; 81—89.

[8] Les branches vertes, le couronnement de l'autel, l'cmprunt du rite de l'aspersion de l'eau; v. Ps. St. II, p. 94—107.

[9] Ps. St. II, p. 107—126.

[10] v. Ps. St., p. 19.

C'est aussi la fête de l'exode; mais le point culminant et le but de la sortie d'Egypte était — selon la conception la plus récente et celle des légendes rapportées par le livre de l'Exode — la révélation et l'alliance du Sinaï. Ainsi dans plusieurs psaumes qui, pour des raisons de fond et de forme, doivent être considérés comme appartenant au cycle de la fête de l'intronisation et du nouvel an [1], le renouvellement de l'alliance est au point de départ et reste le *leitmotiv* [2]. C'est là une conception qui a joué un grand rôle dans le domaine du yahvisme historique: Yahvé apparaît et ordonne (ṣiwwā) une alliance, il annonce au peuple les conditions et les commandements qui doivent être observés, et il exige leur prompte acceptation. C'est sur cette présupposition du renouvellement de l'alliance que reposent les psaumes XCIX, LXXXI, XCV et aussi le psaume L. Ces psaumes faisaient partie de la liturgie de la fête du nouvel an et de l'intronisation [3].

L'idée du renouvellement de l'alliance y est très nettement combinée avec l'idée de l'épiphanie du dieu. D'une façon générale, cette idée est dès l'origine une idée cultuelle ; la divinité « apparaît » dans le culte ; c'est là qu'elle est au milieu de son peuple, c'est là qu'on peut la chercher, c'est là qu'on fait l'expérience de sa présence dans les émotions extatiques et dans l'allégresse de la fête [4]. En de semblables circonstances, comme dans les sanctuaires de la vieille Egypte, on montrait l'image du « grand dieu » au peuple pour qu'il « contemplât sa beauté »; et dans les rites mimétiques et dramatiques de la fête, on représentait la parousie, la lutte, la victoire, la « gloire » du dieu. Derrière ces données visibles et extérieurement sensibles, derrière ces symboles et ces rites, le fidèle pouvait apercevoir la réalité profonde, la divinité se révélant à lui dans son être véritable [5]. De cette foi et de ces expériences son nés, par la rencontre de la tendance épique et de l'idée religieuse, les mythes « épiphaniques » qui placent dans l'âge mythique ou historique une épiphanie unique et fondamentale de la divinité, et qui affirment que c'est « en son souvenir » que la solennité cultuelle est répétée; mais l'origine et la base religieuse de ces mythes c'est l'expérience de l'épiphanie toujours renouvelée dans le culte.

---

[1] Ou du moins issu du complexe d'idées qui sont à sa base.

[2] Ps. St. II, p. 150—156; III, p. 38-45.

[3] Quant aux Ps. LXXXI et L, leur emploi à l'occasion de la fête du nouvel an et des Tabernacles est expressément attesté dans la Michna.

[4] Ps. St. II, p. 20.

[5] De même les mystiques chrétiens, selon la légende et dans la réalité, contemplent, à la place des éléments eucharistiques, le corps sanglant du Christ qui vient d'être sacrifié et de révéler, dans ce sacrifice, l'amour et l'être profond de Dieu.

Ainsi en était-il dans l'ancien Israël à l'époque de floraison de la fête du nouvel an et de l'intronisation de Yahvé. Dans les rites « symboliques » et derrière eux, voire même visible dans l'image divine de l'arche, Yahvé se révélait, et, par la bouche des prophètes enthousiastes du temple, il se manifestait à ses fidèles dans les psaumes et les liturgies dont le texte était fixé, du moins en partie[1]. Lorsque l'alliance devait être renouvelée, il révélait de nouveau son nom, sa nature et sa volonté. Ainsi dans le psaume LXXXI, $_{7}$, $_{11}$, le dieu parle par les prophètes du culte, d'abord avec des périphrases et faisant seulement allusion à l'exode et à l'alliance du Sinaï:

J'ai pris de ton dos le fardeau,
De la charge tes mains furent débarrassées;
Lorsque tu m'appelas dans la détresse, je t'ai écouté,
T'exauçant enveloppé dans les nuées de tonnerre.

Ensuite il continue plus directement:

Je suis Yahvé, ton dieu,
Qui t'ai fait sortir du pays d'Egypte.

Cette révélation de Yahvé par lui-même a, sans doute, formé un élément fixe dans le rituel liturgique de la fête de l'automne; c'est ainsi que le prophète du culte était obligé de parler au nom de Yahvé, et c'est ainsi que ses paroles se faisaient entendre chaque année. On voit dans le psaume L, $_{1-7}$, combien cette idée de la révélation de la divinité était étroitement liée à celle de l'épiphanie:

1 Yahvé < > prend la parole et appelle la terre
Depuis le lever du soleil jusqu'à l'endroit où il couche.
2 De Sion, couronne de la beauté,
Brille [Yahvé, notre] dieu.
3 < > Un feu dévorant devant lui,
Autour de lui c'est une violente tempête;
4 Il appelle le ciel en haut
Et la terre pour juger son peuple:
5 « Rassemblez à présent mes fidèles
Qui par des sacrifices ont conclu une alliance avec moi. »
6 Et le ciel proclame sa justice:
Il est un dieu qui juge.

Suit le discours de Yahvé avec la même formule d'introduction que dans le psaume LXXXI, $_{11}$:

---

[1] Comp. Ps. St. III, p. 7 sq., 20 sqq.; 38 sqq.

7 « Ecoute, mon peuple, laisse-moi parler,
Israël, je vais me dresser contre toi!
Je suis Yahvé, ton dieu,
[qui t'ai fait sortir du pays d'Egypte] [1].

Ensuite, Yahvé manifeste sa volonté sous forme de réprimande. — Il y présuppose la première alliance comme base de celle qui va être renouvelée à présent, et ce renouvellement de l'alliance est représenté sous la forme de l'épiphanie. Il est vrai que cette idée de renouvellement de l'alliance a été un peu obscurcie par l'intervention de l'idée de jugement; pourtant elle est à la base de toute la scène [2]; d'ailleurs l'idée de jugement est aussi empruntée à des concepts qui sont en rapport avec la fête de l'intronisation [3].

Dans ces deux psaumes de la fête de l'automne, la formule d'introduction du discours divin est caractéristique: « Je suis Yahvé, ton dieu ». Par la suite « qui t'ai fait sortir du pays d'Egypte » elle est mise en rapport avec l'exode et partant avec l'alliance du Sinaï; dans ces deux psaumes également, elle forme l'introduction de la manifestation de la volonté divine qui ordonne la fidélité à l'égard de l'alliance et l'observation des commandements. Cette formule commençant par: « Je suis » est une formule d'épiphanie très répandue dans l'ancien Orient; elle introduit le dieu qui se révèle dans sa gloire céleste et qui dévoile sa nature [4]; elle se trouve déjà dans les inscriptions du roi chaldéen Gudea de Lagasch [5], et de longs siècles plus tard, on en entend encore un écho dans l'Evangile de St. Jean [6]. Dans l'Ancien Testament, c'est chez le Deutéro-

---

[1] Dans v. 1, ēl, älōhīm doivent être supprimés comme variantes de manuscrits, v. le mètre; dans v. 2, il faut ajouter yahvä et le suffixe; v. 3a est une glose marginale (soupir d'un lecteur qui languit après le jugement dernier); dans v. 7a il faut lire yahwä au lieu de älōhīm; le mètre prouve que dans v. 7b il manque un stiche qui doit sans doute être ajouté d'après LXXXI, 11.

[2] v. pour l'interprétation de ce psaume, Ps. St. III, p. 40 sqq.

[3] Ps. St. II, p. 65—74, comp. 166 sqq. et 178—181.

[4] Comp. à propos de cette formule *Gressmann* dans ZATW 1914, p. 286 sqq. qui renvoie, à juste titre, aux développements de *Norden* dans Agnostos Theos (Leipzig 1913), p. 191 sqq., 197 sqq., 210 sqq. *Norden* a sûrement raison d'affirmer que la formule employée primitivement par les dieux a été empruntée par les rois seulement plus tard.

[5] Dans les révélations de rêves par lesquelles Ningirsū, dieu de la cité, se manifeste et donne des instructions au sujet de la construction du temple: « Je suis Ningirsu qui — » etc.; comp. A, IX, 20 sq., v. *Thureau-Dangin* dans VAB, I.

[6] « Je suis le chemin, la vérité et la vie »; « je suis la porte »; « je suis le bon berger », « je suis la vigne ».

Esaïe qu'on la retrouve le plus fréquemment comme introduction d'une proclamation de la divinité ou d'un hymne à la première personne. Dans la littérature babylonienne et assyrienne, elle est souvent employée dans des paroles de révélation que le prophète du culte annonce d'ordinaire au roi; comme dans l'Ancien Testament, elle y est souvent suivie de la formule: « ne crains point! » qui introduit un oracle assurant secours et consolation. Ce fait à lui seul prouve le rapport de cette formule avec le culte et les formes cultuelles; donner de tels oracles, c'était en Babylonie et en Assyrie et autrefois aussi en Israël, la fonction officielle et souvent héréditaire du prophète du culte. La formule introduit primitivement le dieu qui se révèle dans le culte et à l'aide des rites et des oracles cultuels. Les psaumes cités plus haut montrent qu'en Israël elle a servi à introduire Yahvé apparaissant dans le culte pour l'épiphanie; elle est devenue (ou elle a été dès le début?) une formule « épiphanique » destinée à annoncer la révélation par la divinité elle-même de sa nature et de sa volonté. Car de tels psaumes sont de véritables textes cultuels, c'est-à-dire des textes faisant partie d'une liturgie solennelle; le psaume LXXXI porte un cachet nettement liturgique. A un certain endroit du rituel de la fête, le prophète du temple a sans doute été appelé à annoncer par de telles paroles la venue de Yahvé dans le but de renouveler son alliance ou de « plaider », après quoi il a proclamé les exigences de la volonté divine[1]. —

Nous constatons donc que tous les traits essentiels de l'alliance du Sinaï se retrouvent dans la fête de l'automne et de l'intronisation. Dans les deux cas, il y a une consécration préalable du sanctuaire et du peuple; dans le récit sur le Sinaï, la montagne qui correspond au sanctuaire, est mise à l'abri de tout contact profane, et le peuple est « sanctifié » par des mesures rituelles[2]. Dans les deux cas, nous trouvons la grande procession vers le sanctuaire; cette procession, un des points culminants de la fête de l'intronisation, est décrite ou mentionnée dans les psaumes XXIV, CXVIII, CXXXII et dans la copie littéraire du rituel de la fête dans II Sam. VI[3]. Dans les deux cas, le son

---

[1] v. à ce propos Ps. St. III où nous avons poursuivi les traces de la prophétie cultuelle fixée dans un rituel liturgique et où nous avons exposé le rapport de beaucoup de psaumes avec la prophétie cultuelle.

[2] Des purifications qui précédaient la grande fête de l'automne, sortira plus tard un jour de fête indépendant, le jour de pénitence et d'expiation *(jôm hak = kippūrīm).*

[3] v. à ce propos Ps. St. II, p. 109 sq., 110 sqq.

du schofar annonce l'approche de la divinité[1]. Dans les deux cas, l'idée de l'épiphanie et de l'alliance divines est liée à une manifestation de la volonté du dieu; dans les deux cas, nous trouvons un médiateur de l'alliance (Moïse — le prophète du culte) qui reçoit les paroles de la divinité et les annonce au peuple. Dans les deux cas, il y a de grands sacrifices solennels qui unissent Israël tout entier à la divinité[2].

Une idée fondamentale de la fête du nouvel an: l'intronisation de Yahvé, son avènement comme roi d'Israël, a été expressément rapprochée, dans l'Ancien Testament, des récits de l'alliance au Sinaï. Ainsi dans l'hymne[3], relativement récent, mais pourtant préexilique qui sert de cadre à la bénédiction de Moïse, il est dit à propos de la révélation du Sinaï:

Alors la tribu de Jacob devint sa propriété,
Alors il fut roi à Jeschurûn.
(Dtn. XXXIII, $_4$; comp. aussi ps. CXIV, $_1$ sq.)

Mais ce qui est plus important, c'est qu'un commencement de cette idée se trouve déjà dans l'introduction — secondaire, il est vrai — de la péricope du Sinaï d'après E :

Vous avez vu ce que j'ai fait aux Egyptiens
Comment je vous ai portés sur des ailes d'aigle
Et je vous ai amenés à moi.
Mais maintenant, si vous écoutez ma voix
Et que vous soyez fidèles à mon alliance.
Vous serez ma propriété parmi tous les peuples,
Car le *monde entier m'appartient.*
Vous serez pour moi un *royaume* de prêtres
Et un peuple saint. (Ex. XIX, $_{4-6}$.)

Non seulement il y a ici des allusions à l'idée de l'avènement de Yahvé; mais tout le morceau construit d'après un rythme poétique doit être considéré comme une imitation des prophéties cultuelles et des paroles d'exhortation telles que nous les trouvons dans les psaumes LXXXI, XCV et L, et, avec une adresse un peu

[1] A propos du son du schofar à la fête de l'intronisation, v. Ps. St. II, p. 8 et 81.

[2] A propos du sacrifice de la fête de l'automne et de l'intronisation, v. II Sam. VI, 17 sqq.; I Rois VIII, 62 sqq.; en outre Ps. St. II, p. 126.

[3] L'hymne est sans doute conçu comme hymne de la fête de l'automne et de l'intronisation. Il rend témoignage du rapport qu'il y a entre l'idée d'alliance et cette fête; ce qui s'est passé au Sinaï, l'hymne le représente comme se répétant en ce moment.

différente, aussi dans les psaumes CXXXII, $_{11-18}$ et LXXXIX, $_{20-38}$[1]. Les prophéties cultuelles de la fête du nouvel an et l'introduction de J ont en commun non seulement les deux éléments principaux, à savoir l'exhortation à la fidélité à l'égard de l'alliance et la promesse de bonheur, mais encore l'allusion à la création du monde et à la royauté de Yahvé. —

Après tout ce qui précède, nous pouvons affirmer avec certitude que les *récits de J et de E sur les événements du Sinaï ne sont autre chose qu'une reproduction traduite dans le langage du mythe historique d'une fête du nouvel an, de l'intronisation et du renouvellement de l'alliance, célébrée à Jérusalem.* De toutes les histoires ayant trait au Sinaï, les narrateurs n'ont retenu qu'un fait essentiel, à savoir qu'au nom de Yahvé une alliance y a été conclue. Ils se sont représenté cette alliance tout simplement d'après les fêtes cultuelles célébrées de leur temps.

§ 20. — *Le rapport entre l'enseignement des commandements divins et le culte de la fête.*

Le jugement que nous venons de formuler s'applique-t-il aussi aux commandements qui, selon J et selon E, ont été proclamés au Sinaï?

a) Nous avons vu qu'à la grande fête annuelle, les prophètes du temple, au nom du dieu qui se révélait dans le culte, exhortaient le peuple à la fidélité à l'alliance. Sans doute ont-ils joint à cette exhortation l'énoncé de certains préceptes, sans oublier les promesses et les bénédictions pour ceux qui les observeraient. Nous trouvons de telles exhortations et de telles promesses dans les psaumes LXXXI et XCV, et aussi dans le psaume L, dans Ps. CXXXII, $_{11-18}$ et LXXXIX, $_{20-38}$. — Il est vrai qu'il n'est pas précisément question ici d'une énumération et d'une recommandation de certains commandements particuliers; l'exhortation à la fidélité et la condamnation des infidélités du peuple ont relégué à l'arrière-plan la législation. Cela provient des préoccupations de théodicée qui interviennent toujours davantage dans la fête: Par l'intronisation de Yahvé, le bonheur était au fond assuré au peuple pour l'année à venir; en effet, Yahvé avait vaincu et jugé toutes les puissances mauvaises; et pourtant l'idéal espéré ne se réalisait jamais. De là le besoin d'une théodicée expliquant l'absence de félicité par les péchés et les infidélités du peuple. Mais ces textes peuvent être relativement récents; ils pré-

[1] v. sur ces derniers, Ps. St. III, p. 31—38.

supposent, en tout cas, d'autres textes du même genre qui n'avaient pas encore subi l'influence de la réflexion religieuse et au centre desquels se trouvait la recommandation des préceptes divins. Les psaumes actuels se contentent, la plupart du temps, de rappeler, d'une façon toute générale, les « voies » de Yahvé (LXXXI, $_{14}$) ou son « alliance », ses « commandements » et ses « lois » (CXXXII, $_{12}$; LXXXIX, $_{31}$ sq). D'autres du même genre mentionnent expressément des préceptes divins particuliers. Ainsi dans LXXXI, $_{10}$, le commandement fondamental de la vénération exclusive de Yahvé est mis en avant comme un précepte devant être inculqué avec une insistance particulière, et cela sous une forme qui rappelle nettement le premier commandement de tous les décalogues transmis par la tradition et dans le style de la tora; en outre, dans l'introduction doxologique, il est fait mention de la loi rituelle qui, depuis les temps les plus reculés, ordonne de faire retentir le schofar et les louanges au jour de fête (LXXXI, $_{2-6}$). Le psaume L qui est de date récente, condamne la fausse piété de celui qui observe les préceptes rituels et qui néglige les commandements moraux; et voici l'énumération de ces commandements : Ne pas faire cause commune avec des voleurs, ne pas tolérer des gens qui se sont rendus coupables d'adultère, ne pas prononcer des malédictions mensongères; en outre, le chant cultuel d'actions de grâce est recommandé expressément de préférence aux sacrifices sanglants[1] (L, $_{14-20}$). Cette forme antithétique dans laquelle les commandements sont inculqués est naturellement récente, et le choix des commandements relevés dans le psaume L a probablement déjà subi l'influence du Décalogue, en tout cas celle des grands prophètes; pourtant ce psaume, de même que les autres que nous avons mentionnés, prouve que c'était une coutume cultuelle d'inculquer ou d'exposer à la fête du renouvellement de l'alliance, sous forme d'un discours prophétique, certains commandements divins[2].

On peut donc en tirer cette conclusion : *la proclamation d'un abrégé des commandements divins formant les conditions de l'alliance a fait partie des rites de la fête qui a servi de prototype aux récits J et E de l'alliance au Sinaï.* Dans cette fête, on chantait non seulement des liturgies semblables aux psaumes faisant allusion, d'une façon toute générale, aux commandements de Yahvé, et ordonnant de les observer, mais on proclamait

---

[1] Pour l'interprétation du psaume soi-disant anticultuel v. Ps. St. VI, p. 51—58.

[2] Sur toute cette question v. Ps. St. II, p. 117 sq.; 146—178 passim. Ps. St. III, p. 4—29; 30—63.

aussi des sommaires des commandements les plus importants à la manière de nos décalogues. —

b) Divers autres faits parlent encore en faveur de cette thèse. — En premier lieu, il y a des analogies frappantes entre les commandements des décalogues et ceux des liturgies des psaumes. La condamnation du vol, de l'adultère, de la calomnie ou du fait de provoquer le malheur par des malédictions (Ps. L) se retrouve dans les 3e, 7e, 8e et 9e commandements du Décalogue. Le précepte de Ps. LXXXI, $_{10}$ d'adorer Yahvé seul, occupe la première place dans tous les décalogues transmis par la tradition, et la loi rituelle de Ps. LXXXI, $_{4-6}$, a, du moins pour ce qui est de l'idée directrice, des parallèles dans les commandements cultuels des décalogues de J et de E. Tout cela atteste certaines relations d'influence ou de dépendance.

En second lieu, on a pu déjà remarquer que la formule d'épiphanie introduisant les exhortations à la fidélité à l'égard de l'alliance dans les psaumes de « renouvellement de l'alliance » (L, $_{7}{}^{b}$; LXXXI, $_{11}$), concorde exactement, quant à sa forme et sa structure, avec les formules d'introduction conservées par la tradition dans les décalogues (Ex. XXXIV, $_{6}{}^{b}{}_{-7}$; XX, $_{2}$; Dt. V, $_{6}$); son texte même est identique avec celui de l'introduction du décalogue plus récent. Nous avons vu que cette formule était, à l'origine, une formule cultuelle; elle est en rapport avec l'idée du dieu qui se révèle dans le culte. Ce fait parle en faveur de l'usage cultuel des décalogues primitifs dans le culte. C'est pour servir au culte qu'ils ont été, dès l'abord, fixés. Et cela confirme une fois de plus l'hypothèse d'après laquelle J et E auraient emprunté leurs décalogues directement à un rituel de fête.

En troisième lieu, nous avons un témoignage direct attestant la récitation de lois divines d'ordre cultuel et d'ordre moral et civil: à l'occasion de la fête des Tabernacles, qui était la grande fête du culte israélite, nous lisons en effet dans Deut. XXXI, $_{10-13}$:

« Tous les sept ans, au temps de l'année de relâche, pour la fête des tabernacles, lorsque Israël viendra pour voir la face de Yahvé ton elohim dans le lieu qu'il aura choisi, tu liras cette tora devant tout Israël en leur présence. Tu rassembleras le peuple, les hommes, les femmes, les enfants et le gēr qui sera dans tes portes, afin qu'ils écoutent et qu'ils apprennent à craindre Yahvé votre elohim et à observer et mettre en pratique les paroles de cette tora. Et leurs fils qui ne la connaîtront pas l'entendront et ils apprendront à connaître Yahvé votre elohim... »

Il est vrai que c'est un passage récent; il fait allusion au code D et appartient peut-être à R^{D} ou plus probablement à R^{Dt}, c'est-à-dire au rédacteur qui (encore avant l'exil?) a remanié et complété D; il est même possible qu'il soit encore plus récent. Mais ce qu'il faut retenir, c'est que, sans doute, il codifie une coutume plus ancienne: jadis on récitait d'autres recueils de lois, certainement beaucoup plus brefs, à la fête de l'automne. Si cette coutume était une innovation deutéronomistique, on s'attendrait, d'après le rôle que la Päsah a joué lors de l'introduction du Deutéronome (II Rois XXIII, $_{21}$ sqq.) plutôt à ce que la récitation eût lieu à l'occasion de cette fête. Par contre, le fait qu'elle ne doit avoir lieu que tous les 7 ans, est très probablement une innovation; à l'origine, elle était, vraisemblablement, répétée chaque année. C'est lorsque le livre D (ou Dt) dut être lu en entier, qu'on se borna à une lecture tous les 7 ans. On pourrait peut-être supposer que l'ancienne lecture des recueils plus courts a subsisté pour les autres 6 ans. Mais il se peut aussi que, dès une époque assez reculée, la fête de l'automne ait été célébrée tous les sept ans avec une solennité particulière et qu'à cette occasion seulement on ait proclamé les commandements fondamentaux. Quoi qu'il en soit, cette proclamation est attestée — très probablement déjà pour l'époque antérieure à l'exil — comme une coutume cultuelle. Il faut se rappeler que D a également la prétention d'être la loi du Sinaï; d'après lui, Moïse a reçu les lois au Sinaï, mais il ne les a promulguées que 40 ans après dans les champs de Moab (Dt. V, $_{23}$-VI, $_{1}$). Il en résulte que c'étaient précisément les lois considérées comme les commandements de l'alliance du Sinaï qui étaient récitées, et c'est le cas pour les décalogues plus anciens.

De tout cela nous pouvons conclure qu'*à l'époque de la rédaction des péricopes du Sinaï, les décalogues de J et de E étaient annoncés au peuple, dans le cadre du rituel de la fête de l'automne et à un moment déterminé de cette fête, comme les commandements divins de l'alliance devant servir de base au renouvellement de cette alliance.* —

c) Sur la manière dont il faut se représenter la récitation cultuelle des décalogues et leur incorporation dans la liturgie de la fête, nous ne pouvons qu'émettre des hypothèses. Probablement elle a eu lieu au jour de la grande procession solennelle, plus précisément après elle[1]; car celle-ci marquait la venue proprement dite du dieu vers son peuple — il est intéressant d'étudier, sous ce rapport, l'ordre des événements dans le récit de E sur le Sinaï —. Il est également probable que cette procla-

---

[1] Cette procession avait probablement lieu le dernier (c'est-à-dire le 7e) jour de la fête, comme c'était le cas à l'époque de Jésus (contrairement à l'opinion selon laquelle ce serait le premier jour, idée que j'avais exprimée dans Ps. = St. II, p. 88).

mation a suivi l'annonce faite par le prophète du culte de l'épiphanie du dieu venant pour le renouvellement de l'alliance, cérémonie dont les liturgies des psaumes précédemment étudiés postulent l'existence; la proclamation des commandements a probablement été précédée immédiatement de la salutation adressée par l'assemblée à la divinité; ainsi s'expliquent les allusions toutes générales de ces psaumes aux « commandements » et aux « voies » de Yahvé et les exhortations à les observer[1].

Ces commandements ont-ils été récités par un prophète du culte ou par un prêtre? Il y a des raisons très sérieuses qui font penser à un prêtre. Ce serait en accord avec les légendes du Sinaï contenues dans J et dans E; car aucune de ces sources ne représente Moïse comme un nabi[2], mais à la fois comme prêtre et chef. Il est vrai que dans les mêmes traditions sa figure apparaît agrandie par le mythe comme celle d'un homme qui contemple Dieu face à face, alors que le prêtre ordinaire (voyant) ne peut sonder la volonté divine que par l'oracle. — Peut-être y a-t-il encore un autre témoignage en faveur de cette hypothèse. C'est la parole adressée à Lévi dans la bénédiction de Moïse (Deut. XXXIII, $_{10}$):

> Ils (les Lévites) doivent enseigner à Jacob les lois
> et à Israël la tora.

Il serait possible que *mišpāṭīm* et *tôrā* se rapportent selon v. 8 aux décisions d'ordre juridique et cultuel prises dans chaque cas particulier; mais étant donné que dans le passage suivant il est question des pratiques cultuelles des prêtres, le verset peut aussi viser l'enseignement de la loi de Yahvé qui a lieu dans le culte, c'est-à-dire précisément la proclamation, faite pendant la fête, des commandements divins les plus importants tels qu'ils sont réunis dans les décalogues.

§ 21. — *Le rapport des formules cultuelles de bénédiction et de malédiction avec les décalogues.*

a) Dans mes « Psalmenstudien », V[3], j'ai montré que des formulaires plus ou moins détaillés de bénédiction et de malédiction ont fait partie du rituel du culte israélite et ont laissé des

---

[1] Voir sur ce sujet plus loin § 22.

[2] Comp. Nombres XII, où Moïse est placé bien au-dessus des nebiīm tels que Aaron et Mirjam.

[3] Segen und Fluch in Israels Kult und Psalmdichtung, 1924.

traces dans la poésie lyrique des psaumes. Parmi ces formulaires, il y en a, en tout cas, un, à savoir la formule de malédiction de Dt. XXVII, $_{14-27}$ qui désigne expressément les actions ou personnes chargées de malédiction. En voici le texte:

1. Maudit, quiconque fabrique une image sculptée ou en fonte et qui la place dans un lieu secret!
2. Maudit, quiconque maudit son père ou sa mère!
3. Maudit, quiconque déplace la borne de son voisin!
4. Maudit, quiconque fait égarer un aveugle de son chemin!
5. Maudit, quiconque fait plier le droit des étrangers, des orphelins et des veuves!
6. Maudit, quiconque couche avec la femme de son père < >!
7. Maudit, quiconque couche avec un animal quelconque!
8. Maudit, quiconque couche avec sa sœur < >!
9. Maudit, quiconque couche avec sa belle-sœur!
10. Maudit, quiconque frappe en secret son prochain!
11. Maudit, quiconque se laisse corrompre pour verser le sang d'un innocent!
12. Maudit, quiconque n'observe pas les < commandements de Yahvé >[1].

Il est évident qu'il y a une certaine parenté entre cette formule et les décalogues; on l'a aussi appelée le (do)décalogue sexuel. De l'examen des psaumes XV et XXIV, j'avais conclu (avec *Kittel*[2] et d'autres) qu'il y avait aussi des formules de bénédiction correspondantes et concernant des cas particuliers[3]; cette hypothèse me paraît aujourd'hui fort douteuse ; nous montrerons plus loin que les psaumes XV et XXIV doivent être expliqués autrement; ils ne peuvent pas être dérivés de formules de bénédiction.

Dans l'ouvrage susmentionné, j'ai aussi abordé la question du rapport des décalogues avec les formules de malédiction telles que Dt. XXVII, $_{14-27}$[4], et j'ai supposé que l'origine des décalogues doit être cherchée dans les formules de malédiction et de

---

[1] Quelques additions secondaires ont été supprimées ici; dans v. 15, il faut supprimer « une œuvre de mains de l'artiste »; de même 20 α β et 22 α β. Au v. 26, le texte des massorètes lit « les paroles de cette loi »; cela se rapporte au Dt., mais c'est une modification récente d'une locution primitivement plus générale telle que « les commandements de Yahvé ». Peut-être le texte primitif était-il encore plus concret et mentionnait-il un crime particulier. V. Ps. St. V, p. 78.

[2] Dans son commentaire sur les Psaumes à propos du ps. XXIV.

[3] Ps. St. V, p. 57—60; 105 sq.

[4] Ouvr. cité, p. 107—112.

bénédiction[1]. Mais je donnais là une hypothèse insuffisamment fondée, et je reconnais aujourd'hui qu'il n'est plus possible de la maintenir[2]. Malgré la critique sévère que j'adressais[3] alors à *Sellin*, j'avoue maintenant qu'il a vu juste en appelant les malédictions de Dt. XXVII, $_{14-26}$ des « branches accessoires du Décalogue » (c'est-à-dire selon lui d'Ex. XX)[4]; mais d'après tout ce qui précède, il faut encore spécifier : « d'un décalogue utilisé dans le culte ». Qu'on me permette de polémiser ici un peu contre moi-même pour fonder plus solidement mon opinion.

Si les décalogues cultuels[5] devaient être considérés comme dérivés des formules casuistiques de bénédiction et de malédiction, ce genre de formules serait très ancien, puisque J présuppose déjà un décalogue cultuel. Cependant aucune formule pareille ne nous est donnée avant Deut. XXVII, $_{14-26}$, et ce dernier texte, tout en étant peut-être antérieur au Deutéronome[6], est pourtant relativement récent; cela ressort non seulement de l'interdiction de fabriquer une image de Yahvé, mais aussi du fait que l'accent est mis avant tout sur les péchés sexuels. — En outre, ma première hypothèse présupposerait qu'une telle malédiction cultuelle était répétée régulièrement à certaines occasions, par exemple à la grande fête de Yahvé[7]. Il est vrai que des raisons sérieuses rendent probable cette coutume, en ce qui concerne Dt. XXVII, $_{14-26}$; mais cet usage de l'imprécation cultuelle doit être tout à fait récent[8]; les autres paroles et actes de malédiction que nous rencontrons en rapport avec le culte public, s'appliquent à des cas particuliers[9]. D'autre part, créer bénédiction

---

[1] *Hempel* dans un travail paru dans ZDMG, 1925, p. 99 fait remarquer que *Eduard Meyer* a défendu autrefois la même opinion dans Die Israeliten und ihre Nachbarstämme, 1906, p. 557. Cela m'avait échappé.

[2] Les remarques de *Bentzen* ouvr. cité p. 339 sq. m'y avaient amené, bien que je ne puisse pas approuver ses arguments particuliers.

[3] Ouvr. cité, p. 111.

[4] Einleitung[3], p. 51.

[5] Je me sers de cette expression sans attacher une importance au « deca »; il est possible qu'il y ait aussi eu des dodécalogues et d'autres « — logues » de ce genre. Par le terme de « cultuels », je vise, d'après tout ce qui précède, non pas un « contenu cultuel et rituel » de ces décalogues, mais uniquement leur utilisation dans les liturgies du temple.

[6] v. Ps. St. V, p. 78.

[7] v. Ps. St. V, p. 77 sq.

[8] Comp. les paroles de malédiction dans les psaumes récents (postexiliques) CXXXVII et CXXIX qui ont fait partie de fêtes répétées régulièrement, v. Ps. St. V, p. 82—91.

[9] v. Ps. St. V, p. 70—82.

est toujours le but de l'ancien culte israélite[1], et, par conséquent, une formule de *bénédiction* générale adressée à l'assemblée et à « tout ce qui est objet de bénédiction » y a sa place naturelle et, de bonne heure déjà, elle doit avoir fait partie régulièrement du culte public[2]; la *malédiction* par contre est un rite destiné à détourner un malheur, et, à l'origine, on n'y avait recours que là où une occasion concrète se présentait, c'est-à-dire dans des cas particuliers[3]. L'objet de l'imprécation cultuelle occasionnelle c'est l'ennemi extérieur qui menace le peuple, et le criminel qui a commis un péché attirant sur lui malédiction. L'imprécation prohibitive — primitivement occasionnelle, elle aussi[4] — qui frappe le pécheur éventuel à venir, représente en tant qu'élément d'un rituel un stade plus récent et atteste un système plus développé de réflexion cultuelle. Tout au plus est-il possible qu'une malédiction prohibitive *générale* contre des ennemis, des sorciers, des démons et des puissances mauvaises ait fait partie, à une époque relativement ancienne, de la liturgie, bien que le passage l'attestant pour la première fois se trouve dans le psaume CXXIX qui est de date tout à fait récente[5]; mais lorsque cette imprécation prohibitive prend la forme casuistique et qu'elle est appliquée, dans la communauté, à tous les péchés imaginables qui méritent la malédiction, elle devient un moyen de discipline ecclésiastique, comme dans Dt. XXVII, $_{14-26}$[6], et c'est là, sans nul doute, le résultat d'une évolution plus récente[7].

---

[1] v. Ps. St. V, p. 13-23.

[2] Ps. St. V, p. 23—27.

[3] Ps. St. V, p. 61—82.

[4] Comp. I. Sam. XIV, 24.

[5] Dans les psaumes XIV, LIII, dirigés contre des sorciers, des démons et d'autres puissances mauvaises, nous n'avons pas affaire à des formules de malédiction, mais à des prières implorant protection et secours.

[6] Comp. l'analogie qui se présente d'elle-même entre cette formule et les malédictions de la synagogue contre tous les pécheurs, criminels et hérétiques, ou la bulle romaine « in coena domini » (v. Ps. St. V, p. 79).

[7] *Hempel* (Die israelitischen Anschauungen von Segen und Fluch im Lichte altorientalischer Parallelen. ZDMG. 1925, p. 20—110) a adopté mon ancienne thèse de la dépendance des décalogues à l'égard de la contume de l'imprécation cultuelle (ib. p. 99), et il y ajoute quelques réflexions sur l'âge et le contenu du Décalogue. Il a l'air de considérer cette relation comme un argument en faveur de l'origine mosaïque du Décalogue. A mon avis, cette hypothèse est sans fondement. Il est vrai que, dès l'époque préhistorique, le rapport entre Israël et Yahvé a été considéré comme une « alliance »; l'essai tenté par *Kraetzschmar* de reconstruire « l'évolution de l'idée de l'alliance » a été définitivement réfuté par *Johs. Pedersen* (Eid bei den Semiten; Israël I-II). Mais contre *Hempel* qui admet que Moïse a « fondé » la religion israélite et qui me prête cette même opinion (ouvr. cité, p. 99 n. 1), je dois dire qu'il n'y a pas de documents autorisant une telle

Mais du moment que cette forme casuistique rappelant les décalogues cultuels est un élément secondaire et récent dans les formules d'imprécation cultuelle, la question de l'origine de Deut. XXXVII, $_{14-17}$ se pose, et il ne saurait être douteux que celle-ci doit être cherchée dans l'influence générale exercée par les décalogues cultuels.

Les formules (de bénédiction et) de malédiction n'entrent donc en considération ici que comme témoins de l'existence de décalogues cultuels et de leur influence sur d'autres paroles prononcées dans le culte. — —

b) Dans cet ordre d'idées, on peut constater que les « catéchismes » utilisés dans le culte n'ont pas toujours eu la forme

---

conclusion. Les légendes sur Moïse fixées après bien des siècles ne nous fournissent aucune donnée certaine sur ce fait. Il se peut que sous Moïse une « alliance » ait été conclue solennellement entre plusieurs clans hébreux, et qu'elle ait eu, comme toujours, un caractère religieux. Mais en premier lieu, il n'est nullement prouvé que cette alliance ait nécessairement comporté une énumération des « actions qui étaient défendues et qui attiraient la malédiction » ; en effet, il est tout aussi possible qu'il se soit agi tout simplement d'une alliance générale de fraternité et de paix entre les tribus; en ce cas, il suffisait de mettre à la base de l'alliance conclue solennellement un texte de ce genre: « Maudit quiconque rompra cette alliance! » suivi d'un « Amen » prononcé par les participants. Même en supposant que cette alliance ait trouvé son expression religieuse dans un culte annuel célébré en l'honneur de Yahvé par toutes les tribus réunies à Kadès, c'était là pour la mentalité de cette époque une chose si naturelle, qu'il n'était point besoin de formuler expressément un commandement à ce sujet et d'y ajouter la menace et la malédiction; il faut, au contraire, admettre qu'un pareil culte en commun joint à une *treuga dei* générale, marquait pour les tribus un tel avantage qu'on pouvait se passer de menace et de malédiction sur ce point; tout au plus maudissait-on celui qui troublerait la *treuga dei* elle-même, la sainteté et la paix du moment (et du lieu) consacré(s) pour le culte. En second lieu, même si l'alliance avait stipulé la vénération exclusive de Yahvé et que, par conséquent, l'adoration d'autres dieux eût été défendue avec des imprécations, cette défense n'aurait pourtant pas abouti à la fixation de *notre* Décalogue, car son contenu est beaucoup plus riche. Les commandements sociaux (moraux) du Décalogue étaient des normes tout à fait naturelles pour la civilisation des tribus de ce temps; mais une alliance unique et solennelle ne fixe pas ce qui s'entend de soi-même, c'est-à-dire les normes communes de la vie, mais ce qui est nouveau et caractéristique précisément pour cette alliance. Cet élément nouveau pourrait avoir consisté, à part la vénération exclusive de Yahvé, dans l'obligation commune d'entreprendre l'expédition de Canaan, mais, en tout cas pas dans celle de « ne pas voler », de « ne pas tuer » etc. Car tous ces commandements étaient impliqués dans l'alliance de fraternité générale telle qu'elle a été conçue de tous temps par les vieux Sémites. — *Hempel* incline d'ailleurs à considérer, avec *H. Schmidt*, le Décalogue comme une suite de commandements d'une forme purement négative, et il voit dans ce fait un indice de sa dépendance à l'égard des formules de malédiction; mais nous avons vu (§ 2b) que l'hypothèse émise par *Schmidt* sur cette forme prétendue primitive du Décalogue manque de fondement.

d'une décade; il résulte de Dt. XXVII, $_{14-26}$, qu'il y a pu y avoir aussi 12 membres. Ce fait est également attesté par un passage tel que Ez. XVIII, $_{1-13}$, avec ses 12 commandements dont l'observation ou la transgression rend l'homme *ṣaddīq* ou *rāšā'* [1]. Ce morceau ne procède probablement pas d'une formule de malédiction ou de bénédiction de 12 membres, comme je l'avais supposé d'abord, mais d'un « décalogue » cultuel de 12 membres. De même le fait que, dans le décalogue de J, le chiffre primitif de 10 a été porté à 13 (§ 5b) s'explique sans doute aussi par l'influence du chiffre 12; le chiffre 13 peut être considéré comme un chiffre 12 amplifié; mais il se peut aussi que les deux commandements juxtaposés qui concernent la fête XXXIV, $_{22}$, ont été considérés par le rédacteur comme un seul commandement, de sorte qu'on obtiendrait effectivement le chiffre 12. Cette interprétation serait confirmée par la forme singulièrement brève du second de ces commandements, dans lequel le verbe est omis. De même E ou son modèle pourrait avoir renfermé autrefois un recueil non pas de 17, mais de 12 (ou 13) commandements, et nous avons vu (§ 7 b) qu'il y a lieu d'admettre qu'un rédacteur de E a porté, plus tard, avec intention, le chiffre 17 à $24 = 2 \times 12$.

§ 22. — *Les décalogues cultuels et les liturgies du renouvellement de l'alliance.*

Puisque les décalogues composés pour l'usage cultuel ne sont pas sortis des formules de bénédiction et de malédiction, la question se pose s'ils sont en rapport avec la coutume (examinée précédemment § 20) qui consistait à proclamer, devant le peuple réuni dans le temple pour la fête du renouvellement de l'alliance, les commandements divins et, en particulier, à l'exhorter à la fidélité à l'alliance. Le rapport est manifeste, mais il s'agit de le préciser. Laquelle de ces pratiques cultuelles est la plus ancienne et laquelle est issue de l'autre ou a subi son influence ?

En premier lieu, il faut remarquer que les psaumes qui font allusion à une exhortation prononcée à l'occasion de la fête du renouvellement de l'alliance sont probablement de date plus récente que J, peut-être même que la péricope du Sinaï de E. Le psaume L porte la marque d'une religiosité qui, tout en ne s'expliquant pas exclusivement par la prédication des prophètes, en a pourtant subi l'influence [2]. Le psaume LXXXI appartient sans doute aussi

---

[1] V. sur le chiffre 12 Ps. St. V., p. 116 sqq.

[2] v. Ps. St. VI, p. 51—58.

à une époque relativement récente, probablement aux temps «postexiliques»[1]. Le psaume parallèle XCV est encore plus récent; le psaume CXXXII et l'oracle contenu dans psaume LXXXIX, $_{20-38}$ remontent par contre à la fin de l'époque des Rois.

En outre, il faut tenir compte du fait que les liturgies des psaumes cultuels et prophétiques dont il est question ici, ne parlent que d'une façon tout à fait générale et vague des commandements de Yahvé qui doivent être proclamés à l'occasion du renouvellement de l'alliance. Elles ont toujours l'air de faire allusion à une chose connue déjà par ailleurs; elles n'ont pas besoin, semble-t-il, de préciser les commandements particuliers; presque toujours elles se contentent d'expressions tout à fait générales (v. plus haut § 20a). Il en est de même, en dernier lieu, pour le psaume L; il est vrai que, parmi les commandements connus, ce psaume en mentionne seulement quelques-uns à titre d'exemple et les proclame avec une insistance particulière; mais il paraît bien que c'est là un trait secondaire provenant de l'influence de la réforme prophétique. L'allusion toute générale aux «commandements» ou «voies» de Yahvé représente certainement le stade primitif, en tous cas le stade plus ancien, dans ce genre d'exhortation.

Dès lors il paraît fort difficile de dériver de cette exhortation tout à fait générale à la fidélité la proclamation et la recommandation expresse de tout un recueil de commandements particuliers tel que nous le trouvons dans les décalogues. Il est au contraire bien plus probable que cette exhortation, sous sa forme actuelle, présuppose la lecture liturgique des décalogues.

On peut faire valoir en faveur de cette thèse une autre observation. Il est un peu étrange que la situation cultuelle et mythologique présupposée dans ces liturgies, à savoir l'épiphanie du dieu qui vient pour renouveler l'alliance, épiphanie annoncée par le prophète du culte et saluée par la communauté dans un hymne d'introduction (comp. ps. LXXXI; XCV), aboutisse à un discours d'exhortation comme dans les psaumes LXXXI et XCV, voire même à une réprimande comme dans le psaume L; on s'attendrait pourtant à ce que primitivement l'épiphanie cultuelle eût son point culminant dans la promesse pathétique du bonheur et de toutes les bénédictions qui doivent résulter de l'observation de l'alliance. *Dans cet ensemble*, l'exhortation à la fidélité à l'alliance ou même la recommandation de commandements particuliers, est un trait secondaire. L'élément primitif est, dans les liturgies de ce genre, l'annonce de l'épiphanie et la promesse; le

---

[1] v. Ps. St. II, p. 87.

discours d'exhortation est un élément secondaire qui est présupposé, il est vrai, déjà dans un morceau récent de E (Ex. XIX, $_{4-6a}$; v. plus haut § 19). Dès lors on peut conclure que ce trait secondaire appartenait, à l'origine, à une autre partie de la liturgie de la fête, à savoir, précisément à l'utilisation liturgique des décalogues et qu'il a pénétré dans les liturgies du renouvellement de l'alliance et de l'épiphanie seulement après coup.

D'autre part, cette utilisation est aussi en rapport avec l'idée du renouvellement de l'alliance et avec l'idée du dieu qui révèle sa nature et sa volonté; cela ressort clairement des formules d'introduction des décalogues qui présupposent les mêmes conceptions et présentent le même texte que celles des liturgies du renouvellement de l'alliance (v. plus haut § 20). Mais l'utilisation cultuelle des décalogues a été, à un moment donné, une partie indépendante, dans la liturgie de la fête du renouvellement de l'alliance, à côté de l'annonce du dieu qui se révèle et à côté de la salutation qui lui est adressée.

Si l'on pose de nouveau la question de priorité, d'une part pour l'annonce et la louange du dieu qui se révèle dans le culte, d'autre part pour la proclamation des commandements de l'alliance, il ne saurait être douteux que la première de ces conceptions et coutumes cultuelles est la plus ancienne. A l'origine, l'épiphanie a lieu en vue de l'alliance et de la promesse de bénédiction et non pas en vue d'une proclamation de la loi. Celle-ci est, par rapport à l'épiphanie cultuelle, un trait secondaire, bien que les liturgies d'épiphanie *actuelles* aient subi l'influence de la coutume et de la proclamation de la loi.

Cela revient à dire que l'annonce de l'épiphanie du dieu de l'alliance est, avec les conceptions qu'elle implique, l'institution cultuelle à laquelle se rattachait la lecture d'un décalogue de l'alliance et à laquelle les décalogues cultuels ont emprunté l'idée de renouvellement de l'alliance et les formules d'introduction annonçant la manifestation du dieu. Cependant la récitation cultuelle des décalogues ou d'une suite de lois analogues, ne peut pas, en fait, être sortie directement de cette liturgie du renouvellement de l'alliance. Nous avons donc trouvé le tronc sur lequel la proclamation cultuelle des commandements divins a été greffée, mais non pas la racine même de cet usage cultuel. Nous n'avons pas encore résolu la question de savoir, comment on en est venu à mettre en rapport des commandements divins avec un antique culte sacrificiel et des rites agissant « ex opere operato ». Le culte de l'ancien peuple d'Israël, dans son essence, n'a donc pas été un culte de la parole, ni de la prédication ni de l'exhortation !

§ 23. — *Les décalogues cultuels et la « tora de l'entrée ».*

a) Pour répondre à la question que nous venons de formuler, *Bentzen*[1] qui, pour l'essentiel, partage mon opinion sur l'origine cultuelle des décalogues, a tiré argument d'une remarque faite par *Sœderblom* dans son livre *Gudstrons Uppkomst :* La proclamation de certains commandements rituels et moraux serait, en beaucoup d'endroits, liée aux rites d'initiation destinés à faire entrer les jeunes gens dans la société des adultes. La circoncision ayant été primitivement en Israël un rite de consécration qui marquait le passage dans l'âge viril[2], *Bentzen* admet qu'une proclamation de certains commandements aurait été faite à cette occasion en Israël. Il convient toutefois que nous ne savons rien de positif là-dessus; l'origine des décalogues cultuels (d'après lui *du* Décalogue) pourrait aussi s'expliquer autrement.

Je crois que l'analogie indiquée ne peut pas servir d'argument. En effet, s'il est vrai que l'énoncé de certaines règles accompagnait l'initiation à la société des hommes, nous ne possédons cependant aucun indice permettant d'affirmer que la religion et le culte israélites aient jamais été organisés comme une société d'hommes. On pourrait supposer un tel état de choses tout au plus pour les Sémites primitifs, c'est-à-dire pour une période où « Israël » n'existait pas encore. Quant au culte du peuple d'Israël à l'époque historique, les femmes et les enfants y prenaient part. Or les décalogues cultuels datent précisément de l'époque historique d'Israël. Ce fait doit être reconnu même par ceux qui voudraient faire intervenir ici l'hypothèse de l'origine « mosaïque » des décalogues (ou *du* Décalogue). — —

b) Pour parvenir à une solution, il convient de considérer une certaine catégorie de psaumes que l'on pourrait appeler les « liturgies de l'entrée ». Ce sont les psaumes XV et XXIV imités dans les paroles prophétiques d'Esaïe XXXIII,$_{14}$ sqq. et Michée VI, $_{6-8}$. Ces psaumes commencent par cette interrogation: « qui pourra monter sur ta montagne ? qui pourra séjourner sous ta tente ? » Et la réponse énumère les conditions que doit remplir l'adorateur.

---

[1] ouvr. cité, p. 339 sqq.

[2] v. *Johs. Pedersen.* Israel I—II, p. 386. Edition anglaise (London, Humphrey Milford 1926), p. 492.

α) Avec *Kittel* j'avais d'abord[1] pensé que ces psaumes auraient été formés sur le type des formules casuistiques de bénédiction à plusieurs membres. Je me fondais sur le fait que si la question se rapporte aux conditions sous lesquelles il était permis de « monter », la réponse par contre parle des conditions sous lesquelles on recevait *bénédiction*.

Actuellement cette interprétation ne me paraît plus soutenable. Outre que l'existence de semblables formules de bénédiction n'est attestée nulle part ailleurs, il faut remarquer que « recevoir la bénédiction » est une locution toute courante dans l'ancien peuple d'Israël signifiant « entrer en jouissance des bienfaits du culte », ou simplement « prendre part au culte » ; car il était entendu que quiconque prend part au culte, en est aussi digne et en retire le profit; d'ailleurs « recevoir la bénédiction » est, d'une façon générale, le but de tout l'ancien culte israélite[2]. Dans le psaume XXIV, $_5$, « recevoir la bénédiction » est donc, d'après le sens, synonyme de « monter à la montagne de Yahvé » v. 3 (pour y recevoir les bienfaits que procure le culte), et il n'y a pas ici d'allusion à une formule de bénédiction déterminée à laquelle la réponse aurait été empruntée.

β) J'ai montré ailleurs que les psaumes sus-mentionnés, de même que les psaumes de renouvellement de l'alliance, font partie de la fête de l'automne et du nouvel an, qu'ils sont en rapport avec la grande procession solennelle de la fête et qu'ils nous renseignent sur un rite important de cette procession[3].

---

[1] Ps. St. V, p. 57—60, comp. plus haut, § 21a.

[2] v. Ps. St. V. p. 13 sqq. — Il n'en était pas de même dans le judaïsme où le culte devint une vénération de Yahvé.

[3] v. Ps. St. II, p. 118—120; comp. Ps. St. V, p. 59 n. 1. — J'en résume ici les principaux arguments. Les « psaumes de l'intronisation » proprement dits, c'est-à-dire psaumes XLVII; XCIII; XCV—C ne sont pas susceptibles d'une explication « historique » telle qu'elle a été tentée par *Ewald* et d'autres; car ils ne visent que des faits mythiques; mais ils ne peuvent pas non plus être interprétés à l'aide de l'eschatologie, comme *Delitzsch*, *Gunkel* et d'autres ont voulu le faire; car d'une part, nous n'y trouvons aucun indice attestant que nous avons ici des hymnes devant être chantés dans l'avenir; d'autre part, ils font allusion à des faits nouveaux et actuels. Il ne reste donc que l'explication « cultuelle »: C'est seulement dans le culte et dans l'expérience religieuse cultuelle que les faits mythiques sur lesquels repose le salut, sont répétés, qu'ils sont représentés et éprouvés comme des faits nouveaux et actuels. Ces psaumes présupposent une fête cultuelle célébrée chaque année comme fête de l'intronisation de Yahvé; analogue à la fête de l'intronisation d'Anou, de Mardouk ou d'Aššour que l'on célébrait à Ourouk, Babel, Aššour. A l'idée de la royauté du Dieu se rattache, dans les mêmes psaumes, celle de la domination sur le monde, de la création renouvelée du monde (avec le combat contre le dragon, la victoire sur la mer etc.) qui était considérée comme le fondement du règne et de la domination sur le monde, en outre l'idée

C'était sans doute une coutume que les participants de la procession, arrivés à la porte du temple, demandent à quelles

---

de la victoire sur les puissances païennes qui étaient en relation avec la mer primitive et le chaos, l'idée de la confusion des dieux, enfin celle du jugement de Yahvé sur tous ses ennemis qui étaient en même temps les ennemis d'Israël: ennemis cosmiques, démoniaques et humains. Une procession solennelle — l'entrée du nouveau Dieu-Roi — était la partie capitale de la fête: comp. *'ālā* ps. XLVII, 6, accompagné de la *t^e rū'ā* et du *qōl šōfār*. — Cette fête était sans doute la vieille fête de l'automne et du nouvel an d'où est sorti aux époques exilique et post-exilique, comme fête indépendante, le jour du nouvel an, *jôm hatt^e rū'a, jôm haššōfār*. La tradition juive tout entière, depuis la Michna jusqu'à nos jours, montre que la fête de l'automne (des tabernacles) et du nouvel an était considérée comme la fête du règne de Yahvé (comp. les Malkijot), de la création, du son du šōfār, du jugement (détermination du sort; comp. à Babylone, la fête du nouvel an consacrée à Mardouk) et de la grande procession. Ainsi la Michna mentionne comme psaumes de la fête des tabernacles et du nouvel an plusieurs psaumes d'intronisation et entre autres aussi le psaume LXXXI qui, étant parallèle au psaume XCV, appartient à cette catégorie. — Le rapport étroit des psaumes XCV et LXXXI avec les cantiques de l'intronisation et du nouvel an prouve qu'à cette fête se rattacha aussi l'idée de l'alliance renouvelée sur la base des commandements fondamentaux; car le fait que Dieu, au moment où il paraît pour l'épiphanie, fait proclamer par un prophète les commandements de l'alliance, présuppose qu'il est venu pour conclure une alliance. Dans le psaume XXIV, tous les traits caractéristiques du rituel de l'intronisation sont réunis: création, règne de Yahvé, procession solennelle avec le symbole de Yahvé (arche). Puisque ces traits ne s'appliquent à aucune autre fête connue, il est certain que ce psaume a été composé pour cette fête; par conséquent, il faut aussi admettre un rapport de la tora de l'entrée (partant du psaume XV) avec la procession de la fête de l'intronisation; rappelons que, dans l'imitation prophétique Es. XXXIII, un rapprochement est fait entre le règne de Yahvé et la tōrā de l'entrée. — Mais le cercle peut encore être élargi. Le psaume XXIX rappelle de très près les conceptions des psaumes de l'intronisation (lutte avec les puissances du chaos, création, règne de Yahvé: Yahvé trône comme roi et dispensateur de benédiction au-dessus de la mer primitive, *mabbūl*; comp. aussi la correspondance entre v. 1 sq. et XCVI, 7—9). — En outre, il convient d'adresser, au commencement de l'année *nouvelle*, au roi *nouveau* un cantique *nouveau* (XCVI, 1; XCVIII, 1); voilà pourquoi les ps. XXXIII (cantique nouveau; création; jugement, domination sur le monde) et CXLIX (cantique nouveau, règne, création, jugement) entrent aussi en considération dans cet ordre d'idées. — La venue de Yahvé pour son avènement est l'épiphanie du Dieu par excellence; par là il s'est manifesté, *hôdī^a', gillā*, XCVIII, 2; depuis ce moment, il trône dans Jérusalem, sa ville, qui, pour cette raison, est sainte et invincible; tous ses ennemis périssent, lorsqu'ils se lèvent contre elle. C'est là aussi le thème des psaumes XLVI, XLVIII et LXXVI. Voici les principales idées développées: dans le psaume XLVI: la victoire sur le chaos de la mer primitive qui symbolise tous les peuples et les puissances ennemies; la sanctification de la demeure de Yahvé qui vient de faire son entrée; la domination sur le monde; l'inviolabilité; la manifestation (révélation) de la vraie nature de Yahvé *d^e'ū kī ^a nōkī ălōhīm* (Ps. XLVI, v. 11). Pour ps. XLVIII, comp. l'indestructibilité de Jérusalem, Yahvé demeurant dans son temple dès maintenant, destruction des puissances mondiales, qui représentent

conditions il était permis d'entrer et de participer aux bénédictions du sanctuaire et de la fête (ps. XXIV, $_3$; XV, $_1$; comp.

le chaos (une interprétation historique des versets 5-8 par des événements contemporains est impossible), présence visible et reconnue de Jahvé (*nôda'* v. 4), jugement (v. le parallélisme entre v. 12 et ps. XCVII, 8). Pour ps. LXXVI: épiphanie (*nôda'* v. 2), Yahvé demeurant à «Salem» dès maintenant, extermination des puissances mondiales comme dans XLVI et XLVIII, jugement, domination universelle du monde, exercée depuis Sion. Il faut rapprocher de ces psaumes le psaume LXXV (la destruction de la puissance du monde mise en parallèle avec l'écrasement du chaos, v. 4, le jugement et la domination sur le monde) et le psaume LXXXII (le jugement sur les puissances cosmiques, les «dieux», comp. XCVII; le règne — lire: *timšōl* v. 8 avec *Wellhausen*). — L'entrée de Yahvé dans son temple marquait en même temps la consécration du sanctuaire, ps. XLVI, 5; le ps. XCIII, 5 fait également allusion à la sanctification du temple qui a eu lieu en même temps que l'intronisation. Cette influence sanctifiante est en accord avec le fait reconnu depuis longtemps qu'une nouvelle consécration du temple avait lieu à l'occasion de la fête de l'automne et du nouvel an, d'où s'est détaché plus tard le grand jour de l'expiation; la fête de l'automne est en même temps la fête de consécration du temple, qui «rappelle» sa construction et sa première inauguration; cette coïncidence est confirmée par le fait que la tradition — tradition exacte ou non, peu importe — place la consécration du temple de Salomon en automne, au commencement d'Etanim-Tischri (I Rois VIII, 2) et que le récit de l'Elohiste sur l'introduction du culte de Yahvé à Jérusalem II Sam VI — récit qui naturellement ne provient pas de sources contemporaines — décrit cette solennité avec des traits empruntés à la procession de la fête de l'automne. Ce rapprochement est confirmé par le Chroniste qui fait chanter aux Lévites à l'occasion du transport de l'arche, des cantiques composés uniquement de citations de psaumes de l'intronisation (I Chron. XVI, 8-35). La fête de l'automne ayant été, en même temps, la fête de la consécration du temple, la liturgie dramatique du ps. CXXXII fait partie du rituel de cette fête. Ce fait est confirmé par l'allusion à la procession de l'arche et par l'allusion à la résidence éternelle de Yahvé à Jérusalem. Un lien entre la fête de la consécration du temple et celle de l'intronisation et de la création se trouve dans l'idée que l'apogée de l'œuvre créatrice est marquée par la création du lieu de culte, qui est la capitale spirituelle de la communauté ou du peuple; il en est ainsi dans l'épopée babylonienne de la création et de l'intronisation de Mardouk, qui servait sans doute de mythe cultuel à la fête du nouvel an. — Cependant le règne de Yahvé n'a pas toujours été conçu à la façon universaliste et en rapport avec l'idée de création, mais dans un sens plus étroit et plus nationaliste (influence du yahvisme historique et national; Yahvé considéré comme le dieu qui se révèle dans l'histoire). Alors on a regardé comme actes fondamentaux du Dieu-Roi la délivrance du pays d'Egypte, le miracle de *jam sūf* (Birket-eṭ-Timsaḥ) et l'alliance du Sinaï (Dtn. XXXIII, 4; Ps. CXIV, 2). Ensuite ces faits sur lesquels est basé le salut ont été mis en parallèle — naturellement sous une forme mythologique — avec la lutte contre la mer primitive et avec la création. Les psaumes de l'intronisation proprement dits contiennent aussi des allusions à ces faits (XCV, 8 sqq.; XCVII, 5 sq.; XCIX, 6 sqq.), et c'est encore par suite d'un rapprochement entre la création (lutte contre le chaos) et l'exode que l'Egypte est désignée comme le dragon Rahab-Tehom (ps. LXXXVII, 4a; Es. XXX, 7); il convient aussi de rappeler la façon dont les psaumes de la fête de l'intronisation (ps. XXXIII, 16 sq; LXXVI, 7) se servent du motif «chars et chevaux» (comp. Ex. XV, 2). Il

Es. XXXIII, $_{14}$); après quoi suivait la réponse des prêtres gardiens de la porte. Question et réponse sont ainsi exprimées dans le psaume XXIV, $_{3-6}$:

Qui a le droit de monter sur la montagne de Yahvé?
Qui a le droit de se tenir sur le lieu sacré?
Quiconque a les mains pures et le cœur innocent,
Quinconque n'incite pas son âme à une action mauvaise[1].
Celui-là recevra de Yahvé la bénédiction
Et le bonheur de la part du dieu.
Voilà le sort du peuple qui < sollicite Yahvé >,
Et qui cherche < la face du dieu de > Jacob.

La réponse contient des éléments rituels et des éléments moraux. Dans la pureté des mains, toutes les lustrations rituelles

---

est donc légitime de supposer que des psaumes qui relient la conception du règne de Yahvé avec l'histoire de l'exode, étaient aussi primitivement des psaumes de la fête de l'automne, même si plus tard ils ont été utilisés comme psaumes du päsaḥ. Mentionnons comme psaumes de ce genre le ps. CXIV; Ex. XV, 1b—18 (le petit lac Birket-et-Timsah [sic! non pas la mer rouge] étant considérée comme *teḥōm* et la délivrance d'Israël comme la victoire sur la mer primitive, le règne de Yahvé étant le couronnement de l'œuvre de salut, la fondation du lieu saint l'acte final de l'œuvre créatrice; comp. plus haut l'épopée de Mardouk). — La fête de l'automne est en même temps la fête de la bénédiction et de la fertilité assurées pour l'année à venir (comp. le rite du mai et le rite de l'eau qu'on puise, etc.). Il s'ensuit que p. e. les ps. LXXXV et CXXVI doivent être rapprochés également de la fête de l'automne. Le second fait partie des psaumes ma'alot ainsi que le psaume CXXXII déjà mentionné plus haut. Le terme *maʿalā* = « monter » désigne précisément la procession solennelle marchant vers le sanctuaire, il est hors de doute que le cahier des psaumes ma'alot a été réuni pour la fête en question bien qu'il faille convenir d'autre part de ce que plusieurs d'entre ces psaumes étaient primitivement destinés à d'autres usages et qu'ils n'ont été transformés en psaumes de la communauté et de la fête de l'automne que par une interprétation secondaire. — On peut apercevoir les idées et les mythes et parfois aussi les rites de la fête dans les psaumes que nous venons de mentionner et probablement aussi dans le psaume LXV [qui, malgré *Gunkel* n'est pas un chant du printemps, mais un chant de la moisson, rappelant l'œuvre accomplie dans la nature durant toute l'année depuis l'époque des pluies jusqu'à la moisson] LXVII, CXVIII, peut-être aussi le psaume VIII (avec l'idée de création), et le psaume L (qu'il faut interpréter d'après LXXXI et XCV), et LXXXVII (comp. XLVI; XLVIII et plusieurs psaumes ma'alot). Je ne prétends pas que tous ces psaumes aient été écrits expressément en vue de la fête de l'automne, du nouvel an et de l'intronisation, mais que leur contenu est emprunté au complexus d'idées, ayant trait à cette fête et ne peut être expliqué que par là. Si j'emploie, pour abréger, l'expression de fête de l'intronisation, j'entends par ce terme la fête de l'automne tout *entière;* j'aurais pu dire tout aussi bien avec *Volz* « fête du Nouvel an de Yahvé ».

[1] La ligne surchargée au point de vue du mètre « quiconque ne fait pas de faux serment », v. 4b, est sans doute une adjonction faite d'après XV, 4b. — Lire au v. 6: *dōrešê jahwä̈* et *penê ēl jaεaqōb.*

10

nécessaires sont impliquées. Mais cette pureté consiste aussi à se garder de péchés tels que le meurtre, la fraude, l'iniquité, etc. Par « action mauvaise » est désigné « ce qui est vain et nuisible » *šāw*) toute relation avec les puissances magiques et démoniaques, entre autres aussi celle avec des « dieux étrangers », avec les ^{a}*līlīm* est visée[1].

Tandis que l'instruction donnée dans le psaume XXIV est toute générale, elle est formulée, dans le psaume XV, d'une façon plus détaillée:

Qui aura le droit d'habiter sous ta tente?
Qui aura le droit de demeurer sur ta montagne sainte?

1. Quiconque marche dans les voies de la droiture et fait ce qui est juste.
2. Quiconque dit la vérité avec le cœur (et non pas seulement avec la bouche).
3. Quiconque ne donne pas libre cours à sa langue (en prononçant des paroles de malheur).
4. Quiconque ne fait pas de mal à son frère.
5. Quiconque ne charge pas son parent d'ignominie.
6. Quiconque méprise celui qui est rejeté (par Yahvé).
7. Quiconque honore ceux qui craignent Yahvé.
8. Quiconque jure < > et ne rompt pas son serment.
9. Quiconque ne place pas son argent à intérêt.
10. Quiconque ne se laisse pas corrompre aux dépens de l'innocent.

Ici l'élément rituel est complètement refoulé à l'arrière-plan, bien qu'on puisse admettre qu'il est présupposé comme condition préalable; sous ce rapport, ce psaume se rapproche du Décalogue, d'autant plus qu'il n'est pas tout à fait impossible, comme l'a supposé *Kittel*, que primitivement il ait été composé pour d'autres buts que le culte et qu'il ait seulement imité le genre cultuel[2]. En tout cas, nous apercevons ici l'influence de la prédication prophétique.

γ) Le fait qu'au point de vue du fond, ces psaumes sont en rapport avec le Décalogue, peut être considéré comme certain. Si le texte des commandements n'est pas identique avec celui du Décalogue, ce sont, dans les grandes lignes, pourtant les

---

[1] Ps. St. I, p. 50 sqq.; *Johs. Pedersen*. Israel I—II, p. 321.

[2] Il ne me paraît pas cependant que cette hypothèse puisse être démontrée, et elle me paraît aussi peu vraisemblable que la conception, admise par un assez grand nombre de critiques, de l'origine « privée » des psaumes. *Gunkel*, dans son commentaire NHKAT, semble s'être également rangé, quant au psaume XV, à l'interprétation cultuelle et liturgique.

mêmes préceptes fondamentaux s'appliquant à la vie sociale et religieuse d'une communauté relativement petite. Quant au Ps. XV, nous constatons, au point de vue de la forme, une double concordance avec les décalogues ; d'une part dans la forme brève des commandements, d'autre part dans le chiffre 10. Le fait que le psaume XV indique précisément 10 conditions du salut et de la bénédiction, n'est certainement pas l'effet d'un hasard ; il montre, au contraire, qu'une loi fondamentale du style liturgique a été observée ici comme dans les décalogues.

On pourrait considérer les décalogues cultuels comme l'élément primitif ; alors ce seraient eux qui auraient influé sur la tora liturgique de l'entrée, et ce serait d'eux que procéderait, d'une façon générale, la genèse d'une telle coutume cultuelle. Cependant la supposition n'est pas exacte. Car on ne conçoit pas comment de l'usage cultuel d'un décalogue aurait pu sortir une scène dramatique rituelle qu'on aurait célébrée à la porte du temple à l'occasion de la procession de la fête. D'une part, dans les torot de l'entrée, nous ne trouvons aucune trace de l'idée d'alliance caractéristique pour les décalogues. D'autre part, il n'y est jamais fait allusion à des commandements de Dieu déjà connus, ce qu'il faudrait supposer, si les décalogues avaient existé antérieurement et avaient eu leur place fixe dans le culte. Il s'agit ici vraiment d'une instruction nouvelle qui est donnée sous forme de réponse à une question posée. Point d'allusion à un texte de loi déjà connu. C'est seulement dans Mich. VI, 6-8, imitateur du style liturgique, que nous voyons qu'un prophète, après avoir rejeté les propositions impliquées dans les questions posées par l'adorateur, a rappelé effectivement les commandements déjà connus; mais ces commandements il ne les a pas puisés dans les liturgies cultuelles, mais dans l'ancienne prédication prophétique bien connue de lui.

ð) Le rite de la tora de l'entrée doit donc avoir une origine indépendante de l'utilisation cultuelle des décalogues.

Gunkel (dans le commentaire des psaumes) a fait une remarque très juste qui indique la voie dans laquelle il convient de chercher une solution: « La question de savoir, qui a accès au sanctuaire de Dieu, a joué, dans les religions, le plus grand rôle depuis les temps les plus anciens ; car les biens suprêmes échoient à celui que Dieu agrée. » — Mais ce qui, dans une vieille religion, « joue le plus grand rôle », se cristallise nécessairement dans une institution ; car à l'époque primitive, religion et institution coïncident. L'institution est toujours liée d'une façon quelconque au culte, ce terme pris dans son sens le plus large. La visite du sanctuaire est un « culte » ; déjà la façon dont on entre dans l'enceinte sacrée, prend la forme d'une institution qui rappelle le rituel du culte. Lorsqu'on attache quelque importance à la question concernant les conditions de l'entrée, questions et réponses sont données sous forme liturgique.

Tout sanctuaire antique possédait ses règles propres qui devaient être observées par tous les visiteurs et qui sont caractéristiques pour sa liturgie et l'ordre du culte. Parmi elles il y avait souvent des prescriptions concernant la manière d'entrer dans le lieu saint. L'observation de ces règles était la condition de l'accès dans l'enceinte sacrée. Ainsi quiconque visitait le sanctuaire du buisson ardent au Sinaï, devait enlever ses souliers (Ex. III, $_5$). S'il y avait là un gardien du sanctuaire, nous pouvons admettre qu'il a rappelé aux visiteurs et à ceux qui venaient de loin pour y faire leur pèlerinage, cette coutume essentielle, ce commandement.

Des prescriptions de ce genre ont existé un peu partout. Ainsi, d'après En-nadim, les femmes qui célébraient la fête de Tamûz de Harran « el-bûkât » ne devaient rien manger qui eût été broyé dans un moulin[1] ; ce commandement — bien entendu, rappelé expressément — passait pour être la condition de la participation aux cérémonies sacrées. — Sur l'autel de Zeus, à Délos, on ne pouvait sacrifier ni chèvre, ni porc, ni vache, et ce précepte était inscrit pour l'éternité sur une table dans le lieu saint[2] ; il va sans dire que les visiteurs ont été instruits de cette loi d'une façon ou d'une autre, sans quoi ils auraient risqué de commettre un sacrilège. — Quiconque voulait entrer dans le sanctuaire de Men Tyrannos était astreint à s'abstenir d'ail, de viande de porc et de commerce avec les femmes pour un certain temps[3] ; ce règlement a été, lui aussi, fixé par écrit, mais tout d'abord il était, sans doute, communiqué oralement à l'adorateur. — De même l'entrée dans le temple de Hemithéa à Kastabos sur le Chersonèse était soumise à des abstentions analogues (abstention de porc)[4] ; dans le sanctuaire ou dans l'enceinte sacrée d'Alektrona, à Rhodes, il ne fallait pas non plus porter de viande de porc[5]. *Stengel* dit, en résumant ces coutumes concernant les temples grecs[6] : « De même

---

[1] D'après *Baudissin*, Adonis und Esmun (Leipzig, Hinrichs 1911), p. 111.

[2] D'après *Baudissin* ouvr. cité, p. 146.

[3] D'après *Baudissin* ouvr. cité, p. 156 n. 3.

[4] Ouvr. cité, p. 157.

[5] Ouvr. cité, p. 158.

[6] *P. Stengel*, Die griechischen Kultusaltertümer[3] [*Iwan v. Müller*, Handb. d. klass. Altertumswissenschaft V 3] 1920, p. 28. Comp. aussi l'article « Kultus » de

que certaines enceintes sacrées et les ἱερά, beaucoup de temples n'étaient accessibles qu'à certaines catégories de visiteurs et sous certaines conditions, tandis que d'autres étaient ouverts sans conditions spéciales... Certains temples n'étaient accessibles qu'aux hommes, d'autres seulement aux femmes; pour d'autres il existait encore d'autres prescriptions. » Pour ce qui est du temple à Jérusalem, nous constatons qu'entre autres défenses, l'entrée du sanctuaire était interdite à tout aveugle ou paralytique[1]. La même interdiction fut appliquée aux eunuques[2] et au « mamzer »[3], de même aux lépreux[4] et, en général, à tous ceux qui, par suite d'une maladie ou d'une anomalie quelconque, étaient impurs, soit pour toujours, soit passagèrement.

Parmi les conditions d'entrée que nous venons de mentionner à titre d'exemple, il y en a que l'adorateur ne peut pas remplir à son gré au moment de l'entrée même, mais qui se rapportent à une attitude qu'il doit observer toujours ou pendant une période relativement longue avant la visite du temple. Ainsi on peut affirmer avec certitude qu'une règle commune à tous ou, en tout cas, à la plupart des temples sémitiques exigeait des visiteurs de se conserver « purs » pendant un certain temps avant l'entrée, bien que les conceptions de la pureté fussent très différentes selon les cultes. En Israël, la « pureté » acquise par des lustrations et des abstentions est souvent imposée comme condition *sine qua non* pour tout contact avec le sacré, par conséquent aussi pour l'entrée dans le sanctuaire[5].

Cette exigence de pureté générale était, sans doute, connue de tout le monde. Mais tout le monde ne pouvait pas savoir quelles règles de pureté particulières devaient être observées dans chaque cas et dans les différents sanctuaires; le pèlerin venant peut-être de loin ne pouvait pas toujours savoir ce qu'il

---

Pfister dans la Real-Encyclopädie der class. Altertumswissenschaft de *Pauly-Wissowa.*

[1] II Sam V, 8 *habbajit* désigne une maison déterminée, la maison par excellence, le temple, comp. Lev. XXI, 18 (la défense y est limitée aux prêtres). Toute l'anecdote contenue dans Sam. V, 6b—8 est une légende étiologique destinée à expliquer la règle que l'on doit observer pour avoir le droit d'entrer dans la « maison » v. 8: les termes d'« aveugles » et de « paralytiques », se rapportaient, selon la légende, primitivement aux Jébusites qui ont été punis à cause de leur vantardise et qui effectivement ont dû se laisser égorger comme des aveugles et des paralytiques, lorsque David prit la forteresse.

[2] Dtn. XXIII, 2.

[3] Dtn. XXIII, 3.

[4] Lév. XIII.

[5] Comp. entre autres Ex. XIX, 10 sqq.; I Sam. XXI, 5 sqq.

était tenu d'avoir fait ou n'avoir pas fait avant de mettre le pied dans l'enceinte sacrée. Il n'y avait pas d'autre moyen que de demander au prêtre gardien du sanctuaire ou de la porte: Qui peut entrer? A quelles conditions a-t-on le droit de pénétrer dans le temple?[1] Il était d'autant plus nécessaire de poser cette question, que tels péchés ou crimes commis dans le passé pouvaient rendre la participation au culte impossible, comme c'était le cas en beaucoup d'endroits, en particulier chez les Grecs[2]. Des règles analogues étaient en vigueur en Israël. Lorsque, dans le culte, la malédiction est prononcée solennellement contre certaines catégories de malfaiteurs (Dtn XXVII, $_{14}$ sqq.), il faut sous-entendre naturellement l'idée que ceux-ci sont exclus du culte et que la malédiction frappera instantanément celui qui, malgré son indignité, oserait mettre le pied dans le sanctuaire et voudrait avoir place dans la communauté sainte. Il est probable que, déjà dans les temps anciens, de grands criminels tels que parricides, fratricides, sorciers, ceux qui maudisaient leurs parents etc., étaient exclus du culte.

Mais le culte tend toujours à établir des formes fixes pour tous les actes. Tout ce qui se fait effectivement et ce qui normalement doit se faire, est réglé par une liturgie; ainsi apparaît une forme stéréotypée et solennelle selon laquelle ces actes doivent être accomplis. D'une façon quelconque, c'est un devoir régulier et officiel des ministres du culte d'enseigner ou de rappeler les conditions d'entrée, et cette instruction devient une partie intégrante du rituel ou de la liturgie de la fête. Elle peut se faire sous une forme toute générale; ou bien l'enseignement et l'exhortation orales peuvent être remplacées ou renforcées par une inscription fixée au-dessus de la porte ou de la cour du temple; telles les inscriptions mentionnées plus haut et concernant certaines lois cultuelles. L'exhortation à la ἁγνεία dans le temple d'Asklepios à Epidauros faisait partie de ce genre de prescriptions, bien qu'elle trahisse déjà une tendance spiritualiste[3]. De même l'inscription bien connue qui se trouve au-dessus du temple d'Apollon à Delphes, γνῶθι σεαυτόν ne doit certainement pas être entendue dans le sens philosophique qu'on lui attribue ordinairement, mais comme une exhortation adressée au visiteur

---

[1] Comp. *Pfister*, article Kultus dans *Pauly-Wissowa*, Realencyklopädie, au sujet des coutumes cultuelles chez les Grecs: le prêtre donnait au visiteur du sanctuaire qui désirait un oracle ou la guérison, les instructions et les prescriptions nécessaires sur l'abstinence de vin et le jeûne, sur l'immolation du bélier, etc.»

[2] v. *Stengel*, ouvr. cité, p. 120.

[3] ἁγνείη δ'ἔστι φρονεῖν ὅσια, cp. *A. Fridrichsen*, Hagios-Qadoš, Oslo 1916, p. 25.

du temple pour qu'il recherche par un examen de soi-même les péchés et crimes dont il a pu se rendre coupable. Ainsi avant de pénétrer dans le sanctuaire et de participer au culte, les visiteurs étaient invités « officiellement » à se renseigner sur les conditions de l'entrée, et les gardiens du temple, les prêtres, etc. leur répondaient par des formules stéréotypées et solennelles. C'était le cas surtout au moment des grandes fêtes et des pèlerinages, lorsqu'une foule était rassemblée ; alors la nécessité d'une réglementation des actes était d'autant plus nécessaire. Et la coutume s'établit sans doute de faire poser aussi les questions par ceux qui, en réalité, connaissaient déjà la réponse, et toutes les fois qu'on entrait, c'étaient les mêmes interrogations et les mêmes réponses qu'on répétait ainsi. Ce rituel dramatique de l'entrée faisait partie, pour ainsi dire, de la liturgie du culte. Elle s'imposait particulièrement pour les grandes processions qui comportaient en elles-mêmes toute un série de scènes dramatiques.

Ainsi pouvons-nous expliquer la genèse de la coutume cultuelle présupposée dans les psaumes XXIV et XV. Le psaume XXIV est, sans contredit, un psaume de procession composé pour la célébration de la fête de la nouvelle année, fête de la création et de l'avènement du dieu (comp. v. $_{1}$ sq., $_{7-10}$).

Il s'agit ici d'une institution certainement assez ancienne. Il est hors de doute que le psaume XXIV est antérieur à l'exil, car il présuppose l'existence de l'arche de Yahvé. L'entrée du Dieu Roi qui est décrite d'une manière particulièrement vivante et pour laquelle les portes doivent élever leurs linteaux, a sûrement eu lieu avec un symbole visible de Yahvé qui ne peut avoir été que l'arche[1]. Dans la liturgie prophétique d'Es. XXXIII

---

[1] *Gunkel*, tout en convenant de la haute antiquité des v. 7—10, maintient, dans son commentaire des psaumes (dans NHKAT), l'hypothèse selon laquelle les 3 parties du psaume n'auraient primitivement rien eu de commun. Il rejette seulement la supposition faite par *Budde* d'une réunion « fortuite » des trois poèmes, et il admet une composition consciente destinée à l'usage d'une fête annuelle déterminée. Il ajoute que la « réunion des morceaux pour cette liturgie ne peut dater que d'une époque récente ». Pour quelle raison ? *Gunkel* ne donne pas l'ombre d'une preuve pour établir son affirmation. Puisque la composition ne s'est pas faite d'une façon fortuite, mais en vue d'une fête déterminée, pourquoi le rédacteur ne serait-il pas lui-même l'auteur des trois morceaux ? *Gunkel* n'indique que les 2 arguments suivants : d'une part les trois morceaux représenteraient trois « genres » littéraires distincts, et d'autre part ils seraient écrits chacun dans un mètre différent. Cependant *Gunkel* nous a appris lui-même que les poètes mélangent parfois les genres littéraires. Depuis quand le même critique serait-il devenu, en principe, un adversaire du « mètre mélangé » ? En tous cas,

qui est très probablement antérieure à l'exil et remonte à l'époque assyrienne[1], il est fait allusion, comme nous l'avons remarqué, à la même coutume cultuelle; il en est de même pour le fragment prophétique de Michée VI-VII[2], sûrement anté-exilique et probablement du temps de Manassé. Le rituel de la tora de l'entrée a donc existé, complètement développé, au plus tard vers 700 avant J.-Chr.; mais il peut aussi être sensiblement plus ancien. —

c) Des questions fixées sous forme liturgique et des réponses à ces questions concernant les conditions de l'entrée sont sortis les premiers recueils, certainement tout à fait brefs à l'origine, de lois cultuelles et religieuses, les premières « leges sacrae ». Ces lois étaient transmises probablement pendant un certain temps oralement avant d'être fixées par écrit. Elles avaient tout d'abord un contenu essentiellement cultuel et rituel (conf. les exemples cités plus haut); probablement elles ordonnaient certaines pratiques cultuelles exigées des adorateurs, la façon dont les sacrifices devaient être offerts, les purifications préalables et l'état physique et social du visiteur du temple; parfois cependant ces recueils contenaient sans doute aussi des préceptes moraux énoncés, la plupart du temps, sous forme négative (l'entrée du sanctuaire étant défendue à celui qui aurait commis tel ou tel crime).

Mais peu à peu, l'idée finit par s'imposer que le peuple tout entier était dans un rapport constant et particulier avec Yahvé et que, par conséquent, il était une communauté cultuelle

---

dans son commentaire, il n'y paraît pas. Je me bornerai ici à rappeler les cantates festivales, les vieilles et les modernes, qui sont en usage pour les fêtes religieuses et profanes, et où c'est presque la règle que les différentes parties appartiennent à des « genres » littéraires différents et soient composées en mètres différents. Ce serait à *Gunkel* de prouver par des arguments positifs que le rédacteur ne peut pas être en même temps l'auteur de tout le psaume. En réalité, la combinaison de l'idée de création et de royauté avec celle de l'entrée solennelle du Dieu est tout à fait caractéristique de la fête de l'année nouvelle, comme je l'ai montré dans Ps. St. II, v. plus haut p. . . . , n. 2. *Gunkel* me paraît rejeter ce rapprochement. Cependant un regard jeté dans le traité Rosch-haschschana de la Michna suffit pour prouver ma thèse. Rien n'empêche dès lors qu'un compositeur qui voulait créer un chant liturgique pour cette fête, en ait lui-même écrit le texte et qu'il ait choisi, pour chacune des trois parties, le genre et la forme littéraires et liturgiques consacrées par la tradition.

[1] Comp. Ps. St. II., p. 235 n. 1, v. aussi mon livre « Jesajadisiplene. Profetien fra Jesaja til Jeremia », Oslo 1926, p. 139.

[2] Mich. VI—VII, 7 ne provient probablement pas de Michée, mais d'un disciple d'Esaïe vivant sous (Hizqija et) Manassé, v. mon livre mentionné dans la note précédente, p. 141 sq.

obligée à réaliser la sainteté [1]. Dès lors les recueils de commandements devaient énoncer les conditions à remplir par qui voulait devenir membre du peuple saint (comp. la façon dont ces lois sont formulées dans Dtn. XXIII, $_2$ sq., où il s'agit de ceux qui font partie du *qehal jahwä* déterminé au point de vue social et religieux) [2].

Il est alors permis de se demander si les liturgies de malédictions casuistiques dont nous avons parlé plus haut (v. § 21) ont subi l'influence de ces « leges sacrae » et, par conséquent, donnent indirectement aussi des réponses aux questions concernant les conditions de l'entrée. Les formules de malédiction cultuelles les plus anciennes ont probablement été tout à fait générales — abstraction faite de celles qui devaient s'appliquer à des occasions particulières et qui, pour cette raison, étaient plus précises —; les malédictions spécifiant d'une façon casuistique les crimes ont pour but, comme nous l'avons vu, d'écarter les indignes de la fête; elles ont en même temps le caractère d'un châtiment et d'un apotropeion [3].

On n'a pas besoin de se figurer que les « leges sacrae » les plus anciennes sont issues seulement de la tora liturgique de l'entrée dans ses formules complètement développées avec questions et réponses stéréotypées ; elles peuvent très bien être sorties des réponses les plus anciennes et de forme libre données aux questions des visiteurs du sanctuaire. Il est donc possible que les formes de la tora de l'entrée que *nous* possédons aient subi à leur tour l'influence de « leges sacrae » déjà formulées. Cependant cette influence secondaire est sans importance pour la question de savoir lequel des deux genres se trouve à l'origine de l'autre; les questions et les instructions et, par conséquent, aussi la tora de l'entrée sont comme telles les plus anciennes et les « leges » formées de commandements à formule fixe et groupées ensemble, en sont seulement dérivées. — —

d) C'est à la catégorie de ces vieilles « leges sacrae » qu'appartiennent aussi les décalogues utilisés dans un but cultuel et liturgique, qu'ils aient été composés de 10 ou de 12 ou d'un nombre indéterminé de commandements. Mais un chiffre fixe et traditionnel paraît s'être imposé de très bonne heure, et l'on avait

---

[1] Entièrement développée, cette idée se trouve dans H; mais ses premiers commencements remontent beaucoup plus haut, comp. la couche (secondaire, il est vrai) appartenant à E dans Ex. XIX, 5 sq. et chez D Dtn. VII, 6.

[2] J'ai essayé de montrer dans Acta Orientalia I p. 82, 90 que cette expression n'est pas nécessairement « postexilique ».

[3] v. Ps. St. V., p. 79; *Hempel* dans ZDMG. 1925, p. 98.

une prédilection pour le chiffre 10. Le décalogue de J et la tora de l'entrée du psaume XV sont composés de dix commandements. D'autres fois, on préférait le chiffre 12, comme l'atteste le recueil de vertus contenu dans Ezéchiel XVIII, 5 sqq.[1] et la formule de malédiction de Dtn. XXVII, 14 sqq. Enfin dans la forme la plus récente des conditions de l'alliance chez E, nous trouvons deux fois 12 commandements.

La formation de « décalogues » cultuels s'explique par le fait que les « leges sacrae » toutes brèves issues des torot de l'entrée ont été mises en rapport avec le renouvellement de l'alliance, thème caractéristique de la même fête du nouvel an. L'idée de l'alliance impliquait déjà du temps du Yahviste la conception de certaines obligations de la part d'Israël, des préceptes et des commandements de Yahvé que le peuple devait observer; l'alliance fut de plus en plus considérée comme un acte partant de l'initiative de Yahvé: c'est Yahvé qui donne des ordres et qui, d'autre part, fait les promesses (v. plus haut). Aussi devait-on considérer les vieilles « leges sacrae » rappelées à la fête dans la tora de l'entrée, comme les commandements fondamentaux sur la base desquels l'alliance devait être renouvelée dans le culte, comme ils avaient été — disait-on — autrefois la charte de l'alliance conclue pour la première fois. Et à la fin on en est venu à faire précéder les recueils de commandements, en guise d'introduction, de la formule d'éphiphanie contenue dans la liturgie du renouvellement de l'alliance et à en placer la récitation à un endroit déterminé de la liturgie. C'est à cette coutume que les liturgies des psaumes prophétiques (étudiées plus haut, v. § 20) font allusion. —

e) Nous comprenons maintenant le rapport entre les décalogues et les psaumes du renouvellement de l'alliance d'une part, et les décalogues et les torot de l'entrée d'autre part. Les décalogues sont issus, comme règles du sanctuaire, des questions et des réponses qui étaient formulées lors de l'arrivée des participants à la fête et qui se trouvent, sous leur forme complètement développée, dans les torot de l'entrée; ensuite ces règles ont été mises en rapport avec l'annonce, faite par un prophète, de l'épiphanie du dieu qui vient renouveler l'alliance. C'est ainsi que les règles du sanctuaire sont devenues les décalogues de l'alliance et ont été incorporées aux légendes du Sinaï.

L'origine première des décalogues est donc dans l'instruction sacerdotale donnée aux visiteurs du temple sur les règles du lieu saint et les conditions de l'entrée. Les torot se sont déve-

[1] v. Ps. St. V., p. 116.

loppées dans le culte israélite tout mêlé d'éléments cananéens, et non au Sinaï. Nous pouvons admettre que de telles pratiques, comme celles que nous venons de décrire, ont eu lieu dans beaucoup de sanctuaires israélites et auparavant sur les bamot de Canaan. Elles ont pu revêtir des formes diverses. Nous ne savons pas si des « leges sacrae » formulées expressément ou même des « décalogues » en sont sortis, et nous ne savons pas davantage si ceux-ci ont été utilisés partout dans le culte de la fête. Les décalogues que *nous* connaissons, proviennent tous de Jérusalem — E est d'origine hiérosolymite au même degré que J. Nous connaissons l'institution complètement développée de la tora de l'entrée uniquement par le rite hiérosolymite. D'une façon générale, la plupart des sources dont nous disposons ont été écrites à Jérusalem. C'est là un point que la science de l'Ancien Testament devrait enfin prendre au sérieux. Nous ignorons de quelle façon, à quelle époque et en partant de quel endroit les règles et les préceptes particuliers sont entrés dans les différents sanctuaires. Il est cependant fort probable que le temple de Yahvé à Jérusalem a emprunté beaucoup de ses particularités à un culte jébusite antérieur (le culte d'El 'olam ?)

La forme la plus ancienne que nous possédions d'un décalogue cultuel et liturgique, à savoir celle de J, a un caractère presque exclusivement rituel. Mais nous constatons de très bonne heure déjà une tendance à amplifier et à transformer les décalogues dans un sens social et moral, sans que l'élément cultuel y soit supprimé. Ainsi les adjonctions qui ont été faites aux conditions de l'alliance chez E sont d'ordre essentiellement moral et spirituel. La bonne voie dans la vie journalière, la bonne attitude morale à l'égard des « frères », le vrai respect de Dieu: tout cela est devenu objet de l'instruction. Cette évolution provient naturellement du fait déjà indiqué que l'accent est mis sur l'idée d'une communauté cultuelle qui est « sainte » pour toujours et agréée par Dieu. Au reste, il est permis de supposer que les paroles de l'alliance contenues dans E, *sous leur forme la plus récente*, ne sont qu'un produit littéraire et que, *sous cette forme*, elles n'ont jamais été utilisées dans le culte.

Dans cette transformation et cet approfondissement moral et religieux des décalogues cultuels, se manifeste l'esprit du yahvisme historique. C'est l'esprit dont se sont inspirés aussi les grands prophètes — non pas le prophétisme des nebiim comme tel. Cet esprit remonte-t-il à Moïse? Dieu seul le sait. C'est une grande erreur de prétendre « expliquer » complètement les origines de ce qu'il y a de plus grand dans une religion.

Les prototypes du Décalogue que nous venons de considérer dans leur cadre cultuel, et d'autre part l'intérêt nomistique du Décalogue (v. § 24), expliquent la parenté linguistique constatée plus haut (v. § 12) entre le Décalogue et la rédaction du Deutéronome. Les auteurs du Deutéronome ont subi, eux aussi, l'influence du style sacerdotal qui est à la fois nomistique et liturgique.

§ 24. — *Origine et but du Décalogue.*

a) Nous avons dit que le Décalogue a pris naissance dans les cercles prophétiques. C'était sans doute à la grande époque du prophétisme, peut-être parmi les disciples d'Esaïe. Nous voulons maintenant essayer de montrer à quels mobiles il doit sa formation et dans quel but il a été établi.

Le cercle des disciples ésaïaques paraît avoir été une association organisée à la façon de celles des *n*ᵉ*bī'īm;* Esaïe lui-même présuppose comme normale la coutume d'après laquelle le peuple se rend auprès de ses disciples pour en obtenir des oracles[1]. C'étaient probablement, en grande partie, des nebiim professionnels du temple; Habakkuk se conforme par exemple tout à fait aux conceptions et aux formes des liturgies du temple; il a même composé un psaume cultuel[2]. Nahum, lui aussi, a fait précéder ses prophéties, à la façon d'un « motto », d'un psaume alphabétique composé selon les formes habituelles des chants cultuels[3]. A ce propos, il faut aussi rappeler le chant de Moïse, Dtn. XXXII et D, en tant qu'il trahit une influence « prophétique » Dans ce cercle, on paraît avoir aussi cultivé une littérature prophétique ; car à cette époque, la prophétie prend un caractère de plus en plus littéraire ; déjà Esaïe a institué ses disciples comme exécuteurs de son « testament littéraire » (Es. VIII, $_{16}$), et le livre d'Esaïe, tout comme celui de Michée, a été rédigé manifestement dans ces mêmes milieux: tous les deux laissent apparaître le même schéma de rédaction.

---

[1] Es. VIII, 19. Le texte a été restitué par *Budde* dans ZATW 1923, p. 175 : après « consultez » les mots « Yahvé pour nous, c'est ainsi que vous devez leur parler » ont été supprimés par suite d'un « homoioteleuton ».

[2] Je maintiens l'authenticité du livre presque tout entier et me borne ici à rappeler l'article de *Cannon* paru dans ZATW 1925, p. 62 sqq. (cependant avec une date un peu différente). Je considère aussi le chap. III comme authentique. Comp. Ps. St. III, p. 27 sqq.

[3] Je considère aussi le psaume contenu dans Nah. I comme authentique ; mais il nous aurait été transmis sous une forme mutilée.

Dans la prophétie postérieure à Esaïe, des tendances très diverses se sont fait sentir. Quelques-uns d'entre les « disciples » poursuivent la tradition de la grande prophétie concernant l'annonce du jugement : Michée I et II[1], en partie, Sophonie et, dans toute sa pureté primitive, Jérémie. Avec d'autres, la prophétie recule dans l'ornière nationaliste du nabiisme professionnel: c'est le cas des prophéties de Nahum, Habakkuk et des oracles mythologiques débordant de haine contre Assour, contenus dans les livres d'Esaïe et de Michée. C'est aussi le cas des cantiques de Moïse. Chez quelques autres enfin, la prophétie tend de plus en plus à se développer dans le cadre des conceptions traditionnelles de la dramaturgie de l'intronisation, au lieu d'interpréter, comme autrefois, l'histoire contemporaine et de prolonger ses lignes dans l'avenir le plus prochain. C'est cette tendance qui finira par transformer la prophétie en eschatologie apocalyptique[2]. Avec l'attitude plus positive observée à l'égard du culte et de la piété cultuelle, l'objet de la prédication des prophètes se déplace: au lieu de lutter pour la morale et contre le culte, ils luttent désormais contre le culte idolâtrique, contre l'« apostasie », pour un culte vraiment purifié, et ils enseignent la crainte de Dieu où s'allient des éléments cultuels et des éléments moraux. Les tendances prophétique et sacerdotale se rapprochent de nouveau; car dans certains groupes de prêtres, on avait aussi des préoccupations réformatrices[3] : culte exclusif de Yahvé, abolition de rites manifestement étrangers et opposés à l'esprit du pur yahvisme, enfin la centralisation du culte de Yahvé autour du sanctuaire « légitime ». De là l'apparition de certaines tendances nomistiques parmi les prophètes: le vrai culte et la vraie « justice » doivent être définis, et leurs principes doivent être fixés dans des commandements particuliers. Que des conceptions de ce genre se soient répandues parmi les disciples des prophètes, cela paraît ressortir du fait que D, tout en étant une œuvre inspirée par l'idéal sacerdotal, trahit aussi des influences nettement « prophétiques ». Ces influences sont surtout visibles dans le style des morceaux parénétiques de l'introduction et dans les passages où l'observation des commandements de Yahvé est motivée par un appel au sentiment (« tu dois « *aimer* » Yahvé

---

[1] v. plus haut p. 107, 108.

[2] Les prophètes n'étaient nullement des orateurs eschatologiques, et je n'admets plus, dans le sens propre du mot, une eschatologie « populaire » qui serait « antérieure aux prophètes ». V. pour le détail mon livre « Jesajadisiplene. Profetien fra Jesaia til Jeremia », p. 89—98.

[3] Comp. *Hoelscher:* Geschichte der isr. u. jüd. Religion, §§ 37, 42.

ton dieu de tout ton cœur » — c'est la piété basée sur le sentiment telle qu'elle est représentée par le mouvement extatique et mystique du nabiisme et non pas par les pratiques cultuelles des prêtres et des représentants de la hiérarchie).

Les prophètes plus anciens s'étaient contentés de recommander la justice et la connaissance de Dieu dans des formules générales; tout au plus avaient-ils ajouté quelques exemples concrets empruntés surtout à la vie sociale. Ils partaient de la supposition que tout le monde doit savoir ce qu'est la justice et la piété (comp. Mich. VI, 6-8). Ils se considéraient comme des héros isolés dont le devoir était de rappeler à un peuple perverti les commandements fondamentaux qu'il avait transgressés. Mais les disciples d'Esaïe formaient un cercle fermé, une « secte » à la manière orientale. Ce cercle se considérait comme le noyau de ce « reste » dont avait parlé Esaïe et qui, au grand jour de la colère, devait être sauvé à cause de sa fidélité à la volonté de Yahvé (comp. Hab. 2, 4). — Mais une organisation, aussi peu rigide qu'elle soit au point de vue extérieur, a toujours besoin d'une certaine discipline et d'un minimum de règles. « C'est ainsi que notre maître (ou « père ») nous a appris à faire », dit-on dans les « sectes » et les « écoles » orientales (comp. Jér. XXXV, 6-10), et elles ont toutes leur signe caractéristique et leurs règles de vie qui représentent pour elles le contenu essentiel de la piété et de la justice. Il est vraisemblable qu'à un moment donné, parmi les disciples d'Esaïe, la question s'est posée de savoir quels étaient les commandements et les défenses particulières de Yahvé que le « reste » devait observer et quels étaient les signes distinctifs de ceux qui vraiment craignaient Dieu et qui étaient vraiment justes et humbles. Cette préoccupation eut tout naturellement pour conséquence l'établissement d'une «règle» pour le cercle des disciples. D'autre part, elle devait aboutir à une transformation de la prophétie. Celle-ci va maintenant devenir une forme particulière de religion sociale. Le prophète n'annonce plus seulement les décisions divines, mais il enseigne aussi les commandements divins, et il exhorte à les observer; il a déjà des préoccupations de piété individuelle, il doit chercher chez qui il trouve la justice, et il annonce aux uns la récompense, aux autres le châtiment. Il apporte une manière de « prédication morale », et il fait, pour ainsi dire, de la « cure d'âme » ; les deux fonctions se trouvent chez Jérémie et chez Ezéchiel.

Par là, la religion et la piété prennent dans les milieux prophétiques le caractère d'un rapport d'obéissance à l'égard d'une série de commandements concrets et statutaires. La religion tend à être considérée comme « loi ». — Cette conception en elle-même n'est pas nouvelle dans la religion d'Israël. « Ce qui est juste », la « justice » (*ṣäḏäq*, *ṣᵉḏāqā*) a toujours passé pour une chose « prescrite » (*ḥōq*), pour une « coutume » (*'ēḏūṯ*) « établie » (*ṣiwwā*), pour un « jugement » (*mišpāṭ*) proclamé par le porteur de l'alliance[1]. Pour les anciens, « ce qui est juste » coïncidait simplement avec la coutume vénérable, héritée des pères, sanctionnée par le sentiment général. Cette coutume engageait tout le monde d'une façon absolue, qu'elle fût écrite ou non. La loi ainsi comprise reposait sur une base solide, parce qu'elle était l'expression directe d'un état d'âme collectif[2]. Le porteur suprême de l'organisme de l'alliance, c'était Yahvé; il représentait la puissante volonté qui avait formé l'alliance; le mišpāṭ caractéristique pour l'alliance, était aussi le mišpāṭ de Yahvé, la manière d'exister et d'agir de Yahvé, l'expression de sa nature et de sa volonté; la « loi » imposée était sa loi. Telle était la vieille conception en Israël. — Cependant les grands prophètes annonçant le jugement, avaient rompu avec beaucoup d'éléments devenus coutume et usage et partant loi sacrée; ils avaient rejeté toute la nouvelle organisation sociale sanctionnée par le roi et les prêtres et, par conséquent, selon l'opinion commune, par Dieu ; de même, ils avaient rejeté l'organisation nouvelle du culte qui, aux yeux de beaucoup, passait pour la partie la plus importante des commandements divins. Il s'ensuivait une véritable incertitude morale, incertitude qui avait d'ailleurs commencé à se faire sentir déjà auparavant avec la crise de la vieille civilisation et la désagrégation du clan et de la tribu. Le devoir incombait aux disciples d'Esaïe de fixer ce qui était essentiel et absolument obligatoire dans les commandements divins, et cela d'abord pour le besoin pratique de leur propre cercle.

C'est ainsi qu'on peut expliquer l'intérêt que les prophètes ont eu à la formation de D, et c'est ainsi qu'on peut expliquer aussi la naissance du Décalogue. En tous cas, cela concorde avec l'explication que nous avons donnée de l'origine du Décalogue, et avec le fait que le prophète Ezéchiel qui, tout en écrivant un peu plus tard, appartient, par sa formation, à la même période, s'est appliqué à formuler brièvement les commandements que doit observer le juste, et cela sous la forme d'un décalogue (Ez. XVIII)[3].

Nous pouvons constater ici clairement le changement qui s'est produit dans l'attitude des prophètes à l'égard du culte.

---

[1] Comp. le terme anglo-saxon de «domas» (jugements)=lois.

[2] *Johs. Pedersen*, Israel I-II, p. 274. Édition anglaise, p. 353.

[3] V. Ps. St. V, p. 116.

Tandis qu'autrefois, à la question de savoir quels sont les commandements de Yahvé, ils répondaient: « Rien d'autre que pratiquer justice et bonté et marcher humblement avec ton dieu » (Mich. VI, $_8$), le Décalogue contient, en même temps, des préceptes rituels (concernant le sabbat et la défense des images) et des commandements moraux, et partout la pratique cultuelle y est considérée comme arrière-plan et comme condition de la vie. Cette conception est conforme, ainsi que nous l'avons vu plus haut, à l'attitude religieuse générale des disciples d'Esaïe. Tandis que pour l'auteur de Mich. VI, $_{6-8}$ il était de soi-même évident qu'il ne pouvait être question d'aucun autre dieu que de Yahvé, les disciples d'Esaïe et le Décalogue insistent expressément sur la vénération exclusive de Yahvé. Il est vrai que ce point était déjà dans les prototypes du Décalogue, mais en même temps il marque la réaction contre le syncrétisme de l'époque assyrienne.

Nous croyons donc que *le Décalogue est né comme « règle » religieuse et morale dans le cercle des disciples d'Esaïe.* Mais il va sans dire qu'*en outre*, son auteur était convaincu que *son œuvre contenait les commandements qui devaient être observés par tout homme vraiment « juste »; voilà pourquoi elle s'adresse au peuple dans son ensemble.* Il a pour but d'indiquer les commandements par l'observation desquels le peuple accomplira la justice. *Cependant il n'est pas probable qu'il ait été écrit directement en vue d'un usage cultuel et liturgique* et autant que que nous savons, il n'a jamais été utilisé dans le culte. —

b) L'auteur du Décalogue en a trouvé le prototype, ainsi que nous l'avons vu, dans les décalogues plus anciens dont on se servait dans le culte et qui étaient déjà dans le cadre des péricopes du Sinaï de J et de E. Il a emprunté assez directement à ces prototypes non seulement le premier et, dans un sens plus large, aussi le 2ᵉ commandement et celui concernant le sabbat, mais il a aussi fait précéder son œuvre d'une formule d'introdution qui présuppose la même situation cultuelle et mythologique que ceux-ci. Certainement il a fait cet emprunt tout à fait consciemment. Il a voulu faire comprendre par là que ses commandements étaient les commandements par excellence de Yahvé, *précisément ceux qu'il avait toujours proclamés comme les plus importants et sur la base desquels il avait aussi conclu avec Moïse l'alliance du Sinaï.* L'auteur a cru connaître les commandements primitifs de Yahvé mieux que ne les connaissaient les vieux livres de légendes et les liturgies cultuelles. Comme Jérémie (VIII, $_8$) il a probablement pensé que ces torot ne contenaient que des exposés faussés des commandements primitifs du Sinaï; avec une conscience vraiment prophétique, il a opposé sa propre connaissance de Dieu à celle de la tradition et de l'Eglise. Mais en même temps, il était effectivement convaincu *que les commandements réunis par lui étaient les vrais commandements donnés au Sinaï.* Car le fait de croire que ce qui était juste et vrai, était en même temps antique, est caractéristique pour toute la façon de penser des Israélites[1]. L'époque primitive est l'époque idéale, et tout ce qui fait partie de l'idéal a été réalisé au commencement. Cette conviction était pour l'auteur d'autant plus naturelle qu'effectivement il n'a pas inventé des commandements nouveaux. Tout ce qu'il réunissait dans son Décalogue était déjà dans la tradition sacerdotale ou prophétique. D'autre part, il savait par la tradition particulière de sa secte quels étaient les préceptes fondamentaux et essentiels de Yahvé, et ce qu'un dieu saint et bon devait exiger de ses adorateurs. Ainsi il a extrait la quintesssence des nombreux commandements divins transmis par la tradition, d'accord avec les idées prophétiques un peu mitigées du cercle des disciples d'Esaïe. Le chiffre des 10 commandements lui était indiqué par la tradition. Dès lors, il ne pouvait plus y avoir de doute, son Décalogue correspondait exactement à celui qui avait été proclamé au Sinaï; car il disait exactement ce qui était « juste », et c'est aussi là ce que Moïse avait fait dès l'abord.

Mais ce qui était *nouveau*, c'était le fait de choisir et de réunir précisément *ces* commandements particuliers comme loi fondamentale de Yahvé. Dans ce choix se reflète manifestement un esprit « prophétique », esprit d'Amos, d'Esaïe, etc. — non celui des nebiim —, et nous y voyons transparaître clairement le principe du yahvisme éthique: « quoi d'autre que de pratiquer la justice et la bonté et marcher humblement avec ton dieu. » Une morale fondée sur une piété cultuelle purifiée de tout abus, une morale qui proclame avec une simplicité grandiose comme commandements essentiels les devoirs sociaux universellement humains — c'est effectivement un stade nouveau par rapport à J et à E et à la religion officielle de Jérusalem. Ce Décalogue marque manifestement un progrès sur les décalogues plus anciens, et, même dans une certaine mesure, sur la prédication fougueuse et quelque peu utopiste dans laquelle les anciens prophètes annonçaient le jugement. La prophétie d'Amos était trop radicale pour être vraiment féconde pour l'avenir. Dans le Décalogue par

[1] Comp. Amos V, 25, Jér. VII, 22 sq. V. plus haut § 10.

contre, la religion morale des prophètes est placée sur le terrain de la réalité empirique, et l'élément extatique et mystique n'y apparaît plus d'une façon directe. Ainsi le Décalogue accomplit la conciliation entre la prophétie et les conditions de la réalité, conciliation que déjà Esaïe avait cherchée et à laquelle il avait frayé la voie[1]. Le Décalogue peut être la loi fondamentale d'une société religieuse, les paroles fougueuses des anciens prophètes ne pouvant guère remplir cette fonction. Précisément en se bornant expressément à l'essentiel, aux *principes* religieux et moraux — car c'est là ce qu'il contient en réalité, malgré la forme des commandements particuliers —, le Décalogue a survécu à toutes les tempêtes de l'histoire, et il est toujours actuel. — Il est vrai qu'il ne donne pas une expression également claire aux *deux* aspects fondamentaux de la notion du sacré ; le dieu du Décalogue est avant tout le *mysterium tremendum*, et Luther, en y appliquant le terme d'« aimer », y a introduit une donnée qui, au fond, ne s'y trouve pas. Le dieu du Décalogue est l'être unique, à côté duquel il n'y en a point d'autre qu'on puisse vénérer; l'auteur s'incline avec crainte et respect devant son nom, ce nom qui est trop sublime pour qu'on puisse en abuser comme d'un moyen servant des buts mesquins et égoïstes; ce nom exprime la nature profonde de celui qui ne saurait être représenté par aucune image: c'est là un sentiment ennobli et plus développé du *tremendum*. L'auteur a vu la nature de ce dieu unique dans la morale sévère, il est vrai, mais dans la morale pure et simple et non pas dans la puissance et la majesté terrifiantes. Cet élément moral implique aussi la confiance, le *mysterium fascinosum*. La morale juste éveille la confiance. Luther n'a donc pas tout à fait tort en se servant du terme « aimer ». Il n'y a pas beaucoup de documents religieux dans l'histoire qui aient su exprimer tant de choses en si peu de mots que le Décalogue. Ce qu'il y a de plus noble et de plus élevé dans le génie israélite s'y est exprimé et, pour ainsi dire, fixé en un « monumentum aere perennius ».

[1] Comp. *Hoelscher:* Die Profeten (Leipzig, Hinrichs 1914), p. 250 sqq.